Le roman vrai de Dominique Strauss-Kahn

DU MÊME AUTEUR

Ouvrages de Michel Taubmann

L'Affaire Guingouin, Lucien Souny, 1994.
Femmes de prêtres, Stock, 2003.
La Bombe et le Coran. Une biographie du président iranien Mahmoud Ahmadinejad, Éditions du Moment, 2008.
L'Heure du choix, entretiens avec Reza Pahlavi, Denoël, 2009.
Histoire secrète de la Révolution iranienne, avec Ramin Parham, Denoël, 2009.

Direction d'ouvrage

Irak An I. Un autre regard sur un monde en guerre, avec Pierre Rigoulot, Éditions du Rocher, 2004.

Michel Taubmann

Le roman vrai de Dominique Strauss-Kahn

LES ÉDITIONS DU MOMENT

Éditions du Moment
15 rue Condorcet
75009 Paris
www.editionsdumoment.com

À Florence, ma tendre complice.

AVANT-PROPOS

« *DSK explosera en vol... Il sera pulvérisé par une bombe atomique, une déflagration, un tsunami. Cela se produira en mai. Il ne pourra même pas participer aux primaires du PS.* » Ces propos, je ne les oublierai jamais. Ils m'ont été tenus le mercredi 6 avril 2011 vers midi dans une salle de l'annexe de l'Assemblée nationale, située au 4 rue Aristide-Briand à Paris. Leur auteur est une femme qui travaille alors pour un grand ministère français. Elle fait partie de la catégorie des gens « bien informés ». Ce 6 avril, nous assistons ensemble à une conférence de presse donnée par des opposants iraniens en présence de Manuel Valls et Nicole Ameline, respectivement députés PS et UMP. Ayant écrit trois ouvrages sur l'Iran, je suis particulièrement intéressé par cette conférence de presse. Sur le coup, je ne prête guère attention aux propos de mon interlocutrice. Je suppose qu'elle pense à la publication d'un livre révélant un scandale sur le probable candidat de la gauche à la prochaine présidentielle. Je lui réponds que, travaillant depuis deux ans à la biographie de Dominique Strauss-Kahn, je ne vois pas quel scandale jusqu'alors « étouffé » pourrait entraver sa candidature. Je l'informe aussi qu'à ma connaissance, en dehors de mon livre, aucun ouvrage sur DSK ne devrait paraître en mai 2011. Puis je quitte rapidement la conférence de presse. Je suis surtout préoccupé par le chantier qui m'attend, en l'occurrence la relecture des épreuves de mon livre *Le Roman vrai de Dominique Strauss-Kahn.*

Depuis l'arrestation du directeur général du FMI, le 14 mai 2011, les étranges propos entendus à l'Assemblée nationale me sont revenus en mémoire. J'ai contacté leur auteur qui me les a formellement confirmés lors d'un rendez-vous en tête à tête le 26 mai. Elle m'a confié tenir cette « information » d'une personne haut placée dans le monde des affaires en France. Tout comme moi, mon interlocutrice était *a posteriori* extrêmement troublée. Ces propos, je les avais rapportés à mon épouse, sur un ton amusé. J'avais entendu tant de bobards au cours de mon enquête sur Dominique Strauss-Kahn. On m'avait promis tant de « tuyaux » présentés comme explosifs mais toujours percés… La « prophétie » entendue un jour d'avril à l'Assemblée nationale accrédite-t-elle la thèse d'un complot fomenté contre Dominique Strauss-Kahn ? Il faudrait d'autres éléments pour s'avancer dans cette voie. Prémonition ? Coïncidence ? Cette « prophétie du 6 avril » est au moins révélatrice du climat qui entourait dans certains milieux la candidature de DSK. La rumeur d'un scandale imminent accompagnait depuis deux ans la montée probable de DSK vers l'Élysée, tel le bruit sourd d'un tonnerre qui gronde au loin sans que jamais l'orage n'éclate.

L'ombre du Sphinx

Pendant longtemps, le microcosme politico-médiatique s'était montré incrédule à l'idée de la candidature de Dominique Strauss-Kahn à l'élection présidentielle de 2012. « *Il n'ira pas !* » répétait-on en boucle. « *DSK ? C'est un velléitaire, un dilettante* », décrétaient les uns ; « *Il ne lâchera pas le confort du Fonds monétaire international pour mettre les mains dans le cambouis de la campagne électorale* », affirmaient les autres. On murmurait aussi *mezzo voce* sur le ton de la confidence : « *Il aime trop les plaisirs de la vie… il sera empêché par des histoires de sexe.* » Ah ! Le sexe. Sujet porteur de tous les fantasmes. Sur Internet, circulaient des allégations parfois fantaisistes et souvent injurieuses sur son rapport aux femmes, à l'argent et au judaïsme. Indifférents aux rumeurs de la Toile et aux humeurs du microcosme, les Français, eux, plébiscitaient avec constance le roi des sondages. À partir de l'été 2010, on lui promettait un triomphe au deuxième tour de la présidentielle avec 60% des suffrages, au moins, face à Nicolas Sarkozy.

Depuis son élection à la direction générale du FMI en septembre 2007, Dominique Strauss-Kahn avait changé de statut et de stature. Il occupait une place à part dans un paysage politique français dont, formellement, il ne faisait plus partie. Haut fonctionnaire international, il siégeait aux côtés des grands de la planète, au même titre qu'un chef d'État. Absent des congrès socialistes et des « petits » débats nationaux, il se consacrait à la régulation de l'économie mondiale. Contraint de se mordre les lèvres, devoir de réserve oblige, le « Sphinx de Washington » distillait au compte-gouttes et en langage codé ses appréciations sur les problèmes hexagonaux. Mais son ombre planait sur la scène politique française. L'absence crée le désir. Au printemps 2011, malgré la montée régulière de François Hollande dans les sondages, DSK continuait d'apparaître comme le favori non seulement de la primaire socialiste, mais aussi de l'élection présidentielle de l'année suivante. Du haut de son Olympe washingtonien, il paraissait le seul capable de parler d'égal à égal, en « presque chef d'État » avec Nicolas Sarkozy. La popularité de DSK reposait sur des bases profondes et réelles. Il incarnait une gauche réformiste, compétente et dotée surtout d'une expérience internationale. Certains à gauche craignaient qu'il ne menât une politique centriste. Mais beaucoup attendaient de lui un retour en force des préoccupations économiques et sociales, délaissées ces dernières années au profit des questions d'identité, d'immigration, d'insécurité.

Fin avril 2011, sa candidature semble se cristalliser définitivement. En visite privée à Paris, il reçoit dans l'atelier d'artiste de son ami l'écrivain Dan Franck, à Port-Royal, le gratin des dirigeants socialistes. Certains qui en public lui sont opposés viennent l'écouter avec déférence. Pendant ce séjour, il rencontre aussi les responsables des rédactions de *Marianne*, de *Libération* et du *Nouvel Observateur*. Aux uns et aux autres, il apparait extrêmement sûr de lui. Rien ne semble arrêter sa marche vers la primaire socialiste, dernière étape avant l'Élysée. Son entourage, sans vraiment se cacher, commence à préparer « l'atterrissage » du candidat en France. Le calendrier est connu des initiés. Dominique Strauss-Kahn démissionnerait de la direction générale du Fonds monétaire international vers le 15 juin. Le 28 juin très probablement, date d'ouverture du dépôt des candidatures au PS, il annoncerait son intention de briguer l'Élysée. Dans les journaux comme au sein de son propre parti, on semble avoir oublié les réticences opposées quelques mois plus tôt à sa candidature. Lui en revanche s'en souvient. Le 28 avril, déjeunant avec quelques journalistes, DSK confie qu'il craint pendant la campagne électorale d'être attaqué sur « *les femmes, l'argent et la judéité* ». Se faisant plus précis, il évoque même l'hypothèse d'un complot monté contre lui. On pourrait utiliser, dit-il, une femme payée plusieurs centaines de milliers de dollars pour affirmer qu'il l'aurait violée dans un parking ! Prémonition ? Prophétie ? Coïncidence ? Les femmes incontestablement étaient son talon d'Achille.

Après son arrestation le 14 mai 2011, puis son inculpation pour tentative de viol, on a beaucoup glosé sur une prétendue « omerta » de la presse française à l'égard des relations de DSK avec les femmes. L'auteur n'a pas évité le sujet, loin de là. La première édition du *Roman vrai de Dominique Strauss-Kahn* parue le 5 mai dernier, peu avant le drame de New York, évoquait longuement les sujets les plus délicats à travers de nombreux témoignages inédits, de femmes notamment, ayant bien connu l'ancien ministre des Finances.

Deux importants chapitres sont consacrés à deux affaires privées devenues publiques : sa liaison avec une fonctionnaire hongroise du Fonds monétaire international, Piroska Nagy, et une accusation d'agression violente portée à la télévision, sur Paris-Première en 2007, puis diffusée sur Internet, par la jeune écrivaine Tristane Banon. Une affaire sur laquelle j'ai été le premier à enquêter longuement dans un livre. Dans cette édition enrichie, j'y reviens en apportant de nouveaux éléments, afin de permettre au lecteur de se forger sa propre opinion.

À propos de DSK, beaucoup de choses ont été dites ou écrites avant et surtout après son arrestation « Il n'y a pas de fumée sans feu », répète-t-on. En deux ans d'enquête, je me suis efforcé de distinguer la fumée du feu. J'ai vérifié toutes les rumeurs, rencontré des accusateurs et accusatrices souvent anonymes. Je n'ai négligé aucune piste. Certaines informations, certaines confessions qui me paraissaient secondaires prennent une importance nouvelle depuis l'arrestation du directeur général du FMI. Je me dois désormais de les faire connaître au lecteur.

Que s'est-il passé le 14 mai dans la chambre du Sofitel de New York ? C'est à la Justice de répondre à cette question.

Je peux en revanche éclairer le lecteur sur le contexte dans lequel cet événement s'est produit et sur la manière dont Dominique Strauss-Kahn et ses proches l'ont vécu. En attendant le procès...

Michel Taubmann
Juin 2011.

I

HEUREUX COMME DIEU EN FRANCE

Printemps 2011. Dominique Strauss-Kahn parle de son enfance, de sa famille, de ses origines. « *Mon enfance s'est passée à Agadir,* dit-il, *cette ville du Sud marocain où mes parents sont arrivés quand j'avais trois ans. C'est là que se situe mon premier souvenir. Je revois la plage d'Agadir. Immense. Le soleil, les vagues, le sable, la chaleur toute l'année. Ou presque. De février à novembre, on allait chaque week-end pique-niquer sur une plage, dans une crique à quelques kilomètres. On était toute une bande, avec des amis de mes parents, une vingtaine de personnes, dont beaucoup d'enfants. Passer sa journée entre le sable et l'eau pour un gamin, c'était le paradis. J'ai grandi dans cette atmosphère. Quand j'arrive dans un pays arabe, je retrouve l'ambiance de mon enfance*[1]. » Oriental de cœur, Alsacien de nom, Juif de confession, DSK est le produit de croisements multiples. « *Je ne me suis jamais considéré comme un descendant d'immigrés,* explique-t-il. *Quand on habite à l'étranger, comme moi, jusqu'à l'âge de onze ans, on se sent encore plus français. J'ai pris conscience tardivement, à l'adolescence, des origines de mes ancêtres*[1]. »

Son arbre généalogique s'enracine aux quatre coins de l'Europe et de la Méditerranée. Il fourmille d'aventures romanesques et d'unions improbables, témoignant d'une famille aux mœurs libres et à l'esprit particulièrement ouvert depuis plusieurs générations. DSK est issu d'une lignée de commerçants et d'intellectuels qui ont fini par s'implanter en France, un pays dont ils

1. Entretien avec l'auteur, 14 janvier 2011.

avaient rêvé et qu'ils ont adoré. Ils ont écrit le premier chapitre du *Roman vrai de Dominique Strauss-Kahn.*

Odessa

Feuilletons les photos de la famille maternelle de Dominique Strauss-Kahn. D'un côté, on y trouve un trisaïeul, habillé comme un Cosaque, avec un regard de Mongol, et de l'autre, une arrière-grand-mère de type arabe. La mère de DSK descendait d'un couple d'immigrés venus d'Ukraine après un périple romanesque. Leur histoire commence à Odessa, sur les bords de la mer Noire vers 1880. Une histoire d'amour complètement folle pour l'époque. Les arrière-grands-parents de Dominique Strauss-Kahn, Gregor Breitman et Tatiana Berkoff, ont respectivement vingt-deux et dix-huit ans. Jeune étudiant en médecine, petit-fils d'un meunier et d'un grand rabbin, lui ne roule pas sur l'or. En revanche, ses parents à elle sont riches. Ils vivent dans une grande et belle maison au cœur d'Odessa où ils organisent de brillantes réceptions. Tatiana a reçu la meilleure éducation, en partie l'œuvre de sa gouvernante française, Pascaline, qui lui apprend la langue de Voltaire, l'anglais, le piano et les bonnes manières.

La France, qui représente alors le *must* de la culture en Occident, le jeune Gregor rêve d'y aller pour finir ses études de médecine et pour fuir l'antisémitisme dont souffrent les huit millions de Juifs du Yiddish Land qui s'étend de la Lituanie à l'Ukraine en cette fin du XIXe siècle. En 1881, probablement l'année où se noue l'idylle entre Tatiana et Grégor, l'importante communauté juive d'Odessa subit un nouveau pogrom, une de ces expéditions violentes ponctuées de pillages, viols et tueries, qui s'abattent régulièrement sur les Juifs de l'Empire des tsars. Quelques-uns commencent à émigrer vers la Palestine mais les plus nombreux se tournent vers deux refuges, la lointaine Amérique et la France, ce pays chéri par les Juifs du monde entier, celui de la Déclaration des droits de l'homme en 1791, où Napoléon en 1808 accorda la citoyenneté aux Juifs. « *Heureux comme Dieu en France* », a-t-on coutume de répéter à travers le Yiddish Land. Est-ce parce que Gregor Breitman est juif ? ou parce qu'il est pauvre ? Les parents de Tatiana, la mère surtout, s'opposent au mariage. Pour vivre leur amour, les deux jeunes gens s'enfuient d'Odessa, la nuit, à bord d'une carriole conduite par deux chevaux puis bientôt par un seul, à travers les forêts infestées de loups. Après plusieurs jours, plusieurs semaines peut-être, ils arrivent à Vienne où Tatiana se convertit au judaïsme et où ils se marient dans une petite synagogue.

Ayant traversé l'Europe, le jeune couple parvient à Paris en 1882 où ils vivent dans une chambre de bonne du Quartier latin [1]. Gregor se lève chaque matin à 3 heures, travaillant comme commis dans une boulangerie et poursuivant ses études l'après-midi à la faculté de médecine alors que sa jeune épouse, elle, donne des cours de russe. Après avoir soutenu une thèse sur la psychiatrie sous la présidence du professeur Charcot à Paris en 1888, Gregor exerce la médecine comme remplaçant dans des villes de province puis s'établit durablement vers 1895 dans le village d'Herbault, près de Blois, où la famille Breitman prend racine. L'immigré ukrainien, transformé en médecin de campagne, fait ses tournées en calèche, sans compter ses heures, y compris le dimanche et la nuit, offrant parfois à ses patients désargentés, qui l'appellent « *le bon docteur* », du pot-au-feu préparé par sa femme, Tatiana. À sa mort, avant la guerre de 1914, Gregor est enterré au cimetière d'Herbault dans un caveau qui

1. Une grande partie des informations sur les origines de Dominique Strauss-Kahn sont issues du livre de sa mère, Jacqueline Strauss-Kahn alias Féline (surnom donné à partir de la première syllabe du nom, Fellus, et de la dernière du prénom, Jacqueline), intitulé *Entrez dans la danse…*, publié à compte d'auteur en 2005. Elles ont été recoupées avec les souvenirs de plusieurs membres de la famille : Dominique Strauss-Kahn lui-même, sa sœur Valérie Strauss-Kahn, sa tante Élise Kahn, la deuxième épouse de son grand-père adoptif Marius, Paulette Kahn, et enfin Stéphane Keita, fils de Paulette et beau-fils de Marius Kahn.

deviendra familial. Les Breitman se sont complètement assimilés, comme beaucoup d'immigrés juifs à cette époque. La pratique religieuse a été abandonnée, les quatre enfants portent des prénoms français, ils chérissent la République laïque et son école où ils excellent. Un des fils, Lucien, sera médecin lui aussi, mais à Romorantin et sera élu maire du village de Mennetou-sur-Cher. L'une des filles, Blanche, née en 1892, sera la grand-mère maternelle de Dominique Strauss-Kahn. Particulièrement brillante, elle étudie au collège de Blois et veut exercer la médecine, comme les hommes de la famille. Mais son père jugeant cette profession inadaptée pour une jeune fille, elle suit les cours de l'école dentaire de la Garancière à Paris et devient très jeune, juste avant la Première Guerre mondiale, une des premières femmes chirurgiens-dentistes en France. Engagée comme infirmière, elle rencontre un soldat juif tunisien qui combat avec son frère Lucien dans les tranchées de la terrible bataille de la Marne. Ce soldat s'appelle André Fellus, futur grand-père maternel de Dominique Strauss-Kahn.

Direction Tunis

André Fellus et Blanche Breitman se marient en janvier 1918. Après l'armistice, ils s'installent à Paris où naît le 20 novembre 1919 l'aînée de leurs trois enfants, Jacqueline, la mère de Dominique Strauss-Kahn. Mais André étant dépourvu de situation dans la capitale française, le couple part peu après pour la Tunisie. Dans ce petit pays de quatre millions d'habitants environ à cette époque, où ils étaient installés avant la conquête arabe, les Juifs, comme dans tous les pays musulmans, ont longtemps partagé avec les chrétiens le statut de *dhimmis*, personnes « protégées », qui les autorisait à pratiquer leur religion au prix d'importantes discriminations : impôts spécifiques, vêtements distincts, quartiers séparés, inégalité devant la justice. Les Juifs accueillent favorablement le protectorat français, un régime semi-colonial qui à partir de 1881 place le bey de Tunis sous l'autorité d'un résident général nommé par la France. Comme leurs coreligionnaires de Russie ou d'ailleurs, les Juifs tunisiens admirent la patrie des Lumières, au point qu'au temps de Napoléon certains d'entre eux portaient une cocarde tricolore. Sous le protectorat, une partie des Juifs, se dissociant des autres indigènes, ont adopté le mode de vie des Européens. Avant de partir combattre, le mari de Blanche Breitman a francisé son nom. Car André Fellus s'appelait initialement Shemaoun Fellous [1].

Au début du XXe siècle, les Fellous sont une famille juive tunisienne typique de son temps, où se côtoient de riches commerçants et des gens très pauvres, des intellectuels européanisés et des illettrés ne parlant pas français. Fellous vient de *flous*, mot arabe qui signifie « poussin » ou « argent » en argot tunisien. Le père d'André Fellus, Haïm Fellous, arrière-grand-père de Dominique Strauss-Kahn, s'était enrichi comme usurier – on dirait aujourd'hui banquier. Arrivé à l'âge mûr, après deux mariages et six filles, il attendait encore une descendance mâle, la seule qui compte à cette époque en Tunisie. Sa troisième épouse, la jeune Taïta Hagège, lui donne enfin trois fils. Shemaoun/André est le premier. Son père célèbre sa naissance par des festivités étalées sur un mois durant lesquelles il distribue beaucoup d'argent aux indigents, conformément aux mitzvoths, les commandements du judaïsme qui imposent à chacun et surtout aux riches de faire quotidiennement le bien. Très beau, élégant et séduisant, Shemaoun/André grandit choyé par toutes les femmes qui l'entourent. Le grand-père de Dominique Strauss-Kahn appartient à la première génération née sous le protectorat français, pressée de monter dans le train de la modernité. Formé à l'école

1. Le prénom Shemaoun vient sans doute d'une traduction phonétique en judéo-arabe de « Simon » : Shiymown.

publique par des instituteurs appliquant les programmes du ministère de l'Éducation nationale, il adhère aux valeurs laïques et républicaines. Comme une majorité de Juifs du Maghreb, depuis l'affaire Dreyfus, il se reconnaît plutôt dans la gauche française qui défend l'égalité des droits avec les Arabes mais n'envisage pas un instant de leur accorder l'indépendance. Shemaoun devenu André s'est volontairement engagé dans l'armée française, un choix courageux et minoritaire parmi les jeunes Tunisiens. Quand il revient en Tunisie, en 1920, avec son épouse Blanche et leur fille Jacqueline, son père Haïm est mort depuis dix ans.

Mélange des cultures

Blanche, la future grand-mère de Dominique Strauss-Kahn, fait la connaissance de sa belle-mère, Taïta, et découvre qu'elle appartient à un autre monde, celui d'avant le protectorat français. Elle ne s'exprime que dans le dialecte des Juifs tunisiens, de l'arabe transcrit en araméen, respecte scrupuleusement les règles religieuses, surtout la cacherout [1], et partage le mode de vie et les superstitions des femmes musulmanes, notamment la crainte du « mauvais œil ». Habillée à l'orientale et chaussée de babouches, elle fume le narguilé assise sur des coussins moelleux. Un vrai choc culturel pour Blanche Breitman, élevée dans un milieu moderne et athée. Cette Parisienne d'une élégance dernier cri, qui conduit sa voiture, détonne dans un pays où les femmes ne travaillent pas et ne sortent quasiment jamais seules. Peu après son arrivée, Blanche ouvre un cabinet dentaire, rue Saint-Charles à Tunis. Elle obtient le privilège, rare pour une Européenne, d'entrer dans le palais du caïd Baccouche, gouverneur de Bizerte, pour y soigner les dents de ses nombreuses épouses. Mais,

1. La cacherout est un code alimentaire prescrit aux Juifs qui leur permet de distinguer les aliments cacher, c'est-à-dire convenables, de ceux qui ne le sont pas, par exemple le porc ou les crustacés.

soumise à la pression sociale, elle cessera d'exercer son métier à la naissance de son premier fils, Jean, en 1921. Son mari gagne suffisamment d'argent pour faire vivre la famille. Leur troisième enfant, Pierre, naît en 1923. André Fellus, installé comme courtier en céréales, ouvre des bureaux rue de Naples à Tunis et loge sa famille dans un magnifique appartement avenue de Paris, meublé en style Louis XVI. Mais il connaît un revers de fortune en raison de l'effondrement du cours des céréales dû au krach de 1929. Jacqueline, la mère de Dominique Strauss-Kahn, gardera de sa jeunesse le souvenir d'une situation en dents de scie, matériellement comme affectivement. Dans leur couple, ses parents connaissent aussi des hauts et des bas.

André est un grand coureur de jupons qui rend Blanche malheureuse. Jacqueline gardera peu de souvenirs de vie commune avec son père. Elle part chaque été trois mois en vacances avec sa mère et ses frères au sein de la famille Breitman en Sologne. La fillette se sent très proche de sa grand-mère maternelle, Tatiana, de ses oncles et de ses cousins français. Elle avoue moins d'affinités avec sa grand-mère tunisienne, qui cependant lui transmet des traditions juives, oubliées par la famille de France. Autour d'elle, à l'occasion des fêtes religieuses, Taïta réunit la nombreuse tribu issue des trois mariages de Haïm Fellous : les huit filles, les trois fils, leurs conjoints et les nombreux petits-enfants. Au cours des repas de Pessah, la Pâque juive, la petite Jacqueline pouffe de rire avec ses frères ou ses cousins lorsqu'on passe, au-dessus de la tête des participants, un plateau chargé de denrées salées et sucrées qui symbolisent l'amertume et la douceur de la vie. Elle connaît aussi les célébrations du Yom Kippour, le Grand Pardon, à la synagogue où, une heure après le coucher du soleil, la famille se regroupe autour du père sous le taleth, le châle de prière, pendant que le rabbin souffle dans le chofar, une corne de bélier dont le bruit assourdissant est censé rappeler les trompettes de Jéricho.

Jacqueline éprouve aussi un peu de jalousie lorsqu'on organise de grandes fêtes pour les bar-mitsva de ses deux frères à l'âge de treize ans. Dans les familles juives, alors, l'on ne pensait pas que les filles aussi pouvaient célébrer leur majorité religieuse. Cela dit, elle reçoit une éducation exceptionnellement libre pour une jeune Tunisienne de cette époque. Au grand dam de sa grand-mère paternelle, Jacqueline, à l'adolescence, est autorisée à sortir seule dans la rue pour aller au lycée ou au cinéma, à prendre le train pour se rendre à la plage de La Marsa avec des copains et copines de son âge. Elle va au bal habillée comme les belles Européennes. Grâce à sa mère, ancienne élève brillante qui lui ouvrit la voie, elle suit des études secondaires, contrairement à ses cousines tunisiennes qui apprennent la couture et le ménage en vue du mariage. Jacqueline est une grande lectrice et manifeste des capacités en littérature et en latin. Après avoir obtenu le bac en septembre 1939, elle commence des études de droit.

C'est à ce moment que la guerre éclate en Europe. Mais les Tunisiens, pour l'instant, n'en perçoivent que de lointains échos. À partir de l'automne 1940, le régime de Vichy instaure des lois discriminatoires contre les Juifs. Contrairement à Mohammed V, sultan du Maroc, lui aussi sous protectorat français, le bey de Tunis accepte de les appliquer. Elles se traduisent par l'interdiction pour les Juifs d'exercer certaines professions mais seront atténuées par le nouveau bey de Tunis, Moncef, qui accède au pouvoir le 19 juin 1942. La situation des Juifs s'aggrave brutalement à partir de l'occupation allemande de la Tunisie le 11 novembre 1942. Jacqueline, sa mère et ses frères se réfugient au Cap Bon, un petit village de pêcheurs au nord de Tunis, alors que le père se cache en France. Les deux frères, après avoir été internés dans un camp de travail à Bizerte, s'en évadent en mars 1943 puis s'engagent dans l'armée anglaise qui les emmène au Liban en passant par l'Égypte. En mai 1943, les Américains ont libéré Tunis. Les Fellus récupèrent leur belle villa dans le quartier du Belvédère, qui avait été réquisitionnée par les Allemands. Les nazis, qui ont juste eu le temps de convoyer un avion de déportés juifs vers les camps de concentration, avaient l'intention d'appliquer la Solution finale en Tunisie mais la Méditerranée à traverser a mis un frein à leur funeste entreprise. Les Juifs ont bénéficié aussi de la protection des autorités tunisiennes. Le bey Moncef lui-même a caché certains d'entre eux dans ses propriétés privées. « *La famille de ma mère a été épargnée*, souligne Dominique Strauss-Kahn. *C'est pour cette raison sans doute que j'ai tardivement pris conscience de la Shoah. En dehors du cadre familial. Car du côté de mon père aussi, on a eu de la chance*[1]. »

1. Entretien avec l'auteur, 15 novembre 2010.

II

STRAUSS ET KAHN

Le père de Dominique Strauss-Kahn, Gilbert, était à moitié juif, ce qui était largement suffisant pour tomber sous le coup des lois raciales. Mais il ne s'appelait pas Strauss-Kahn à sa naissance. Une grande partie de sa vie, on le connut simplement sous le nom de Gilbert Strauss. En fait, il avait deux pères. L'un, naturel, s'appelait Strauss, et l'autre, adoptif, Kahn [1]. Ils aimèrent la même femme et en eurent chacun un enfant. Cette histoire peu ordinaire mérite quelques explications. Le père naturel de Gilbert Strauss, Gaston, était né en 1875 à Bischwiller dans une de ces familles juives installées depuis plusieurs siècles en Alsace et fidèles au pays de Voltaire, malgré l'annexion de la province par l'Allemagne après la défaite de 1870. Gaston Strauss avait « *un patronyme signifiant "autruche" et sans doute tiré d'une enseigne représentant ce volatile. (...) Il descendait d'un Moïse, puis d'un Joseph Strauss, fondateurs (...) d'une famille de merciers au* XVIII*e* *siècle, d'abord à Gundershoffen puis à Haguenau* [2]. » Gaston avait l'esprit large. Ce juif non pratiquant avait épousé une catholique lorraine de Lunéville, Yvonne Stengel, de dix-sept ans sa cadette, vendeuse dans le magasin de sa propre sœur aînée en Alsace. Il l'emmena à Paris où il monta un négoce d'éponges. Son

1. Les informations concernant la famille paternelle de Dominique Strauss-Kahn proviennent des sources déjà citées en note page 13.

2. Selon *De César à Sarkozy, petite histoire des noms du pouvoir* (Paris, Jean-Claude Lattès, 2007) du généalogiste Jean-Louis Beaucarnot qui nous apprend aussi que Dominique Strauss-Kahn est cousin au 14e degré du capitaine Dreyfus et au 17e d'Olivier Stirn qui fut ministre à la fois sous Giscard d'Estaing et sous Mitterrand.

commerce était prospère, le couple était heureux. Gaston Strauss est âgé de trente-neuf ans en 1914, lorsqu'il part au front. Après son retour définitif, son épouse Yvonne accouche le 11 décembre 1918 d'un petit Gilbert, qui sera le père de Dominique Strauss-Kahn. Au milieu des années 1920, les Strauss accueillent chez eux, dans le XXe arrondissement de Paris, un jeune cousin de Gaston qui vient également d'Alsace. Il s'appelle Marius Kahn et deviendra, comme Gaston Strauss… le grand-père de Dominique Strauss-Kahn. Marius Kahn jouera un rôle essentiel dans la vie de son petit-fils.

Marius

Marius était né en 1904 dans le village de Kolbsheim, non loin de Strasbourg, en Alsace occupée. Sa nationalité était allemande, mais son cœur était français. Il a dix ans quand éclate la guerre qui met aux prises ses deux patries. Pendant que les soldats français et allemands s'entretuent dans les tranchées, Marius va au collège puis au lycée à Strasbourg. Un trajet quotidien, aller-retour, d'une trentaine de kilomètres dont il parcourt la première partie en train et les derniers kilomètres en patins à glace l'hiver sur des lacs gelés et à pied le reste de l'année, portant sans broncher les cartables de ses deux sœurs, afin, disait-il de « *se comporter en homme* ». Marius adore apprendre et obtient d'excellents résultats. Il a quatorze ans, le 11 novembre 1918, quand sonnent les cloches de la victoire française. Il va enfin pouvoir endosser la nationalité de son cœur. Deux ans plus tard, à seize ans, il décroche son baccalauréat. Aux jeunes Alsaciens brillants, la République française propose une sorte de discrimination positive leur permettant d'accéder à des postes de cadres et de hauts fonctionnaires dont ils ont été écartés par les Allemands. Ainsi Marius pourrait-il entrer sans concours à l'École polytechnique. Mais ses parents ne l'entendent pas de cette oreille. Juifs pratiquants, ils voudraient faire de lui un rabbin. Marius ne rêve que d'une chose : quitter son milieu d'origine pour partir à la conquête d'un monde plein de promesses en ce lendemain de guerre mondiale. C'est ainsi qu'il s'installe à Paris où, tout en étudiant le droit, il travaille comme acheteur pour la SPC (Société parisienne de confection), fournisseur des Galeries-Lafayette.

Dans la capitale, il découvre la modernité, le socialisme et… sa cousine Yvonne, l'épouse de Gaston Strauss qui l'héberge. Marius est un tout jeune homme d'une vingtaine d'années et Yvonne en a près de trente-cinq. Son mari Gaston, victime des gaz allemands pendant la Grande Guerre, est un quinquagénaire prématurément vieilli, aussi Marius s'impose-t-il peu à peu comme l'homme de la maison. Le « vieux » Strauss ne pouvant plus voyager, le jeune Kahn emmène Yvonne visiter l'Espagne pendant six mois avec, semble-t-il, l'assentiment du mari. Gaston Strauss a vraiment l'esprit large et beaucoup de générosité. Sentant sa fin proche, il laisse sa famille se recomposer sous ses yeux. Yvonne et lui ont donc un fils, Gilbert, né en 1918, le futur père de Dominique Strauss-Kahn. Du vivant de Gaston, en 1931, Yvonne et Marius ont eu une fille, Élise, surnommée Lisette dans la famille. Gaston étant mort en 1934, Marius épouse Yvonne l'année suivante. À la fin de la décennie 1940, il adoptera Gilbert, le fils de Gaston et aussi… Élise Strauss, sa propre fille naturelle, que le défunt avait reconnue pour qu'elle naisse d'une union légitime. Elle s'appellera Élise Kahn. Quant au père de DSK, s'il devient pour l'état civil Gilbert Strauss-Kahn, il se fera longtemps appeler Gilbert Strauss. « *Mon père*, se rappelle Dominique Strauss-Kahn, *ne rejetait pas Marius. Au contraire, ils étaient très proches. Ils ont même été associés professionnellement. Mais il n'arrivait pas à le considérer comme un père. N'ayant que quatorze ans de différence avec lui, mon père considérait Marius comme un grand frère. Moi, en revanche, j'ai toujours vu en lui mon grand-père. Si, dans ma jeunesse, je me faisais appeler Strauss, comme mon père, à partir des années 1970, j'ai voulu me faire appeler Strauss-Kahn, conformément à mon état civil. C'était une manière de montrer mon attachement à mon grand-père et aussi d'affirmer mon identité juive qui avait été réveillée par la guerre des Six Jours en 1967 puis celle de Kippour en 1973*[1]. »

SFIO

Comment définir Marius Kahn ? Cet homme de taille moyenne, costaud, fin gourmet, au caractère tranché et à la voix de stentor, était un socialiste, un citoyen du monde et un patriote français. Il adhère à la SFIO peu après le congrès de Tours de décembre 1920 qui a vu une minorité des socialistes, derrière Léon Blum, refuser de plier face au vent d'est, apparemment irrésistible, qui a poussé la majorité à fonder le Parti communiste français, ou Section française de l'Internationale communiste (SFIC), inféodé à Moscou. Toute sa vie, Marius se définira comme « blumiste ». Ce mot pour lui signifiait l'attachement à un homme, à un combat, à une éthique. Dénonçant le caractère inéluctable de la dictature communiste, Léon Blum avait tenu au congrès de Tours un discours prémonitoire qui lui vaudrait même outre-tombe la haine des staliniens. Comment peut-on à dix-huit ou vingt ans, quelques années après la Première Guerre mondiale, adhérer à la « *vieille maison* » de Léon Blum et Albert Thomas, ces hommes qui ont soutenu ou participé avec constance à l'effort de guerre dans des gouvernements d'union sacrée, envoyant toute une génération dans les tranchées dont les survivants revinrent gazés ou estropiés ? Marius possédait quelques bonnes raisons personnelles. Sa famille, souffrant de l'occupation allemande, n'a cessé d'attendre à partir de 1871 cette guerre gagnée par la France qui libérerait l'Alsace et la Moselle. Marius ne pouvait donc pas être pacifiste, contrairement à beaucoup

1. Entretien avec l'auteur, 15 novembre 2010.

d'hommes de sa génération, traumatisés par les horreurs de 14-18. Pour en avoir été privé pendant sa jeunesse, il ne fut jamais rassasié de la France et de sa République. Candidat socialiste à une élection législative en 1932, il subit l'immense humiliation d'être interpellé en ces termes par son adversaire de droite : « *Marius Kahn n'est pas français. Il est né allemand !* » Cette apostrophe, Marius la ressentit comme une gifle. Il en fut si mortifié qu'il ne se présenta plus jamais à une élection.

Marius adorait la France. Et le plus beau jour de sa vie, disait-il parfois, fut celui où il devint français. C'est sous le drapeau tricolore qu'il participe à la Seconde Guerre mondiale. Capturé comme deux millions d'autres soldats français lors de la débâcle de juin 1940, il passe près de cinq ans dans l'oflag[1] de Lübeck, au nord de l'Allemagne, où se trouvent, entre autres, Robert, fils de Léon Blum, et l'historien Fernand Braudel. Les premières années de captivité se déroulent convenablement. Les accords d'armistice conclus entre l'Allemagne nazie et le régime de Vichy ont au moins l'avantage de garantir aux prisonniers de guerre français le respect des conventions de Genève, ce qui n'est pas le cas, par exemple, pour les captifs soviétiques. Les dernières années sont difficiles. Les prisonniers vivent au rythme des bombardements anglais et américains sur l'Allemagne et ils commencent à souffrir de la faim. Heureusement Marius avait réussi à cacher sa judéité en jouant sur ses origines alsaciennes et sa maîtrise parfaite de la langue allemande.

Gilbert Strauss, le futur père de DSK, a lui aussi participé aux combats de juin 1940. Mais il n'a pas été fait prisonnier. Soldat dans l'armée d'armistice, concédée par les Allemands au régime de Vichy, il est démobilisé à Toulouse en 1942 avant de s'engager dans la Résistance au sein du mouvement Libération Nord. Comme son père adoptif, Gilbert Strauss est socialiste. Mais d'une

1. Camp de prisonniers réservé aux officiers.

sensibilité plus marquée à gauche. Dans sa jeunesse au temps du Front populaire, il a un temps milité dans une organisation proche du Parti communiste. Mais il l'a vite quittée en découvrant la réalité du système soviétique lors des procès de Moscou, intentés par Staline contre la vieille garde bolchevique, en 1936-1938. Sous l'étiquette socialiste, il se présentera sans succès aux élections cantonales de mars 1949 à Magny-en-Vexin en Seine-et-Oise, non loin de Sarcelles où son fils Dominique s'implantera quarante ans plus tard. Hasard ou coïncidence, après la mort de Gaston, le père naturel, la famille recomposée des Strauss et des Kahn s'est installée dans ce qui allait devenir le département du Val-d'Oise.

« *Mon grand-père était un des responsables de la fédération de Seine-et-Oise*, se souvient Dominique Strauss-Kahn. *Il était proche de Paul Mazurier, député-maire d'Arnouville-lès-Gonesse, une commune qui se trouve dans la huitième circonscription du Val-d'Oise dont j'ai été le député. Anticommuniste, hostile au programme commun, mon grand-père a adhéré quand même au PS de François Mitterrand après 1971. Mais il est resté indéfectiblement attaché à l'esprit de la SFIO jusqu'à sa mort en 1977*[1]. » La SFIO, Section française de l'Internationale ouvrière, était le nom du Parti socialiste avant 1969. Son image reste associée à la guerre d'Algérie que soutiendra pendant des années Guy Mollet, son secrétaire général qui, nommé président du Conseil en janvier 1956, assumera la conduite du conflit. La SFIO, pourtant, affirmait aussi cette même année son soutien aux ouvriers de Budapest massacrés par les chars soviétiques. Cécité colonialiste et lucidité anticommuniste, la SFIO, pour les Strauss, les Kahn et les Strauss-Kahn, est le parti des ouvriers, des employés, des instituteurs. De Jaurès et de Blum, de la République et de la laïcité. « *Le socialisme est une morale* », disait Jaurès. La SFIO, le Parti

1. Entretien avec l'auteur, 15 novembre 2010.

socialiste, mais aussi la franc-maçonnerie, furent pendant plusieurs générations la colonne vertébrale de la famille de Dominique Strauss-Kahn. « *J'ai tété la gauche au biberon* [1] » confie DSK. C'est par la SFIO que son père a rencontré sa mère Jacqueline Fellus, la Tunisienne montée à Paris…

1. Entretien avec l'auteur, 15 novembre 2010.

III

GILBERT ET JACQUELINE

Mai 1943. Jacqueline Fellus, à vingt-quatre ans, est une très belle jeune fille, brune, le teint mat, le type méditerranéen. Les Américains viennent de chasser les Allemands de Tunisie. Elle peut penser à son avenir. Elle a étudié le droit pendant deux ans et l'histoire-géographie pendant un an. C'est énorme pour une jeune Tunisienne à cette époque. Elle n'a cependant aucun diplôme. Juste une vocation : l'écriture. Et aussi quelques relations dans les milieux de la gauche intellectuelle de Tunis où les Juifs sont nombreux. Grâce à un ami de son père, elle fait ses classes pendant un an à la rubrique « chiens écrasés » du quotidien *La Presse de Tunis* avant de poursuivre son apprentissage en travaillant pendant deux mois dans un autre quotidien *L'Eposa*. Mais le rêve de Jacqueline est de « monter » à Paris. Elle le réalise en mars 1945, inconfortablement assise sur un banc au milieu de la carlingue d'un avion militaire. Dans la capitale française, elle va devenir une vraie journaliste. Par une autre relation de son père, elle est embauchée à *Gavroche*, hebdomadaire socialiste sis sur les grands boulevards, dans l'immeuble mitoyen de celui du *Populaire*, le quotidien de la SFIO.

Féline

Un ami la surnomme « Féline » en accolant à la première syllabe de son nom, Fellus, la dernière de son prénom, Jacqueline. Elle a de grands yeux verts de chat. Sous ce pseudonyme, elle signe de vrais reportages : dans une prison, dans une manufacture de diamants et dans le Foyer national juif en Palestine avant la naissance de l'État d'Israël. À vingt-six ans, elle découvre Paris dans l'euphorie de l'après-guerre. Le jazz, Boris Vian, Juliette Gréco, Sartre et Beauvoir. C'est la grande époque de Saint-Germain-des-Prés. Jacqueline habite juste à côté, avec ses frères, dans un magnifique appartement en location doté d'une terrasse, au 236 boulevard Raspail, où ils reçoivent souvent leurs amis. L'appartement appartient à des architectes partis pour un long séjour en Tunisie. Au bout de quelques mois, cependant, les propriétaires rentrés à Paris exigent de récupérer leur logement du jour au lendemain. Jacqueline refuse. Pour défendre ses droits, elle consulte le conseiller juridique du Parti socialiste dont le bureau est situé dans les locaux du *Populaire*, à quelques mètres du sien. Il s'appelle Gilbert Strauss. « *J'ai gardé l'appartement*, écrira Jacqueline, *et trouvé un mari*[1]. » Gilbert Strauss a vingt-sept ans, un an de plus que Jacqueline, il est de petite taille et porte des lunettes. « *Gilbert*, poursuit Jacqueline, *n'était pas ce qu'on pouvait appeler un bel homme. Mais il avait les traits très fins, de beaux yeux d'hypermétrope et surtout il était très intelligent. Hâbleur et sachant "parler aux femmes", comme on disait, il avait beaucoup de succès. (...) Il avait un charme fou et l'on restait cloué dans son fauteuil en l'écoutant s'exprimer et défendre ses théories.* » Malgré son jeune âge, Gilbert a déjà vécu une autre vie avant la guerre. Élève brillant au lycée Voltaire et bachelier précoce, il travaillait à vingt ans comme instituteur tout en suivant des cours de droit. En 1939, il s'était marié avec une jeune fille nommée Geneviève Porral dont il se sépara pendant la guerre. Les parents de Jacqueline sont un peu réticents à l'idée qu'elle partage sa vie avec un homme en instance de divorce. Mais Féline est une femme libre. Elle est très amoureuse de celui qu'elle surnomme « Gil ».

1. Féline, *Entrez dans la danse...*, *op. cit.*

Mariage cocasse

Le coup de foudre est réciproque. Malgré la Méditerranée qui les a séparés, tous deux sont issus de milieux proches, ouverts sur le monde, socialistes, et laïcs. Gilbert, mélomane, emmène Jacqueline au concert. Bon vivant, il l'invite dans des restaurants du marché noir, particulièrement appréciables alors que le rationnement sévit encore, ou dans des hostelleries de campagne pour des week-ends en amoureux. Les parents de Dominique Strauss-Kahn se marient le 24 juillet 1946 à la mairie du XIVe arrondissement de Paris. Gilbert a choisi comme témoin Germaine Degrond, députée socialiste de Seine-et-Oise. Alors que les invités s'impatientent sur le parvis, les parents du marié arrivent avec trois quarts d'heure de retard. Yvonne, la mère, est en colère. Son époux, Marius, très étourdi, s'était trompé de ligne de métro. Quelques minutes plus tard se déroule un deuxième épisode cocasse. Dans la salle des mariages, le maire commet une grosse gaffe. Posant la question rituelle – « *Voulez-vous prendre pour épouse… ?* » –, il confond le nom de la jeune mariée avec celui de la première femme de Gilbert ! Après une réponse sèche du nouveau marié – « *Non !* » –, la cérémonie s'achève dans un fou rire général. La fête se déroulera quelque temps plus tard dans l'appartement du boulevard Raspail.

Conformément à l'accord passé avec les propriétaires, le couple déménagera à l'échéance prévue. Mais il s'est habitué à une vie confortable. Gilbert veut gagner de l'argent. Il abandonne son poste au *Populaire* où il continuera en tant que militant socialiste à donner des conseils gratuits. Avec Marius Kahn, il va se lancer dans les affaires. Ils investissent ensemble dans un négoce de vins mais, un an plus tard, ils mettent la clef sous la porte. « *Ils n'avaient pas le sens du commerce*[1] », soupire affectueusement Dominique Strauss-Kahn. En fait, le vin n'était pas… leur tasse de thé. Ils étaient avant tout des intellectuels. Et s'ils

1. Entretien avec l'auteur, 15 novembre 2010.

voulaient faire du commerce, ils excellaient d'abord dans le droit. Marius, pendant sa captivité, a sympathisé avec un autre prisonnier, professeur de droit, qui, en lui donnant des cours, avait complété sa formation initiale et fini par lui certifier une licence. À la fin des années 1940, Marius et Gilbert ouvrent ensemble un cabinet de conseil juridique, d'abord rue Barye dans le XVIIe arrondissement, puis avenue de Wagram. Strauss et Kahn font merveille. Le fils n'a pas trente ans et le père, la petite quarantaine. Ces deux hommes intelligents, cultivés, séduisants, ne manquent pas d'entregent. Dans une France en reconstruction, les entreprises ont besoin de conseils, Gilbert et Marius leur en donnent. Très vite, ils se constituent un bon carnet d'adresses et améliorent leur train de vie respectif. Jacqueline a cessé de travailler. Son mari ne supportait plus ses absences pour des reportages à Londres, Rome ou Jérusalem.

Bébé chétif

La jeune femme est enceinte. L'enfant est attendu pour début mai. Elle accouche avec quelques jours d'avance le lundi 25 avril 1949. Jacqueline et Gilbert ont juste eu le temps, la veille, de monter dans un taxi. Direction la clinique de Neuilly-sur-Seine où travaille la sage-femme de Jacqueline. L'accouchement est long et difficile. On doit mettre les forceps à la mère. Le bébé arrive à l'heure du déjeuner. Il sera un gros mangeur ! Mais à sa naissance, le futur directeur général du Fonds monétaire international ne paie pas de mine. Il pèse moins de trois kilogrammes et mesure 48 centimètres. Il souffre d'une jaunisse et n'a pas la force de téter sa mère. Pour continuer à allaiter, Jacqueline doit nourrir un autre bébé pendant quelques jours. Une fois rétabli, le petit Dominique se rattrape et devient un gros bébé. Il passe les deux premières années de sa vie dans un petit pavillon loué par ses parents près de la place d'Italie. Mais Gilbert rêve de grands espaces, d'aventure, de soleil et aussi de prendre un peu de champ par rapport à son père. La Tunisie ? Jacqueline est tentée. Mais elle hésite à replonger dans sa tentaculaire famille orientale. Les circonstances vont les aider à décider. En 1950, Gilbert assiste à un séminaire à Abidjan, dans le cadre d'une croisière organisée pour de jeunes juristes. Au retour, le bateau fait escale pendant quelques jours à Casablanca. Là, un ami franc-maçon conseille à Gilbert d'aller visiter la perle du Sud, Agadir. Gilbert a juste le temps de faire un aller-retour. Il est conquis par la ville, sa chaleur et son sable fin. Le premier port de pêche du Maroc compte alors environ quarante mille habitants à l'intérieur des remparts de la forteresse construite en 1540 pour se défendre des Portugais. Gilbert apprend qu'Agadir possède un seul avocat. Il y a là un vide à combler, un avenir à construire. De retour en France, Gilbert est enthousiaste. Jacqueline est plus réservée mais se laisse convaincre.

En novembre 1951, tous deux embarquent à Marseille pour Casablanca, accompagnés du petit Dominique âgé de deux ans et demi et d'une jeune fille au pair allemande. Gilbert Strauss veut que ses enfants parlent la langue de Goethe comme lui, leur grand-père Marius Kahn et leurs ancêtres alsaciens. Ces jeunes filles ayant leur vie en Allemagne, tous les deux ans arrivera par bateau une nouvelle « Mademoiselle ». Le Maroc est depuis 1912 un protectorat, où le sultan Mohammed V perpétue la vieille dynastie alaouite, sous la tutelle d'un résident général, nommé par la France. Le droit français s'appliquant partiellement au Maroc, Gilbert Strauss pourra y exercer son métier sans difficulté. Il doit cependant compléter sa formation par des cours de droit marocain. Pour cette raison, les Strauss passent un an à Casablanca. À l'automne 1952, Gilbert obtient le BEJAM, Brevet d'études juridiques et administratives marocaines. Il charge la voiture avec quelques affaires, les meubles suivront plus tard. Gilbert, Jacqueline, la « Mademoiselle » et le petit Dominique prennent la route, direction Agadir.

IV

AGADIR

« *L'arrivée sur Agadir,* écrit Jacqueline Fellus, *après cent cinquante kilomètres de virages ininterrompus dans la corniche nous a beaucoup plu, elle a toujours été un enchantement. La grande route s'arrêtait en haut de la corniche, une route plus étroite et plus accidentée descendait jusqu'à la mer. La rade somptueuse s'étalait, bordée d'une part, à l'est, par les rochers de cette corniche et à l'ouest par de grandes dunes de sable. La ville toute blanche était lovée dans cette sorte de nid. La plage immense bordait la mer, toujours bleue (excepté quelques semaines par an). La casbah et sa muraille coiffaient Agadir, ville divisée en deux parties : la Kissaria, ville arabe avec ses marchés, et la Ville nouvelle, où déjà de magnifiques hôtels s'étaient dressés*[1]. » Au Maroc, Jacqueline retrouve l'atmosphère de sa Tunisie natale. Gilbert est très bien accueilli par ses « frères » francs-maçons qui l'aident à s'installer. Peu après leur arrivée dans la cité marocaine, Gilbert et Jacqueline Strauss deviennent des piliers de la franc-maçonnerie locale. Ils y fondent la première loge mixte du Droit humain, affiliée au Grand Orient. Après deux années difficiles, le cabinet d'assistance juridique et fiscale assure à Gilbert Strauss une certaine aisance, mais il ne sera jamais riche. Gilbert Strauss épargne peu et dépense beaucoup. Sa famille connaît néanmoins à Agadir des années prospères avec un niveau de vie bien supérieur à celui auquel elle pourrait prétendre en France, comme c'est le cas souvent pour les expatriés. Après la naissance de leur deuxième fils, Marc-Olivier, au printemps 1954,

1. Féline, *Entrez dans la danse*, *op. cit.*

les Strauss emménagent dans un bel immeuble de la ville moderne, avenue Mohammed-V, à quelques dizaines de mètres de la plage. Ils occupent tout le quatrième étage. D'un côté se trouve le cabinet juridique comprenant le bureau de Gilbert et celui de sa secrétaire, de l'autre, l'appartement très agréable dont les fenêtres donnent sur la mer. Aux premier et deuxième étages sont installés les bureaux du consulat de France. Et au cinquième, les Strauss louent un studio où vient habiter le père de Jacqueline, André Fellus, que son épouse, Blanche, lassée de ses infidélités, a fini par quitter. Par un curieux retour du destin, Jacqueline partage enfin du temps avec ce père qui lui a manqué pendant sa jeunesse. Pour sa part, Blanche, désormais installée en France, vient à Agadir voir grandir ses petits-enfants deux ou trois fois par an.

Dolce vita

Il y a toujours du monde à la table des Strauss. Des gens de milieux très divers, aussi bien des Arabes que des Européens de passage. « *Quand nos amis,* écrit Jacqueline Strauss-Kahn, *recevaient la visite de métropolitains qui leur posaient la question classique : "Qu'est-ce qu'on fait tous les soirs à Agadir?" ils répondaient : "On dîne chez les Strauss*[1]." » Pour le travail de Gilbert, le relationnel est essentiel. Une vraie petite entreprise qui occupe Jacqueline à plein temps. Chaque matin, la maîtresse de maison, accompagnée d'Ahmed le cuisinier, file au souk d'Inezgane où elle charge sa voiture de quantités impressionnantes de victuailles. Les Strauss tiennent table ouverte presque tous les soirs et organisent parfois des réceptions dansantes. On se déguise, on rit, on s'amuse beaucoup en leur compagnie. Les soirs ordinaires, Ahmed prépare un buffet froid et chaud. Il sait cuisiner des repas marocains, des pâtisseries françaises, mais également des plats russes ou espagnols. Jacqueline met aussi la main à la

1. *Idem.*

pâte : couscous, tagine, bricks, gâteaux tunisiens, toutes les spécialités apprises dans son pays natal. En septembre 1957, les Strauss accueillent leur troisième enfant, Valérie, née pendant les vacances à Paris. Elle a huit ans de moins que Dominique. Valérie et Marc-Olivier, « Marco », de trois ans seulement son aîné, regardent avec admiration leur grand frère « Domi » déjà associé à la vie des parents. La plage y tient une très grande importance. Le midi, en général, les Strauss se retrouvent avec des amis au club nautique, juste en bas de la maison. Domi arrive de l'école, la Mademoiselle descend les petits. Le temps d'une baignade suivie d'un repas léger, Gilbert et Jacqueline remontent chez eux avec la Mademoiselle et les deux petits alors que Domi retourne à l'école. Il n'a pas dix ans et adore la compagnie des Mademoiselles qui se succèdent tous les deux ans au domicile familial. Grâce à elles et à son grand-père, Marius Kahn, avec qui il parlait allemand, Dominique Strauss-Kahn maîtrisera parfaitement la langue de Goethe, au même titre que l'anglais, alors qu'il est moins à l'aise avec l'espagnol. Dominique aime manier les mots, il aime lire, il s'intéresse à tout. Il a de bons résultats à l'école sans se tuer à la tâche. La nature l'a doté d'une mémoire phénoménale qui lui permet d'ingurgiter ses leçons plus vite que les autres. Et lui laisse du temps pour s'amuser. Dominique est un farceur qui a pour complices deux fillettes un peu plus âgées que lui, Maryse et Joëlle. Un jour, les trois chenapans font sauter un pétard dans la serrure de l'appartement du consul de France, qui habite dans le même immeuble que les Strauss. Un après-midi, ils aspergent les passants à l'aide d'un arrosoir du balcon du quatrième étage.

Souvenirs d'enfance

« *Nos années marocaines furent vraiment heureuses*, se souvient Dominique Strauss-Kahn. *J'allais à l'école publique, la majorité des élèves étaient des Français. Les enfants arabes étaient peu scolarisés à l'époque. S'il y avait des Arabes riches, il n'y avait pas de Français pauvres. Je voyais de grandes inégalités au détriment des Arabes. C'était le produit du colonialisme. Mais je ne le comprenais pas. J'avais beaucoup de copains arabes. Quand je jouais aux cow-boys et aux Indiens, sur le terrain vague devant chez moi, la moitié des enfants étaient marocains*[1]. » Le séjour de la famille Strauss au Maroc coïncide avec le soulèvement nationaliste qui agite les grandes villes du pays : Tanger, Rabat, Marrakech, Fès. Aux portes du désert, Agadir ne perçoit que de faibles échos des manifestations. Mais on discute ferme dans la famille Strauss. Si le Maroc conquiert son indépendance en 1956, l'Algérie, elle, se trouve plongée dans une guerre qui durera huit ans, de 1954 à 1962. Marius Kahn, le grand-père, qui vient deux ou trois fois par an à Agadir, défend la ligne officielle de la SFIO et de son secrétaire général, Guy Mollet, partisan de la guerre contre les indépendantistes algériens. Gilbert Strauss, lui, pense le contraire. Il s'est éloigné de la SFIO. « *À Agadir*, se souvient Dominique Strauss-Kahn, *mes parents n'étaient pas membres du parti, je ne sais même pas s'il existait une section. Mon père était totalement intégré au milieu arabe. Donc, il était naturellement anticolonialiste*[1]. » Gilbert Strauss adhérera au PSA, le Parti socialiste autonome, fondé par les dissidents de la SFIO en 1958 et qui se transforme bientôt en PSU. Le Parti socialiste unifié compte, entre autres leaders, Daniel Mayer, Pierre Mendès France et le jeune Michel Rocard. Leur rupture avec la SFIO est aggravée par le retour au pouvoir du général de Gaulle en mai 1958 avec le soutien actif de Guy Mollet. Voyant en de Gaulle un apprenti dictateur, les dissidents socialistes et radicaux manifestent dans les rues de Paris aux côtés du Parti communiste et d'un cacique de la IVe République, François Mitterrand, peu apprécié dans les rangs de la gauche où l'on raille son opportunisme. Malgré son opposition totale à

1. Entretien avec l'auteur, 15 novembre 2010.

de Gaulle, en cette fin des années 1950, il ne semble pas promis à un grand avenir. « *À cette époque*, se rappelle Dominique Strauss-Kahn, *mes parents sont très antigaullistes. Ils sont loin de la SFIO. Mais je ne les entends jamais prononcer le nom de Mitterrand. Il n'appartient pas encore à l'univers de la gauche. Le nom qui revient le plus dans leurs conversations est celui de Mendès France, il représente à la fois la modernité et la morale. Je dirais qu'ils sont devenus mendésistes*[1]. »

Jacqueline Strauss pense comme son mari. Et le camp des anticolonialistes est renforcé par le père de Jacqueline, André Fellus. L'autre grand-père, Marius Kahn, est bien seul à défendre la ligne officielle de la SFIO. Dominique Strauss-Kahn n'a pas oublié « *les discussions sans fin autour de la table familiale* » : « *Je revois encore mon père et mon grand-père s'engueuler. J'étais gamin, évidemment, je ne vais pas vous dire que j'y comprenais quelque chose. Mais à huit ou dix ans j'ai assisté à des sortes de congrès en miniature où s'affrontaient les deux tendances du socialisme de l'époque : la vieille SFIO, représentée par mon grand-père Marius, et le mendésisme, que soutenait mon père. Mon père n'appréciait guère Mitterrand. Mais il ne croyait pas beaucoup dans les chances du PSU. Candidat de la gauche face à de Gaulle à la présidentielle de 1965, Mitterrand supplantera et Mollet et Mendès. Mon père reviendra au PS où je le retrouverai dans les années 1970. Quant à mon grand-père, bien qu'il fût un fidèle molletiste, je ne l'ai jamais entendu déblatérer contre Mitterrand*[1]. »

Marius Kahn est resté associé avec son fils Gilbert. L'un à Paris, l'autre au Maroc, les deux hommes se partagent les affaires. Ainsi la famille Strauss passe-t-elle quatre à cinq mois par an à Paris, prolongeant les vacances d'été jusqu'à la fin novembre. « *Chaque année*, se rappelle Dominique Strauss-Kahn, *je commençais ma*

1. Idem.

scolarité dans une école primaire parisienne puis au lycée Carnot quand je suis entré en sixième[1]. » Les Strauss louent chaque fois un appartement différent dans le XVIIe arrondissement, mais jamais loin de l'avenue de Wagram où vivent les grands-parents paternels. Avec Marius, Dominique se conduit comme un « enfant-roi ». Il adore faire des blagues, y compris dans le cabinet juridique où son grand-père le laisse entrer. Une de ses facéties préférées : poser au-dessus de la porte un verre rempli d'eau qui se vide dès qu'un malheureux client la franchit. Marius pardonne tout à Dominique. Il est son premier petit-fils et le seul, jusqu'à la naissance de Marc-Olivier en 1954. Dominique est boudeur. Marius est colérique. Si, pendant un repas, il renverse de la sauce sur sa cravate, on entend alors sa forte voix résonner dans tout l'appartement. Marius est soupe au lait mais il a un cœur d'or. Il noue avec Dominique une relation unique. Le petit adore apprendre, son grand-père adore transmettre. Marius, qui a lu tous les classiques de la littérature, en raconte de temps à autre un passage significatif. Marius surtout est passionné d'histoire. Dans sa maison d'Aumont dans la Somme, il possède une immense bibliothèque remplie de livres sur toutes les époques et tous les personnages historiques. Entre la France et le Maroc, Dominique, puis son frère et sa sœur ont bénéficié d'une éducation privilégiée. « *Agadir? C'était le paradis* », aimait à répéter Jacqueline Fellus.

Paradis perdu

Le bonheur marocain de la famille Strauss est brisé net par la tragédie sans précédent qui frappe Agadir, le tremblement de terre du 29 février 1960. Survenant peu avant minuit, le séisme dure une quinzaine de secondes. Il est d'une magnitude modérée : 5,7 sur l'échelle de Richter. Mais il restera comme le plus meurtrier de l'histoire du Maroc. Le bilan exact se révèle difficile à établir.

1. Idem.

On l'évalue autour de 12 000 à 15 000 morts et environ 25 000 blessés. L'essentiel des victimes sont arabes. Et pour cause ! L'épicentre se situait juste sous la vieille ville et ses ruelles peuplées de maisons, aux fondations fragiles, qui sont totalement dévastées. Vivant dans la ville moderne, comme la majorité des Européens, les Strauss sont épargnés par la catastrophe. Dominique Strauss-Kahn en garde un souvenir intact : « *L'immeuble a tenu, mais l'appartement était sens dessus dessous, j'étais à moitié réveillé, ma mère est venue nous chercher ma sœur, mon frère et moi*[1]. » Jacqueline habille les deux petits. Gilbert, selon sa femme, « *demande à Domi d'aller chercher les chaussures; en donnant immédiatement des tas de petites choses à faire à Domi, nous avons évité qu'il ne s'affolât*[2] ». Sur le coup, Dominique ne réalise pas : « *Je me rappelle un détail cocasse : mon grand-père maternel, un peu invalide, a dévalé les escaliers quatre à quatre. Je voyais ma famille et tous les gens de l'immeuble, sains et saufs. J'étais à moitié endormi, c'était irréel. Les enfants sont souvent excités par les situations exceptionnelles. On s'est retrouvés dans un immense jardin sous des tentes avec d'autres rescapés. C'était bizarre mais pas terrifiant du tout. J'ai réalisé progressivement l'ampleur de la catastrophe à partir du lendemain. Ce jour-là, en traversant la ville en voiture, on passait devant les maisons effondrées. Le plus frappant, c'est qu'à part les ruines, on ne voyait rien. Pas un seul mort. Parce que, vingt-quatre heures après, les secours n'étaient pas encore arrivés*[3]. » Menées sans les moyens modernes dont on dispose aujourd'hui, les recherches dureront longtemps. Sous les décombres, des camarades de classe de Dominique, des familles entières d'amis, de voisins ont disparu à jamais. Agadir, la ville de l'enfance heureuse, est transformée en un immense camp de réfugiés, les

1. Idem.
2. Féline, *Entrez dans la danse…*, *op. cit.*
3. Entretien avec l'auteur, 15 novembre 2010.

survivants affamés errent au milieu des ruines. Après quelques jours passés sous la tente, la famille Strauss part pour Casablanca. Elle y restera quelques mois dans un appartement vide prêté par des amis. Faute de meubles, on dort sur des caisses. « *C'est le style Louis caisse !* » ironise Gilbert. Dominique reprend les bons mots de son père. Il commence aussi à en faire lui-même. Les jeux de mots, les calembours, les contrepèteries, Dominique adore. Mais au fond de lui-même, il a gagné en gravité depuis le tremblement de terre. Plus tard, Domi dira à sa mère : « *À partir de ce moment je suis passé du côté des grands*[1]. » À la fin de l'année scolaire, les Strauss décident de quitter le Maroc. « *Mon père avait tout perdu dans le tremblement de terre. Les trois quarts de sa clientèle étaient morts, sinistrés ou avaient quitté la ville. L'argent de ses clients marocains était entièrement déposé dans un coffre qui avait disparu. Il n'avait plus aucun avenir à Agadir. C'est vrai que de toute façon notre départ était programmé avant le séisme. Mes parents avaient l'intention de revenir en France pour que j'y prépare le bac. J'étais en 6ᵉ à l'époque. Le séisme n'a fait qu'accélérer les choses*[2]. » Dominique Strauss quitte le Maroc en juin 1960. Il a onze ans et laisse son enfance derrière lui. Il n'oubliera jamais ce pays.

Nostalgie

Il y est retourné très vite mais pendant longtemps, il a évité Agadir : « *C'était douloureux. Je n'avais personne à y voir. J'avais perdu la plupart de mes copains d'enfance. J'y suis retourné pour la première fois dans les années 1990. J'ai retrouvé notre immeuble. Je suis monté à l'étage, j'ai sonné à la porte. Un monsieur m'a ouvert et m'a tout de suite dit : "Bonjour, monsieur Strauss-Kahn !" Il avait dû me voir à la télé. Je suis repassé devant notre maison en novembre 2010. Grosse différence : avant, elle se trouvait dans un*

1. Féline, *Entrez dans la danse...*, *op. cit.*
2. Entretien avec l'auteur, 15 novembre 2010.

terrain vague, alors que maintenant elle est entourée d'autres immeubles. Cela forme une rue en terrasse au-dessus de la plage. C'est fou ce qu'on a construit à Agadir ! Elle est devenue une grande ville. Seule la plage n'a pas changé[1]. » Dominique Strauss-Kahn gardera la nostalgie des discussions interminables, entrecoupées de rires pendant les longues soirées d'été autour de la table familiale. Une atmosphère qu'il reconstituera dans son ryad acheté à Marrakech en 2000 avec son épouse. Cette vieille bâtisse, obtenue pour environ 500 000 dollars, selon le couple, est devenue son port d'attache : « *C'était une époque difficile pour nous deux*, dit Anne Sinclair. *Dominique avait démissionné du ministère des Finances, il n'était pas encore redevenu député. Et moi, un an plus tard, j'ai été virée de TF1. Il n'y avait plus grand monde autour de nous. Au moins, nous avions du temps libre. Nous avons financé l'achat grâce à la vente d'une maison appartenant à ma mère. Et nous l'avons aménagée avec les indemnités obtenues devant les prud'hommes contre TF1 qui m'avait licenciée du jour au lendemain. Nous nous sommes totalement investis dans la restauration de ce ryad. C'était une ruine. Il pleuvait dans les pièces. On l'a entièrement retapé. On a redressé les murs. Dominique a supervisé lui-même la plomberie et l'électricité. Moi, je me suis chargée de la décoration. Ce n'est pas un ancien palais, comme le décrivent certains journalistes qui n'y ont jamais mis les pieds, mais c'est devenu une belle maison confortable. Nous y passions toutes les vacances avant que Dominique ne devienne directeur général du FMI. Maintenant, nous y allons principalement à Noël. Mais le ryad est très souvent occupé par nos enfants. Il y a presque une liste d'attente*[1] *!* »

Paradoxe apparent de Dominique Strauss-Kahn : il concilie un attachement profond à l'État d'Israël et une sympathie sincère pour le monde musulman. Dans les années 2000, tout comme Anne Sinclair, il a pris des cours d'arabe, une langue dont il

1. Idem.

n'avait gardé que quelques notions apprises dans son enfance. « *Il a dû arrêter les cours, faute de temps*, dit Anne Sinclair. *Moi j'ai continué. Dominique peut suivre une conversation. Mais je me débrouille beaucoup mieux que lui à l'écrit*[1]. » Ainsi, ce couple politico-médiatique, dénoncé parfois comme « ultra-sioniste », s'intéresse au monde et à la culture arabo-musulmans, qu'il connaît vraiment.

1. Entretien avec l'auteur, 17 décembre 2010.

V

MONACO

« *Mon père*, raconte Dominique Strauss-Kahn, *restera marqué à jamais par les conséquences du séisme. Il avait pendant des années construit quelque chose qu'il croyait solide. Et brusquement, du jour au lendemain, il n'était plus rien*[1]. » À quarante-deux ans, avec trois enfants, Gilbert Strauss repart de zéro. Après quelques mois passés à Casablanca, la famille réside un an à Paris. Gilbert travaille avec Marius Kahn. Dominique est en 5e au lycée Carnot. Il n'est plus tout à fait un enfant et commence à regarder les filles. Mais il ne connaît pas les hivers parisiens qui sont parfois rudes. Toute la famille regrette le soleil. Ils ne vont pas tarder à le retrouver. Cap sur Monaco ! La minuscule principauté commence seulement à se faire connaître dans le monde, depuis le mariage en 1956 du prince Rainier avec l'actrice américaine Grace Kelly. Les fiscalistes y sont rares. Gilbert Strauss devine qu'il trouvera une clientèle, notamment parmi les rapatriés d'Algérie qui débarquent sur la Côte d'Azur, suite à l'Indépendance. Enfant sur les rives de l'Atlantique, Dominique devient adolescent au bord de la Méditerranée. Pendant cinq ans, les Strauss y mènent une vie agréable entre les baignades l'été et le ski l'hiver dans les stations des Alpes-Maritimes à moins de deux heures en voiture. Si Gilbert travaille dans la Principauté, la famille est installée boulevard de France à Beausoleil, commune limitrophe de Monaco, où elle loue un bel appartement avec un très grand balcon donnant sur la mer. Entre Monaco et Beausoleil, pas de frontière, on passe de l'une à l'autre

1. Entretien avec l'auteur, 15 novembre 2010.

sans s'en apercevoir. L'ensemble, qui compte autour de vingt mille habitants, est alors un gros village méditerranéen gorgé de soleil où cohabitent toutes les classes sociales. On y trouve des quartiers populaires, des rues commerçantes, le marché de Provence où l'on vend le poisson à la criée, le thym et la lavande. Valérie Strauss-Kahn, la sœur de Dominique, en garde la nostalgie : « *Le marché où nous allions tous les jours a beaucoup marqué mon enfance. Il y avait à Beausoleil un côté "sans façon" très agréable qui tranchait avec une principauté forcément plus guindée*[1]. » Le lycée, nommé Albert-Ier, se trouve à Monaco. Il possède le statut d'un établissement français à l'étranger. Ses professeurs sont payés par le ministère de l'Éducation nationale à Paris et les programmes sont ceux de tous les lycées de l'Hexagone. Dominique y entre fin septembre 1961, en classe de 4e. Il a douze ans et demi. De taille moyenne, mince, le visage fin, en partie caché par de grosses lunettes, les cheveux noirs, les oreilles légèrement décollées, parfois il porte une cravate. Ce beau garçon sportif a le teint mat et le corps bronzé une grande partie de l'année. Il pratique le handball, le rugby, le tennis, le ski et bien sûr la natation. Avec les filles, Dominique ne perd pas de temps. Durant l'été 1963, à quatorze ans seulement, il multiplie les conquêtes lors d'une traversée de la Corse à moto avec son copain Steven Weinberg. Dominique est à l'aise dans son corps. Il passe une partie de son temps en maillot de bain pendant une belle saison qui dure de mai à octobre. C'est sur une plage qu'il rencontre la première « femme de sa vie », Hélène Dumas.

Premier amour

Hélène Dumas n'a rien oublié : « *Je me rappelle Dominique sur la plage de Menton où nous avions passé le BEPC*, dit-elle. *C'était en juin 1963. Je participais comme lui à un pique-nique avec les autres élèves du lycée Albert-Ier. Il était très bronzé. J'avais seize ans,*

1. Entretien avec l'auteur, 30 décembre 2010.

lui quatorze. Mais il faisait plus que son âge. C'est mon premier souvenir[1]. » Hélène Dumas a déjà croisé Dominique, sans jamais le remarquer. Ils sont tous les deux en 3e mais dans des classes différentes. En 1963, Hélène, une jolie brune aux cheveux mi-longs, porte des lunettes comme Dominique. Née à Monaco en 1947, elle possède la nationalité française, à l'instar de nombreux résidents de la Principauté. Elle a grandi dans le quartier commerçant La Condamine où son père, venu d'Auvergne, possède une grande charcuterie. Sa mère, comme beaucoup de femmes de l'époque, ne travaille pas. Dans cette famille catholique très classique, Hélène a été baptisée, est allée à l'école primaire chez les sœurs, avant de faire sa communion. « *J'étais une bonne petite catholique. Mais j'ai cessé de croire en Dieu d'un seul coup, le jour de la mort de mon père*[1]. » En janvier 1962, la jeune fille a quatorze ans, son père est fauché par une voiture sur la nationale 7, près de Bollène. Comme Dominique, l'épreuve a fait mûrir Hélène. Elle se sent désormais responsable de sa mère qui restera longtemps dépressive. Dominique, lui, est rarement triste. Il croque la vie à pleines dents. Il va égayer celle d'Hélène. Et la bouleverser. « *En fait nos destins s'étaient déjà croisés avant la première rencontre. Nous étions en 4e mais dans des classes différentes. Je flirtais avec un de ses copains, éclaireur comme lui. Mais ayant une moins bonne plume, ce copain demandait à Dominique de lui écrire les lettres d'amour qu'il m'envoyait. C'était des vers de mirliton du genre : "Loin de toi mon cœur, je me meurs" ou "Tu as des yeux de velours, mon amour". Évidemment, cela m'a amusée plus tard d'apprendre que Dominique m'écrivait ce type de lettres avant même de me connaître*[1]. »

À la rentrée 1963, les deux adolescents se retrouvent dans la même classe en seconde M (scientifique). « *Dominique est tombé fou amoureux de moi. Au début ce n'était pas réciproque. C'était un*

1. Entretien avec l'auteur, 14 décembre 2010.

beau gars, il aimait rouler les mécaniques. Il ne m'intéressait pas beaucoup. Mais il est très tenace. Quand il veut quelque chose... Il ne m'a pas lâchée. Alors, il est arrivé à ses fins[1]. » C'était le 23 novembre 1963, une date facile à retenir : « *Le lendemain de l'assassinat du président Kennedy*, se souvient-elle. *Cela nous avait beaucoup marqués. Les élèves ayant la télé avaient vu les images. On en a parlé pendant plusieurs jours au lycée*[1]. » Cet après-midi-là, un samedi, alors que le jour se lève sur l'Amérique endeuillée, Dominique invite Hélène à la foire de Monaco. Ils montent sur les avions qui tournoient à toute vitesse. Et il l'embrasse. « *Hélène est la femme de ma vie* », dira-t-il bientôt à sa mère, un peu interloquée par la détermination de son fils. Les deux jeunes gens se ressemblent. Du genre sérieux et intello. « *Dominique était fan de Beethoven, de Bach, de Mozart comme moi. Mais il était totalement hermétique à la musique du* XX*e* *siècle* », se souvient Hélène[1]. Elle joue du piano depuis son plus jeune âge et participe à l'orchestre des Jeunesses musicales de Monaco. Les deux tourtereaux vont au cinéma ensemble au moins une fois par semaine, en général le jeudi, jour sans classe. Le jeune couple lit beaucoup, Hélène surtout, qui dévore tous les grands classiques de la littérature, Hugo, Zola, Maupassant, Tolstoï. « *Un jour, Dominique est venu me chercher à la bibliothèque, il était furieux parce que, prise par la lecture, j'avais oublié notre rendez-vous*[1]. » Dominique se met rarement en colère. Il manifeste plutôt son mécontentement en boudant. « *Cela pouvait durer deux jours. C'était terrible. Je lui parlais, il ne répondait pas. Et à un moment, sans qu'on sache pourquoi, il arrêtait de bouder*[1]. » Les bouderies de Dominique, plusieurs amis de jeunesse s'en souviennent. Et pour cause ! Elles tranchaient tellement avec son comportement habituel. Quand il ne boudait pas, Dominique était un garçon joyeux, blagueur, un vrai boute-en-train. « *J'étais très appliquée*, dit Hélène Dumas.

1. Idem.

Lui, était plus décontracté. Un bon élève, sans plus, dont les études ne représentaient pas encore la principale préoccupation[1]. » En semaine, à la belle saison, il y avait la plage, toujours la plage : « *On se retrouvait*, raconte Hélène Dumas, *avec tous les copains à la digue du Port. On riait beaucoup, on était très joyeux. Quels doux souvenirs*[1] *!* »

La clef à molette

Les week-ends d'hiver, les parents de Dominique viennent le chercher à la sortie du lycée pour aller skier à Auron, une station des Alpes-Maritimes. « *Ce sont des souvenirs inoubliables*, assure Valérie Strauss-Kahn, la jeune sœur de Dominique. *J'avais cinq ou six ans, Dominique treize ou quatorze. Le voyage passait vite. On déjeunait dans la voiture, il y avait souvent des boulettes de viande froides que maman avait préparées, cela sentait l'ail. Et Domi chantait beaucoup, des chansons anciennes, des histoires de locomotive à vapeur, avec des mots peu courants, que l'on n'utilisait plus, en tout cas qui étaient inconnus d'une petite fille comme moi. Domi racontait toujours des histoires drôles. Je me souviens d'une totalement absurde. C'est une devinette : "Quelle est la différence entre un élastique et une clef à molette ? Eh bien, il n'y en a pas, ils sont tous les deux en caoutchouc* [petit silence…]… *sauf la clef à mollette*[2] *!"* » Arrivés dans la station, parents et enfants chaussaient les skis. Gilbert glissait très bien. Il avait accompli son service militaire chez les chasseurs alpins. Dominique, de l'avis général, descendait les pistes en virtuose. Il enseigna le ski à son frère, à sa sœur et à Hélène, comme il l'apprendra plus tard à ses enfants. Dominique et Hélène n'étaient pas des rebelles. Comment auraient-ils pu l'être ? Les parents de Dominique étaient si libéraux et la mère d'Hélène, si malheureuse. Les deux amoureux passèrent à côté de

1. Idem.
2. Entretien avec l'auteur, 30 décembre 2010.

la « *révolte de la jeunesse* » annonciatrice de Mai 68. Les yéyés, les hippies, les casseurs de fauteuils aux concerts de Johnny Hallyday, ce n'était pas leur truc. Mais ils n'étaient pas uniquement amateurs de musique classique. « *On allait ensemble dans les boums et on dansait le rock. On adorait danser ensemble*[1] », dit Hélène Dumas. Décrivant leur lien fusionnel, Dominique expliqua ainsi à sa mère : « *Tu comprends, c'est la jeune fille avec qui je peux à la fois parler philo et danser le rock.* » Domi ouvre à Hélène les portes d'une famille atypique. « *Mon premier souvenir de sa mère ? Jacqueline Strauss est au volant et brûle un feu rouge. Elle était très distraite. Et parlait beaucoup. C'était une vraie maman juive. Je l'ai surnommée le Poulpe parce qu'elle nous ventousait. Elle couvait ses enfants, les entourait, les possédait aussi. Mais elle leur laissait beaucoup de liberté. C'était une femme très, très généreuse. Je l'aimais beaucoup et j'admirais également son mari Gilbert, un homme très élégant, très brillant en société. J'aimais aussi le petit frère, Marc, et la petite sœur, Valérie. Une famille chaleureuse, accueillante et très soudée où je me suis sentie immédiatement à l'aise. Il y avait toujours du monde à table*[1]. » Hélène assiste à des discussions passionnées sur la politique mais aussi sur les problèmes de société ou la philosophie. Jacqueline et Gilbert Strauss, farouchement laïcs et francs-maçons, restent cependant attachés aux traditions juives. « *Les jours de fêtes religieuses*, raconte Dominique Strauss-Kahn, *n'étaient pas complètement ordinaires. Ma mère, plus que mon père, nous en parlait. On ne pratiquait pas les rites mais on réunissait la famille. Comme d'autres Juifs non pratiquants, le jour de Kippour, si l'on ne jeûnait pas, on faisait quand même un repas spécial le soir*[2]. »

1. Entretien avec l'auteur, 14 décembre 2010.
2. Entretien avec l'auteur, 15 novembre 2010.

Pilpoul

Le couple a voulu que ses enfants soient juifs. Dominique a été circoncis peu après sa naissance. Et à treize ans, il fait sa bar-mitsva. « *Ce fut un peu compliqué*, explique-t-il. *On a organisé une cérémonie très sobre à la maison mais sans vraiment respecter les règles. Je n'avais pas suivi les cours du Talmud-Torah qui servent à préparer la bar-mitsva. Je ne connaissais donc pas l'hébreu. En réalité, cette cérémonie* a minima *résultait d'un compromis entre mes parents. Curieusement mon père y était plus favorable, ce qui est paradoxal car ma mère avait vécu en Tunisie dans un milieu plus religieux. Elle était plus ancrée dans le judaïsme au plan de la tradition et de la culture, alors que mon père était surtout juif au plan intellectuel*[1]. » Le judaïsme, pour Gilbert Strauss, se réduit principalement à une sorte de gymnastique intellectuelle appelée « pilpoul ». Ce mot étrange, inconnu de la plupart des Français, fait briller les yeux de tous ceux qui ont fréquenté la famille Strauss dans les années 1960. Le pilpoul, qui signifie « raisonnement aiguisé », était à l'origine une méthode d'étude du Talmud[2], inventée au XVIe siècle par les Juifs de Pologne. Le maître demandait à l'élève de défendre successivement et avec autant de ferveur deux thèses contradictoires. Cette pratique, qui permet d'appréhender la complexité du monde, a profondément imprégné le mode de pensée des Juifs d'Europe centrale et orientale. La famille Strauss pratiquait une version laïque du pilpoul. Hélène Dumas, comme tous les amis de Dominique, en était fascinée : « *Les repas*, se souvient-elle, *tournaient parfois à la partie de ping-pong intellectuelle entre Dominique et son père. Gilbert n'avait pas toujours le dernier mot*[3]. » À la table des Strauss, les enfants, très jeunes, avaient droit à la parole. C'était

1. Idem.

2. Le Talmud, qui signifie « étude » en hébreu, est une compilation des discussions rabbiniques laissant place à la libre interprétation de la Bible hébraïque, la Torah, sur l'ensemble des sujets de la loi juive. Le Talmud est appelé aussi « la Torah orale ».

3. Entretien avec l'auteur, 14 décembre 2010.

même un devoir. « *Mes parents,* détaille Dominique Strauss-Kahn, *étaient aussi adeptes de la maïeutique, une technique venue de la Grèce antique qui consiste à aider une personne à se remémorer un savoir caché dans l'inconscient. Même tout petits, pendant les repas, ils nous questionnaient sur telle ou telle connaissance qu'on avait apparemment oubliée*[1]. » Grâce à la maïeutique et au pilpoul, Dominique Strauss-Kahn a entretenu une incroyable mémoire et développé la capacité d'intégrer le point de vue de l'autre. À travers l'adolescent de Monaco, se dessine déjà l'homme qu'il sera. Dominique est doté d'un tempérament de leader. Au lycée, où il anime un « club de débats », il aime parler en public. En fin de terminale, en 1966, il remporte le premier prix de l'éloquence, décerné par le prince Rainier, après avoir défendu avec passion l'abolition de la peine de mort. Dominique est apparemment sans complexe, à l'aise en toutes circonstances et dans tous les milieux. Il a hérité de son éducation une grande liberté de ton et de comportement. Les Strauss étaient une famille hors norme, d'esprit soixante-huitard bien avant Mai 68. « *C'est la maman de Dominique qui m'a expliqué la contraception* », confesse Hélène Dumas[2]. Jacqueline et Gilbert Strauss sont alors de jeunes quadragénaires. Elle est belle, il est séduisant. Ils forment un couple apparemment uni.

Gilbert

Pourtant, derrière la façade d'une famille heureuse, se cachent de vraies failles. Gilbert Strauss, tout en aimant beaucoup son épouse, apprécie les femmes en général. On l'a vu à Monaco au bras d'une jolie fille. Dominique, adolescent, en souffre énormément. « *Il était complètement bouleversé,* se souvient Hélène

1. Entretien avec l'auteur, 15 novembre 2010.
2. Entretien avec l'auteur, 14 décembre 2010.

Dumas. *Et il m'a dit : "Moi, je ne ferai jamais cela*[1]*..."* » Les infidélités de Gilbert Strauss n'étaient pas un secret. Sa femme Jacqueline en parle dans ses mémoires, avec beaucoup d'indulgence : « *Gilbert fut pour moi un très bon mari, et un très bon père pour les enfants. Que lui ai-je reproché au cours de ces quarante-six ans de mariage ? Pas grand-chose et... beaucoup. D'avoir été repris par son démon de "collectionneur" et d'être attiré par les "beaux jupons". De cela, oui, j'ai souffert mais à chaque fois que je lui ai mis le marché en mains, ou il laissait tomber l'amourette ou je partais avec les enfants, il n'a jamais hésité, il m'est toujours revenu, plus amoureux chaque fois*[2]. » Jacqueline et Gilbert se sont toujours et vraiment aimés : « *Nous avons été, malgré nos avatars, un couple très uni et toute cette deuxième partie du* XX*e* *siècle, je l'ai vécue comme un coquillage soudé à son rocher*[2]. » Jacqueline et Gilbert « *vivaient en symbiose totale*[3] », se rappelle leur fille Valérie. La vraie souffrance de Jacqueline ? Ce fut moins le caractère volage de son mari que la maladie qui le rongeait. Gilbert Strauss est maniaco-dépressif. Il alterne les phases d'euphorie et de dépression. Un jour très haut, un jour très bas. Est-ce la conséquence du tremblement de terre ? Une blessure plus profonde ?

Durant la deuxième partie de sa vie, Gilbert Strauss remontera la pente plusieurs fois, haut, très haut, pour dégringoler très vite, bas, très bas. Un mal chronique, intermittent mais incurable malgré le suivi assuré par une sommité de la psychiatrie, le professeur Bourguignon. « *Quand il y avait du monde*, se rappelle Hélène Dumas, *Gilbert donnait le change. À table, il était très brillant, il faisait le joli cœur. Mais il pouvait craquer du jour au lendemain. Je me rappelle de dimanches, dans les années 1970, et aussi un Noël où il était en pyjama et ma belle-mère se démenait*

1. Idem.
2. Féline, *Entrez dans la danse...*, *op. cit.*
3. Entretien avec l'auteur, 30 décembre 2010.

pour qu'il s'habille. Elle était très courageuse mais plusieurs fois je l'ai ramassée à la petite cuillère[1]. » En 1965, Gilbert a été profondément meurtri par le grave accident qui a brisé la carrière et la vie de sa jeune sœur. Élise Kahn, la fille de Marius, s'est retrouvée définitivement paralysée des deux jambes. Elle n'avait alors qu'une trentaine d'années. Cantatrice à l'Opéra, elle brillait, entre autres, dans *Carmen* et semblait promise à un grand avenir. Elle dut renoncer à son métier et ouvrit alors une auto-école avec son mari, un ancien ténor, qui sera victime, quelques années plus tard, d'une hémiplégie. « *Mon père était très proche de sa sœur*, se rappelle Valérie Strauss-Kahn, *et je sais à quel point il a été affecté par ce drame, même s'il restait très réservé*[2]. » Chez les Strauss, on préserve les deux plus jeunes et surtout Valérie. « *Quand il y avait des problèmes*, poursuit-elle, *ma mère et Dominique faisaient en sorte de nous tenir à l'écart. Dominique à quinze ans était passé du côté des adultes. Je ne pouvais pas comprendre mais je le voyais discuter avec ma mère quand cela allait mal*[2]. » Après quatre années de réussite à Monaco, l'affaire de Gilbert Strauss s'effondre. En quelques mois, il perd tout. Quelque chose s'est enrayé dans une machine qui fonctionnait parfaitement. Gilbert Strauss a baissé les bras, il n'a plus d'énergie. Et, brutalement, il se retrouve ruiné. À l'été 1966, les Strauss quittent la Principauté. Une nouvelle rupture. Direction : Paris. « *J'avais neuf ans*, raconte Valérie, *le choc était rude. Du jour au lendemain nous quittions l'endroit où j'avais grandi. Mon père était malade. Dominique était préoccupé. C'était un lourd fardeau pour un adolescent. Mais avec nous, les petits, il restait rigolo. Même dans les pires moments, pour nous ce n'était jamais triste*[2]. »

1. Entretien avec l'auteur, 14 décembre 2010.
2. Entretien avec l'auteur, 30 décembre 2010.

VI

LYCÉEN ET MARIÉ

Septembre 1966. Dominique a dix-sept ans. Il vient de réussir le bac M et retourne au lycée Carnot où il a fait sa 5e. Cette fois, il est inscrit en classe préparatoire pour HEC. Son père a ouvert un petit cabinet de conseil juridique à Montreuil, près du métro Croix-de-Chavaux, et doit se constituer une nouvelle clientèle. Jacqueline, à près de cinquante ans, tente des concours. Dans sa jeunesse, elle aussi a étudié le droit. Elle entrera bientôt dans une compagnie d'assurances puis montera son propre cabinet. La famille habite un meublé de l'autre côté de la capitale, à Courbevoie, avec deux chambres, une pour les parents et l'autre pour les deux petits. Dominique dort dans le canapé-lit du double living qui lui sert à la fois de chambre et de bureau. Grandeur et décadence. Il ne se trouve pas dans les meilleures conditions pour préparer HEC. Dominique échoue au concours en 1967. Ce n'est pas une catastrophe car à l'époque seuls 5 à 10 % des candidats sont admis du premier coup. Mais Dominique traverse une année difficile. Il lui manque le soleil et, surtout, il lui manque Hélène. La jeune fille, inscrite en hypokhâgne à Nice, souffre aussi de cette séparation. « *Et en plus, hypokhâgne ne me plaisait pas*[1] *!* » dit-elle aujourd'hui. Les deux tourtereaux ne se voient que pendant les vacances scolaires : « *C'était très dur. Nous n'imaginions pas de vivre l'un sans l'autre. Alors, nous avons décidé que je monterais à Paris pour habiter ensemble. Mais il fallait l'accord de ma mère. J'avais vingt ans et la majorité était encore à vingt et un ans. Il était*

1. Entretien avec l'auteur, 14 décembre 2010.

hors de question pour elle que je vive en concubinage. Elle ne me laissait partir que si on se mariait[1]. » Dominique, depuis qu'il a rencontré Hélène, quatre ans plus tôt, est persuadé qu'elle deviendra sa femme. Les parents Strauss ne s'opposent pas au mariage. Dans une autre famille, on se serait inquiété des conséquences sur les études du fiston, seulement âgé de dix-huit ans. Chez les Strauss, on place avant tout le respect de la liberté individuelle. Si Dominique le veut... Un an après le retour en catastrophe à Paris, Gilbert Strauss remonte la pente. Il a quitté Montreuil pour monter avec un associé, nommé Sibony, un cabinet de conseil juridique, au 130 boulevard Haussmann. L'expertise auprès des tribunaux assure d'importantes rentrées d'argent. Bientôt les Strauss emménageront dans un splendide appartement, avenue Kléber, près du Trocadéro. Combien de fois les Strauss ont-ils déménagé ? Leurs enfants ne le savent pas exactement. Environ une quinzaine de fois. Mais ils sont toujours restés locataires de leur résidence principale.

Clairis

Installés à Paris, pour la première fois dans leur vie, les Strauss investissent dans la pierre, achetant un petit pavillon dans un lotissement de vacances pour classes moyennes à Savigny-sur-Clairis, près de Courtenay dans l'Yonne. « *Le départ de Monaco a créé un choc. Mes parents se sont aperçus qu'ils n'avaient rien à eux*[2] », analyse Valérie Strauss-Kahn. À « Clairis », où ils posent leurs bagages, ils feront une maison de vacances très familiale. D'abord, président de l'association des copropriétaires du domaine résidentiel, Gilbert Strauss défendra les intérêts de ces derniers dans un conflit les opposant au promoteur immobilier. Puis, dans cette commune qui ne compte que quelques centaines

1. Idem.
2. Entretien avec l'auteur, 30 décembre 2010.

d'électeurs, il réussira, enfin, à se faire élire, à une fonction modeste, comme adjoint au maire. Dans le vieux village, Dominique épouse Hélène, le 9 septembre 1967. Un mariage très intime et décontracté. À 15 heures, Dominique joue au tennis. À 16 heures, il enfile un costume pour rejoindre la mairie en compagnie de la future mariée. Les deux très jeunes gens se disent « oui » en présence d'une quinzaine de personnes seulement, leurs parents, frère, sœurs et grands-parents. Il n'est bien évidemment pas question de cérémonie religieuse. Hélène est catholique, Dominique est juif. Elle ne croit plus en Dieu et lui n'y a jamais cru. En guise de festivités, on donne un repas de famille après la mairie et, le lendemain, les deux jeunes gens passent une soirée en bateau-mouche payée par les parents. Pendant les premières années de vie commune, ils s'installent dans un grand deux pièces à Vincennes, où habitait Blanche Breitman, la grand-mère maternelle de Dominique, partie vivre chez sa fille. Hélène a renoncé à la littérature, s'est inscrite en droit à Paris II (Assas), et travaille à temps partiel comme secrétaire dans le cabinet de son beau-père.

« *Au début*, explique-t-elle, *je ne savais rien faire. Sauf que je tapais bien à la machine grâce au piano que j'avais pratiqué dans mon enfance. Je m'entendais très bien avec mon beau-père. Je ne savais jamais avec lui quand les affaires ne marchaient pas bien. Quand il était dépressif, au bureau, personne ne le savait*[1]. » La mère d'Hélène déprime aussi depuis la mort de son mari. « *On a vécu des moments difficiles à cause de nos parents*[1] », se rappelle Hélène Dumas. Dominique et elle ont dû payer les frais d'inscription à l'ESSEC pour le jeune frère Marco en 1973, une année où le cabinet de Gilbert traversait une phase difficile. Dominique a toujours paru plus que son âge. Hélène se rappelle : « *Lorsqu'on allait voir des films interdits aux moins de vingt et un ans, on le laissait passer, alors que moi qui avais deux ans de plus que lui, on*

1. Entretien avec l'auteur, 14 décembre 2010.

me demandait ma carte d'identité[1]. » Dominique est sans doute un des très rares lycéens mariés dans toute la France, certainement le seul dans ce cas au lycée Carnot ! En cette rentrée 1967, il y fait la connaissance de quelques jeunes gens qui deviendront très vite ses plus proches amis.

Amitiés indestructibles

Dans le premier cercle, on trouve Yves Roulier, dix-sept ans seulement. Il est issu d'un milieu très différent. Son père, un ingénieur sorti de Polytechnique, est un catholique pratiquant et sa mère, d'origine russe, une chrétienne orthodoxe. Yves Roulier a été élevé dans le christianisme. Il cesse de croire en Dieu en prépa HEC, « *suite à un cours de philo où la démonstration brillante du prof m'a converti à l'athéisme*[2] ». Après ses études, devenu membre du Parti communiste, il travaillera dans le groupe du « *milliardaire rouge* » Doumeng, spécialisé dans le commerce agro-alimentaire avec le bloc soviétique. Quand le communisme s'éclipsera à l'Est, Dieu fera son retour dans la vie d'Yves Roulier : « *À la quarantaine*, dit-il, *j'ai ressenti un grand vide dans mon existence. Un jour de Pentecôte un copain m'a proposé de l'accompagner à la messe*[2]. » Quelques années plus tard, Yves Roulier est devenu moine. Il a été ordonné prêtre en 2000. Il prend le prénom russe d'Ivan qui le relie à ses origines maternelles. Pour faciliter notre récit, nous l'appellerons désormais ainsi. « *Cela nous a surpris* », commentent en chœur ses amis. Hélène Dumas est venue avec son fils Laurin à la cérémonie d'ordination du vieux copain. Dominique s'est excusé. « *Nos relations se sont distendues*, dit le père Roulier, *nous n'avons plus la même vie. Mais nous restons en contact. On s'est revus à la remise de l'Ordre national du Mérite à Philippe Rigaudière, notre ami commun, en 1994. Dominique est*

1. Idem.
2. Entretien avec l'auteur, mai 2010.

venu aussi pour la messe en mémoire de celui-ci, il y a une dizaine d'années. C'est à l'enterrement d'un autre ami de jeunesse, Pierre Strobel, que je l'ai vu pour la dernière fois, fin 2006. On a beaucoup parlé du passé, j'ai vu qu'il n'avait rien oublié. Je sais que je pourrai toujours compter sur lui. Il est assez ouvert pour comprendre mon évolution. Dominique est le seul homme de mon âge vivant qui m'ait impressionné et avec qui je n'ai jamais eu d'affrontement[1]. » Le père Roulier se remémore comme si elle datait d'hier leur première rencontre en 1967 : « *On était dans la même classe. On a sympathisé dans le courant de l'année. Dominique et moi étions complémentaires au plan scolaire. J'étais très bon en maths. Dominique, lui, était meilleur en histoire-géo, plus intéressé par les sciences humaines que par les maths. J'habitais chez un de mes frères près du lycée Carnot. Mais j'allais souvent à Vincennes chez Dominique et Hélène après les cours. On travaillait avec Dominique et on riait beaucoup aussi. Il a toujours été facétieux. Notre situation était confortable. C'était avant le MLF ! Hélène assurait l'intendance et préparait les repas. On s'entendait très bien tous les trois. On parlait longtemps, très tard. Et je restais souvent dormir dans le salon. Dominique et moi étions inséparables. Il y avait aussi Yves Magnan qui formait avec nous un trio d'amis*[1]. » Avec ce dernier, les liens sont plus fréquents : « *J'ai vu Dominique deux heures, la semaine dernière dans un café de la Bastille*, confie Yves Magnan, un jour de novembre 2010. *On a parlé iPad et nouvelles technologies, bref les trucs qui nous passionnent depuis quarante ans*[2]. »

La passion des échecs

Les deux hommes mènent aujourd'hui des vies très différentes. Yves Magnan est spécialisé dans les transports publics. Après avoir été directeur général du numéro 1 en France, il est maintenant

1. Idem.
2. Entretien avec l'auteur, 30 novembre 2010.

consultant pour des groupes internationaux dans ce domaine. Et DSK s'occupe de l'économie mondiale. Mais ils se considèrent toujours comme deux frères. Véronique, l'épouse d'Yves Magnan, en témoigne : « *Quand j'ai rencontré Yves en 1969, j'étais étudiante en littérature américaine, j'ai aussitôt connu Dominique. Je les ai toujours associés. Ils étaient inséparables. Ce n'était pas toujours facile pour moi ou pour Hélène. Quand ils étaient ensemble, nous avions l'impression de ne pas exister. Dominique était un garçon très hermétique, très pudique. Il sortait de sa bulle seulement quand il était en groupe. Il aimait qu'on lui fiche la paix. Yves était pareil. Tous deux étaient un peu "à l'ouest". Ils ne se dévoilaient pas, ils n'aimaient pas le bla-bla. Ce sont deux garçons très intelligents, entre eux ils allaient à l'essentiel et communiquaient avec leurs propres codes*[1]. » Parmi ces codes, le jeu. Dominique Strauss-Kahn en a toujours raffolé. Yves Magnan aussi : « *Jamais*, précise-t-il, *les jeux d'argent ou de hasard, tels le poker ou la loterie, mais les jeux de stratégie. En 1968, Dominique m'a fait découvrir le Trait d'Union, un bar du Quartier latin qui a introduit le jeu de go en France. Il était parmi les premiers à y jouer. Mais notre grande passion commune, c'est les échecs. Nous y avons joué en toutes circonstances et même sans échiquier. Une fois, Hélène nous ayant supprimé l'échiquier, nous en avons dessiné un et remplacé les pions par des sucres. Souvent on faisait des parties de tête, en tournant le dos à l'échiquier c'est très dur car il faut faire un gros effort de mémoire. Une fois dans les années 1970, en hiver, nous étions aux Arcs dans le chalet de Dominique et Hélène avec une bande d'amis qui s'étaient lancés dans une discussion un peu ennuyeuse. Nous sommes allés sur le glacier, nous avons marché un kilomètre. Là, Dominique a sorti de son sac un petit jeu d'échecs. On s'est assis et on a joué. Maintenant nous jouons souvent via Internet.*

On s'envoie régulièrement des SMS de jeux. Hier, il l'a fait avant de prendre l'avion. Chaque matin j'achète Libération *uniquement*

1. Entretien avec l'auteur, 30 novembre 2010.

pour le problème d'échecs. Et je crois que Dominique, quand il le peut, fait pareil[1]. » Lors de leur rencontre, place de la Bastille, Yves Magnan a présenté à son vieil ami des idées personnelles pour une réforme de la fiscalité : « *Il m'a écouté avec attention. Puis il m'a dit : "C'est intéressant. Tu es dans l'économie réelle. Mais le vrai sujet aujourd'hui, c'est la sphère financière mondiale." J'ai compris qu'on n'était pas tout à fait au même niveau. En même temps, on discute à égalité*[1]. » Yves Magnan n'envisage pas de jouer le conseiller du Prince : « *Je ne me suis jamais mêlé de politique. Il ne faut pas mélanger les genres. S'il devient président de la République, nous garderons toujours notre amitié fraternelle. Mais je ne m'attends pas à ce qu'il m'invite le 14 juillet à l'Élysée. Je ne suis pas dans cette fenêtre*[1]. » Et son épouse Véronique conclut : « *Dominique est un mec incroyablement généreux. Il a toujours dépanné les amis sans espoir de retour. Nous n'attendons rien de lui. Mais je sais que, si je l'appelle un jour, où qu'il soit, il répondra présent. Il a beaucoup changé, il ne mène plus la même vie mais il reste très fidèle*[2]. » Yves Magnan est né en 1948, un an avant Dominique Strauss. Mais ses origines le rapprochent plutôt d'Ivan Roulier. Enfant, Yves Magnan a demandé un jour à son père : « *Papa nous, on est de quel côté ?* » Et son père lui a répondu : « *On est plutôt de droite.* »

À Marseille où il a grandi, Yves Magnan a passé onze ans chez les jésuites avant d'entrer à seize ans dans un lycée public, pour y préparer un bac « math élém ». C'est là qu'il est devenu de gauche. « *Notre amitié, à tous les trois, était fondée sur un partage de valeurs très profondes. Nous étions de gauche, laïcs et même athées militants Nous avions beaucoup de discussions sur notre conception du monde, sur le sens de la vie*[3]. » Yves Magnan, après

1. Idem.
2. Entretien avec l'auteur, 30 novembre 2010.
3. Idem.

un échec au concours, entre à Carnot en septembre 1967 : « *Avec Dominique*, affirme-t-il, *on a tout de suite sympathisé. Nous avons constitué un groupe d'entraide qui comprenait aussi Roulier et Rigaudière. On se partageait le travail. Chacun lisait un bouquin pour les autres. Tous les quatre nous étions pleinement solidaires. Mais le cœur du groupe était composé de Dominique et moi*[1]. » Pendant l'année 1967-1968, Yves Magnan, Ivan Roulier et Dominique Strauss ne partagent pas que les études. Ils vivent en osmose. Dominique et Hélène sont invités pour des vacances chez Yves Magnan à Marseille où ils font du bateau dans les Calanques. Les week-ends, on choisit des destinations moins lointaines. Les jeunes gens se partagent entre Falaise en Normandie, chez les parents d'Ivan Roulier, et Savigny-sur-Clairis, chez les Strauss. À Falaise, la famille Roulier possède un vrai petit château avec des tourelles. Les parents d'Ivan sont accueillants. Mais l'ambiance est plus guindée qu'à Savigny-sur-Clairis.

Sacrée famille !

« *La famille Strauss était plus décontractée que la mienne*, concède Ivan Roulier. *Les règles de vie n'étaient pas compliquées. On mangeait quand c'était prêt, chacun faisait la vaisselle à son tour. Les parents entretenaient avec leurs enfants des relations confiantes et directes, y compris avec les petits. C'était très sympa. Il régnait toujours le même climat de discussion et de liberté*[2]. » De son côté, Yves Magnan garde aussi un souvenir émerveillé des week-ends chez les Strauss. « *J'ai découvert un autre monde. Ils avaient des amis divorcés. Mes parents, eux, ne fréquentaient pas les divorcés. Son père était moins autoritaire que le mien. Dominique, lui, se lançait, à table, dans des joutes oratoires avec son père qui le*

1. Idem.
2. Entretien avec l'auteur, mai 2010.

traitait en égal[1]. » Gilbert Strauss trouvait stimulantes les joutes verbales avec son fils aîné. « *Le vieux loup est toujours jeune tant qu'il résiste au jeune loup* », confie-t-il à Jacqueline un jour de « *désaccord marqué*[2] » avec Dominique. « *Mon père était extrêmement érudit*, assure sa fille Valérie. *Je me souviens de discussions quand j'avais la trentaine où il bluffait littéralement mes copains et ceux de mon mari, qui sortaient pourtant de grandes écoles. Mon père, qui par ailleurs excellait au bridge, était imbattable par exemple au* Trivial Pursuit. *D'une façon générale, il nous poussait à regarder ensemble les jeux télévisés du style* La Tête et les Jambes, Le Mot le plus long, Questions pour un champion… *Il connaissait la plupart des réponses, que cela soit en littérature, en histoire, en sciences et même en sport! Il séchait seulement sur les questions de divertissements… D'une façon générale, il détestait avoir tort, était souvent péremptoire et pouvait aller chercher la preuve de ses allégations dans un dictionnaire s'il sentait que quelqu'un doutait de ses propos. Une anecdote résume bien les "travers" de mes parents. Dans les années 1970, de retour des États-Unis, ils ont rapporté chacun un T-shirt qu'ils mettaient fièrement à la campagne. Celui de ma mère disait quelque chose du genre : "That's sure! I start my diet… on Monday!" (Lundi, juré! Je me mets au régime…) Celui de mon père : "Once, I believed I was wrong… but it was a mistake!" (Une fois, j'ai cru que je m'étais trompé… mais c'était une erreur!) Papa était un grand mélomane et nous le revoyons toujours installé dans un fauteuil et écoutant de la musique classique, le bout des doigts tendus, posés les uns contre les autres, plongé dans des abîmes de réflexion : c'est ainsi qu'il pensait le mieux. Mon enfance a été bercée par la musique classique*[3]. »

Comme tous les copains, Yves Magnan était « *fasciné par cette famille. (…) Il y avait la cuisine orientale : couscous, tagine, bricks,*

1. Entretien avec l'auteur, 30 novembre 2010.
2. Selon Valérie Strauss-Kahn, entretien avec l'auteur, 30 décembre 2010.
3. Entretien avec l'auteur, 30 décembre 2010.

gâteaux tunisiens que faisait sa mère. Et ensuite l'affection qu'elle témoignait ouvertement à ses enfants. En même temps elle était incroyablement moderne. Et vraiment à gauche. Ses prises de position étaient toujours structurées. Derrière, il y avait l'influence de la franc-maçonnerie. Je l'ai compris plus tard. Car elle n'en parlait pas directement. Son mari non plus[1]. » À cette époque, juste avant 1968, Dominique pense globalement comme ses parents. « *Le seul vrai désaccord avec mon père*, explique Dominique Strauss-Kahn, *c'était la franc-maçonnerie. Il voulait absolument que j'y adhère. J'y étais totalement opposé. Je lui ai expliqué que c'était une organisation bourgeoise et conservatrice, vieillotte. À ce moment-là, j'ai commencé à me dire marxiste*[2]. » Ses amis toutefois n'ont pas le souvenir d'un jeune homme très politisé : « *Il s'intéressait à la politique*, se souvient Ivan Roulier, *mais il n'était pas vraiment passionné. Nous étions à gauche, mais cela n'allait pas loin. Ce qui nous unissait, c'était l'antigaullisme. Aujourd'hui les gens ne se rappellent que le héros de la Résistance entre 1940 et 1944. Mais nous, adolescents des années 1960, cette histoire glorieuse nous pesait. Notre génération saturée d'histoire et de grandeur voulait brûler la vie par les deux bouts. Plus de liberté, moins d'injustices, moins d'inégalités. C'était assez superficiel, je l'avoue, mais c'était la base de notre engagement à gauche*[3]... » Bientôt, des millions de voix allaient crier à de Gaulle : « *Dix ans ça suffit !* »

---

1. Entretien avec l'auteur, 14 décembre 2010.
2. Entretien avec l'auteur, 14 janvier 2011.
3. Entretien avec l'auteur, mai 2010.

VII

SOUS LES PAVÉS, LES RÉVISIONS

« *Libérez nos camarades! Libérez nos camarades!* » Ce 3 mai 1968, à la Sorbonne, des étudiants, par centaines, sont arrêtés après avoir été expulsés sans ménagement par la police hors de l'université occupée. « *Libérez nos camarades!...* » Ce slogan va bientôt résonner dans toutes les universités françaises... Les jours suivant le 3 mai, des manifestations violentes secouent le Quartier latin. Renouant avec le passé révolutionnaire de la capitale, les étudiants érigent des barricades. Provocation, répression. Le cycle est bien connu. En une semaine, dans toute la France, les étudiants puis les lycéens, même les plus sages, se rallient aux « *enragés* ». On commence à parler de « *révolution* ». Il existe pourtant des étudiants de gauche, qui ignorent tout des événements : Ivan Roulier, Yves Magnan, Dominique Strauss et son épouse Hélène. Pendant que flottent les drapeaux rouges, ils se sont mis au vert pour se détendre avant le concours d'entrée à HEC, la prestigieuse école de commerce, que les trois garçons doivent passer lundi 13 mai. « *La révolution? Oui, mais après les études*[1] », plaisante aujourd'hui Dominique Strauss-Kahn. Avec son épouse Hélène et ses deux inséparables copains, Ivan et Yves, il a quitté Paris le vendredi 3 mai, le jour où la police évacue la Sorbonne. Direction : la maison de campagne des parents Strauss. Le concours doit avoir lieu dans dix jours, mais pas question de se tuer au travail. « *On pensait que la forme physique et le bien-être moral étaient indispensables avant un concours. Nous avions*

1. Entretien avec l'auteur, 15 novembre 2010.

suffisamment révisé[1] », explique Dominique Strauss-Kahn. Le domaine de Savigny-sur-Clairis dans l'Yonne se prête parfaitement à la détente. « *On riait beaucoup. Dominique a toujours aimé rire*, raconte le père Roulier. *Les événements ? Jusqu'au 10 mai, nous n'étions au courant de rien, vraiment de rien ! Cela peut paraître incroyable. Mais dans la maison de campagne des parents de Dominique, il n'y avait ni la radio ni la télé*[2]. » Comme toujours, Hélène s'occupe plutôt de l'intendance. Les trois garçons se consacrent au décathlon, un concours composé de dix épreuves physiques et intellectuelles : tennis, ping-pong, piscine, jeu de go, course à pied, parties d'échecs. « *Ce décathlon n'était pas celui des Jeux olympiques*, se rappelle Yves Magnan. *Il avait été inventé par Dominique. C'était difficile de le battre ! Que ce soit sur le plan physique ou intellectuel, il a toujours adoré la compétition*[3]. »

Perdus dans la foule

Vendredi 10 mai, les parents de Dominique arrivent pour le week-end dans leur résidence secondaire. Ils informent les jeunes gens de la situation. En une semaine, les événements se sont précipités. La France est en ébullition. « *Il est cinq heures, Paris s'éveille* », chante Jacques Dutronc à cette époque. À l'aube du samedi 11 mai, le Quartier latin se lève avec la gueule de bois. Il offre un spectacle de désolation après ce que les historiens nommeront « *la nuit des barricades* ». Les violences policières font pencher l'opinion publique du côté des manifestants. Les syndicats ouvriers et les partis de gauche, jusqu'alors méfiants vis-à-vis des étudiants, appellent l'ensemble des salariés à une grève nationale pour le lundi 13 mai. Ce jour-là, une grande manifestation

1. Idem.
2. Entretien avec l'auteur, mai 2010.
3. Entretien avec l'auteur, 30 novembre 2010.

arpentera le pavé parisien. Les parents Strauss n'imaginent pas en être absents. Le concours d'entrée à HEC est repoussé au mardi 14. La manif du lundi constituera évidemment un bon exercice physique supplémentaire pour nos trois candidats. Jacqueline Strauss les y accompagne, ainsi qu'Hélène, dans sa Fiat 500. Elle laisse les quatre jeunes gens aux abords de la manifestation et va se garer plus loin. Impossible d'approcher. La préfecture de police avance le chiffre de 170 000 participants, les organisateurs en annoncent 800 000. Une chose est sûre : la foule est impressionnante. C'est un des plus importants cortèges jamais vus dans l'histoire de la capitale. Cette journée du 13 mai coïncide avec le dixième anniversaire du retour au pouvoir du général de Gaulle. « *Dix ans, ça suffit !* » reprend la foule. En tête du défilé, Daniel Cohn-Bendit et les autres leaders étudiants. À quelques mètres mais se tenant à distance, ceux que Dany le Rouge surnomme « *les crapules staliniennes* » : les responsables de la CGT Benoît Frachon et Georges Séguy. Loin derrière, perdus dans la foule, Hélène, Dominique, Yves et Ivan. « *Il y avait trop de monde. Cela n'avançait pas*[1] », se souvient Hélène Dumas. Bras dessus bras dessous, les quatre jeunes gens piétinent pendant plusieurs heures. « *Nous étions enthousiastes*, assure Ivan Roulier. *On éprouvait un incroyable sentiment de libération. Et puis il y avait tout simplement une envie de changement, très raisonnable. Nous ne voulions pas tout casser, mais seulement améliorer les choses*[2]. » Hélène et les garçons ne resteront pas jusqu'à la fin du défilé. Ivan Roulier doit aller à l'hôpital visiter son père qui vient d'être opéré. Et de toute façon, il faut être frais et dispos pour le concours du lendemain.

1. Entretien avec l'auteur, 14 décembre 2010.
2. Entretien avec l'auteur, mai 2010.

Anti-gauchiste

Le 14 mai donc, Ivan Roulier, Yves Magnan et Dominique Strauss passent l'écrit du concours d'entrée à HEC. Pendant qu'ils transpirent sur leurs copies, les ouvriers de l'usine Sud-Aviation à Bouguenais en Loire-Atlantique décident de prolonger la grève. « *C'est l'étincelle qui met le feu à la plaine* », disent dans leur jargon les militants maoïstes. Dans les jours qui suivent, le mouvement s'étend à des centaines d'entreprises. En une semaine, dix millions de salariés sont en grève ou empêchés de travailler. Dans les grandes villes paralysées par la grève des transports, on se déplace en auto-stop, on parle à des inconnus, on refait le monde aux coins des rues où s'improvisent des débats. Considéré comme un « *haut lieu de la culture bourgeoise* », le Théâtre national de l'Odéon est occupé jour et nuit à l'initiative d'un « *comité d'action révolutionnaire* » réunissant étudiants et artistes. Pendant que dans les coulisses, en couple ou en groupe, on se livre à des travaux pratiques de libération sexuelle, devant la scène des centaines de personnes assistent à des forums passionnés où s'affrontent étudiants anarchistes et ouvriers CGT, artistes et cadres supérieurs, gauchistes, communistes et même parfois quelques gaullistes au milieu d'un brouhaha hostile ! Dominique participe au moins une fois, en compagnie d'Hélène, à une « AG » de l'Odéon où il rencontre un de ses professeurs du lycée Carnot transformé en contestataire. Avec Ivan et Yves, le jeune couple se rend aussi à la Sorbonne, décrétée quartier général du mouvement. Les murs de l'honorable monument sont couverts de slogans désormais entrés dans l'Histoire : « *Soyez réalistes, demandez l'impossible* », « *Sous les pavés, la plage* », « *Nous ne sommes pas contre les vieux mais contre ce qui les fait vieillir* ». Dominique Strauss est allé quelques fois à la nouvelle université de Jussieu que l'on appelle encore par son ancien nom : la Halle aux Vins. Il y assiste à quelques réunions du comité d'action des classes préparatoires dont l'un des meneurs est François-Xavier Roch, lycéen à Janson-de-Sailly qui deviendra un de ses amis à HEC : « *J'y ai aussi fumé quelques joints*[1] », confie DSK. À part cette petite concession à l'air du temps, il reste insensible à la fièvre soixante-huitarde. Pas plus que ses compagnons, il ne vibre véritablement à la dimension lyrique de l'événement. À dix-neuf ans, il est déjà ce qu'il sera : un réformiste. Mais son réformisme emprunte la voie détournée… du communisme. « *J'étais pour la révolution mais dans l'ordre*, dit-il. *J'étais très anti-gauchiste. Quand j'entendais leurs discours dans les assemblées générales, je les trouvais stupides. Cela me mettait en colère. J'aurais pu faire le coup de poing contre eux*[2]. »

Marx et Marcuse

En d'autres temps, l'anti-gauchisme aurait dû conduire Dominique à rejoindre son grand-père, Marius, dont il est si proche, à la SFIO. Mais en 1968, la social-démocratie est au fond du trou. En dehors de la « *vieille maison* », discréditée depuis la guerre d'Algérie, les deux leaders de ce qu'on appelle alors « *la gauche non communiste* », Pierre Mendès France et François Mitterrand, sont marginalisés. Quant au PCF, après trente ans de domination sans partage sur la gauche, il se voit pour la première fois ringardisé, contesté massivement parmi les intellectuels, la jeunesse et aussi les salariés. Mais il fait front grâce à la CGT, sa courroie de transmission dans le monde du travail. Débordée au début par la spontanéité des grèves sauvages, la centrale syndicale oriente progressivement le mouvement vers des revendications classiques : augmentations de salaires, durée du travail, représentation syndicale. Concurrencées sur le terrain de la Révolution, les « *crapules*

1. Entretien avec l'auteur, 14 janvier 2011.
2. Entretien avec l'auteur, 15 novembre 2010.

staliniennes », comme disait Cohn-Bendit, occupent le créneau du réformisme déserté par la social-démocratie. Comme le jeune Dominique Strauss, ses deux complices, Ivan et Yves, se retrouvent dans la mouvance communiste. Yves Magnan en témoigne : « *En 1968 nous étions d'abord anti-gauchistes. Nous pensions qu'ils étaient à la fois inefficaces et dangereux pour les libertés. Quand nous avons eu l'âge, vingt et un ans, nous avons voté communiste, pour l'ordre, pour l'efficacité*[1]. » Le jeune Dominique Strauss, à cette époque, se sent profondément communiste. Pourtant rien ne l'y prédisposait dans l'éducation qu'il a reçue au sein d'une famille de gauche mais non marxiste. Sa mue s'est accomplie sur le plan intellectuel tout simplement en lisant des livres placés au programme de la prépa HEC. « *J'ai eu mon bac,* confesse-t-il, *surtout grâce à un 18 en maths et en physique. Pour le reste, je ne faisais pas grand-chose. J'ai commencé à lire énormément à Carnot pour préparer l'épreuve de culture générale, déterminante pour entrer à HEC et dont le thème était l'utopie*[2]. »

Durant ses deux années au lycée Carnot, il lit notamment *Tristes Tropiques* de l'anthropologue Claude Lévi-Strauss, fondement d'une pensée anticolonialiste, et le très subversif *Éros et Civilisation* du philosophe américain Herbert Marcuse qui, au-delà d'une lecture marxiste de Freud, prône la libération sexuelle et la désaliénation de l'homme asservi par le travail. Dès septembre 1966, le jeune Dominique s'était plongé dans la lecture des principales œuvres de Karl Marx : *Le Manifeste du parti communiste, Le Capital*, lecture ô combien ardue, dont il dévore tous les tomes… « *Au début, mon marxisme était plus intellectuel que politique. J'étais fasciné par la complexité du marxisme et sa capacité à donner une explication du monde à la fois politique,*

1. Entretien avec l'auteur, 30 novembre 2010.
2. Entretien avec l'auteur, 15 novembre 2010.

économique et philosophique. J'avais trouvé un système de pensée global dont la cohérence palliait chez moi l'absence de cohérence religieuse[1]. »

Le 24 mai 1968, Paris connaît une nouvelle nuit insurrectionnelle. Les ministères sont vides, des étudiants songent à brûler la Bourse, les militants d'extrême gauche s'imaginent à Saint-Pétersbourg en octobre 1917. Et rêvent de remplacer de Gaulle par un « gouvernement des soviets ». Dominique Strauss ne marche pas dans cette mythologie. Il marche cependant beaucoup dans les rues de Paris mais ne prend aucune responsabilité dans le mouvement. Les trois garçons ayant réussi les épreuves écrites d'HEC, ils quittent à nouveau la capitale pour préparer les oraux. Le jour de leur départ, la radio annonce des centaines de blessés parmi les manifestants. À Marseille, les parents d'Yves Magnan sont paniqués. Par téléphone, ils font la tournée des hôpitaux parisiens. Leur fils a oublié de les prévenir ! En compagnie de Dominique, Ivan et Hélène, il a filé à Falaise en Normandie dans le petit château avec les tourelles de la famille Roulier : « *Nous avions tous les trois obtenu de bonnes notes à l'écrit,* explique-t-il. *Mais pour réussir l'oral, il fallait quand même travailler un peu, donc quitter Paris où il se passait trop de choses intéressantes*[2]. » Quand Ivan et Dominique participent à une action militante, celle-ci est étroitement liée à leurs études. Il s'agit d'une réunion du comité d'action des prépas, à la Halle aux Vins, qui réclame des aménagements des épreuves orales du concours afin de ne pas pénaliser les étudiants ayant participé au mouvement. Il obtiendra que les candidats puissent se présenter avec un recueil de statistiques, leur évitant ainsi d'apprendre celles-ci par cœur. Le 29 mai, le PCF et la CGT défilent massivement dans les rues de Paris et demandent, pour la première fois, la formation

1. Idem.
2. Entretien avec l'auteur, 30 novembre 2010.

d'un « *gouvernement populaire* ». Ce jour-là, l'Élysée est déserté. De Gaulle est parti à Baden-Baden, rencontrer le général Massu, chef des troupes françaises stationnées en Allemagne. Les rumeurs les plus folles circulent. On parle de chars autour de la capitale. Le lendemain matin, le Général, revenu à l'Élysée, renverse la situation. À 16 heures 30 dans une allocution radiophonique, il annonce la dissolution de l'Assemblée nationale et l'organisation d'élections législatives pour le mois suivant. Dès lors, le mouvement va refluer aussi rapidement qu'il avait enflé. Des manifestations se produisent encore en juin, moins massives et plus violentes. Les salariés, déçus, reprennent le travail.

Le concours

La « *révolution* » est terminée. Mais les révisions continuent. Parallèlement à HEC, nos trois Mousquetaires partent aussi à l'assaut de l'ESSEC, une autre grande école de commerce. Beaucoup d'épreuves sont communes aux deux concours mais certaines sont spécifiques à l'ESSEC. Installés à Savigny-sur-Clairis afin d'y préparer l'épreuve écrite de géographie, Yves et Dominique n'ont pas pris le temps d'étudier le Japon. Ils profitent du retour vers Paris pour combler cette lacune. Dominique tient le volant de la Renault 8 d'Hélène encore immatriculée à Monaco. Yves Magnan : « *Dans la voiture, je lisais le "Que sais-je?" consacré au Japon. Dominique m'écoutait tout en conduisant. Ce pays avait peu de chances de figurer au programme. Or il est tombé au concours. Dominique avait tout retenu. Il a une mémoire impensable! Mais, n'ayant pas lu le livre, il n'avait pas visualisé la carte. Le surveillant, jetant un œil par-dessus l'épaule de Dominique, a eu pitié du candidat fourvoyé! Il lui a dit : "Ce n'est pas le Japon, c'est l'Angleterre que vous êtes en train de dessiner*[1]*."* » Au mois de juin, les trois copains passent leurs oraux pour les deux écoles.

1. Entretien avec l'auteur, 14 décembre 2010.

« *Dominique et moi, nous avions les mêmes notes partout*, affirme Yves Magnan. *On se savait admissibles à l'ESSEC à condition de réussir des oraux d'enfer. On s'est dit qu'il fallait des bonnes notes dans les matières molles, telle l'histoire-géo. Comme nous n'étions pas tout à fait au point, nous avions décidé de dire aux examinateurs : "On a fait l'impasse sur certains programmes à cause des événements qui nous ont accaparés. En cette période, voulez-vous des élèves qui s'intéressent à la vie de la cité ou qui sont hors du monde?" Nous avons eu tous deux 27/30 à toutes ces épreuves*[1]. »

Fin juin 1968, s'est déroulé l'oral du concours d'HEC. Ivan Roulier est admis à la troisième place, Dominique et Yves sont respectivement 29ᵉ et 27ᵉ. Ils ont aussi réussi l'ESSEC mais ils préfèrent HEC. Dominique part en vacances au Maroc avec Hélène qui découvre le pays où il a passé son enfance. Ivan Roulier s'envole pour les États-Unis où il perfectionne son anglais dans une famille. À son retour, Dominique vient le chercher à l'aéroport en compagnie de sa mère. « *Dominique a toujours été gentil*[2] », dit le père Roulier. Les premières feuilles commencent à tomber. Mai 68 appartient au passé. Dominique, lui, s'engage à l'UEC, l'Union des étudiants communistes, les seuls à s'opposer frontalement à l'extrême gauche dans les universités. Il soutient le Parti communiste sans y adhérer formellement, selon DSK : « *Le Parti communiste était à mes yeux le parti des travailleurs. En bon marxiste, je pensais qu'on ne pouvait faire la révolution sans la classe ouvrière. À l'inverse des gauchistes, que je prenais pour des petits-bourgeois, je ne voulais pas me couper des masses. Mon adhésion était profonde. Du point de vue économique, je considérais l'économie planifiée comme supérieure au capitalisme. La question des droits de l'homme en URSS et dans les pays de l'Est ne me préoccupait pas vraiment. À l'époque on en parlait peu. Ce qu'on en disait*

1. Idem.
2. Entretien avec l'auteur, mai 2010.

de négatif me semblait relever de la calomnie. Sur le plan international, le bloc communiste me paraissait le seul contrepoids à l'impérialisme américain, apparemment plus agressif en pleine guerre du Vietnam. Ainsi, j'ai plutôt approuvé l'invasion de la Tchécoslovaquie par les troupes du pacte de Varsovie en août 1968. L'année suivante, si j'avais eu l'âge, vingt et un ans, j'aurais voté pour Jacques Duclos, le candidat du PCF à la présidentielle[1]. »

1. Entretien avec l'auteur, 15 novembre 2010.

VIII

COMMUNISME, BUSINESS ET SAC AU DOS

La scène se déroule quelques jours après le 15 septembre 1968, date de rentrée à HEC. Un professeur interroge les étudiants sur leurs projets après les études. François Sommervogel répond : « *Je veux devenir directeur du personnel dans une grande entreprise*[1]. » Dominique Strauss vient juste de faire sa connaissance. Ils sont assis côte à côte. « *Mais pourquoi veux-tu être directeur du personnel ?* » demande à plusieurs reprises Dominique à François. Il ne comprend pas que l'on puisse manquer d'ambition. Lui, affiche la sienne, sans complexes. « *Est-ce que je veux devenir ministre des Finances ou bien prix Nobel d'économie ?* » répète-t-il, très sérieux, à ses camarades médusés, avant d'ajouter avec une pointe de regret : « *Je ne pourrai pas faire les deux.* » Étudier à HEC lui donne la grosse tête. « *Je l'ai choisie parce que c'est la meilleure école*[1] », dit-il à son entourage. L'École des hautes études commerciales se trouve alors en plein développement. Depuis 1964, elle est installée à Jouy-en-Josas près de Versailles, dans les Yvelines, où le général de Gaulle en personne a présidé à l'inauguration des nouveaux locaux. Le directeur, Guy Lhérault, veut développer un établissement de pointe, en partenariat avec des entreprises françaises et des universités anglo-saxonnes. HEC est la première grande école à quitter Paris pour s'installer en banlieue. On parle d'un « *campus à l'américaine* ». La réalité est plus modeste. L'école se situe loin de tout, mal desservie par les transports en commun et, à l'exception du restaurant universitaire, on

1. Entretien avec l'auteur, 1er octobre 2010.

n'y trouve aucun lieu de rencontre ou de distraction. À Jouy-en-Josas, les étudiants vivent en internat. Ils sont un millier, représentant trois promotions de trois cents étudiants environ et divisées en seize groupes d'études appelés « comptoirs », composés par ordre alphabétique. Dominique Strauss se retrouve dans l'avant-dernier comptoir avec une vingtaine d'étudiants dont les patronymes commencent par R et S. Ils s'appellent Ivan Roulier, Philippe Rigaudière, François-Xavier Roch, Michel Sauzay, Pierre Stroebel, François Sommervogel. Yves Magnan, dont le nom commence par M, ne peut pas appartenir à ce comptoir. Mais, pour retrouver Dominique, il demande à changer de groupe.

Le gros

Pendant les trois années qu'ils passent à HEC, tous ces garçons forment une bande très soudée. Dominique est leur chef. Il s'est imposé naturellement, selon Yves Magnan : « *Quand le prof demandait aux élèves : "Quelle est la personne dont vous vous sentez le plus proche?" tout le monde répondait : "Dominique*[1]*".* » Les étudiants sont logés dans des pavillons, classés eux aussi par ordre alphabétique. La plupart d'entre eux sont âgés de moins de vingt et un ans. L'école n'étant pas mixte, il leur est formellement interdit d'y amener une petite amie.

Dominique Strauss n'est pas concerné. Étant donné sa situation conjugale exceptionnelle, il a obtenu une dérogation pour être externe. Depuis Vincennes, où il habite avec Hélène, Dominique accomplit quotidiennement le trajet en voiture. À cette époque des premiers embouteillages, il subit le sort des banlieusards, qui sera immortalisé en 1973 par le film *Elle court, elle court, la banlieue* avec Jacques Higelin et Marthe Keller. Pour arriver à l'heure, Dominique doit quitter son domicile très tôt le matin.

1. Entretien avec l'auteur, 14 décembre 2010.

Les cours sont concentrés en général entre 8 et 13 heures. Certains après-midi, Dominique reste à Jouy-en-Josas. Membre de l'équipe de rugby, il participe aux entraînements en vue du tournoi des grandes écoles. En raison de sa tête un peu rentrée dans les épaules et de sa corpulence, certains le surnomment « *le gros* ». En réalité Dominique est très costaud. Une armoire à glace qui en impose aux autres. François-Xavier Roch se rappelle : « *Lors d'un match de rugby disputé sous la pluie, au moment où les deux parties sont prêtes à entrer en mêlée, Dominique fonce vers le sol et sépare la boue de l'eau. Il cherche… sa lentille, le pack d'en face l'aide à la retrouver. Dominique paraissait toujours flegmatique, comme s'il survolait le monde en hélicoptère. Il donnait l'impression d'être dilettante. En fait, il avait des capacités de travail supérieures. Donc, en moins de temps que les autres, il en faisait beaucoup plus. Je l'ai vu à l'occasion des "troisièmes mi-temps" des matchs de rugby. Il n'était pas le dernier à s'amuser. Mais il était le premier à se mettre à ce qu'on appelait la "quatrième mi-temps", c'est-à-dire le travail pour le lendemain*[1]. » Quand il faut « en mettre un coup », Dominique et ses copains s'enferment à cinq dans une chambre et finissent parfois très tard. « *Un jour*, se rappelle François Sommervogel, *Dominique est resté jusqu'à minuit pour écrire une synthèse d'une page à partir d'un rapport de soixante-dix pages sur la politique financière et de développement d'une grande société industrielle. Il a obtenu la note maximale*[2]. »

Les « rouges » au BDE

Quand aucune obligation ne le retient à Jouy-en-Josas, le jeune marié se hâte de rejoindre le domicile conjugal. Très amoureux, il entretient avec Hélène une relation fusionnelle et égalitaire. Dominique parle de tous les sujets avec elle. Sa jeune épouse

1. Entretien avec l'auteur, mai 2010.
2. Entretien avec l'auteur, 1er octobre 2010.

possède un solide bagage culturel et un jugement, souvent mesuré, dont il tient compte. François Sommervogel : « *Dominique était très capable de séduire. Mais Hélène lui suffisait amplement. Il lui était totalement fidèle*[1]. » Hélène est constamment associée à la vie de la bande de copains qui la connaissent et l'apprécient. « *Quand Hélène n'était pas là*, se rappelle Yves Magnan, *Dominique déconnait comme les autres. En sa présence, il était plus sérieux. Le fait qu'il soit marié lui donnait du prestige. Sa réflexion était celle d'un homme qui a des responsabilités*[2]. » Hélène accompagnera son mari quand il faudra tirer des tracts sur le campus de Jouy-en-Josas. Car, à HEC, Dominique va vraiment s'engager. Peu après la rentrée, pour la première fois de sa vie, il se présente à une élection. Il s'agit comme chaque année de désigner le BDE, le bureau des élèves, une institution traditionnellement apolitique qui, dans les grandes écoles, cogère avec la direction les activités sportives, festives et culturelles. Le président sortant du BDE ne cache pas ses opinions de droite et affiche sa condition de grand bourgeois, arrivant à l'école dans une Rolls-Royce de son père ! Sur ce campus d'HEC où, en mai 1968, la majorité des étudiants ne sont pas entrés en grève, Bernard Collet organise une opposition. Entré à HEC deux ans plus tôt, ce fils de chef d'entreprise, qui fait figure d'« ancien », se dit de gauche mais n'appartient encore à aucune organisation. « *Avec une bande de copains*, dit-il, *on a voulu virer du BDE ces réacs qui organisaient des fêtes. Alors, on a balancé un texte un peu marrant et explosif contre le BDE sortant. On l'a intitulé : "Les rats quittent le navire*[3]*".* » C'est alors que Dominique Strauss, accompagné de Magnan, Roulier et de trois autres copains, vient trouver Bernard Collet. Ils paraissent déterminés aux yeux de « *l'ancien* » : « *Nous étions un groupe de copains qui*

1. Idem.
2. Entretien avec l'auteur, 14 décembre 2010.
3. Entretien avec l'auteur, 18 décembre 2010.

rigolaient, le groupe de Dominique avait dans la tête de diriger le BDE[1]. » Dominique Strauss négocie la constitution d'une liste, qui se réclame de la gauche, dirigée par Bernard Collet et dans laquelle il est placé en deuxième position. Après leur victoire aux élections, Bernard Collet préside le BDE et Dominique occupe la vice-présidence. Mais il s'affirme très vite comme le vrai « patron » du BDE. « *Dominique*, reconnaît Bernard Collet, *ne la ramenait pas pour se mettre en avant. Mais il avait des idées politiques plus structurées que les miennes. Il était extrêmement actif. Avec ses copains, il faisait tout, ou presque, au BDE*[1]. » Parallèlement, Dominique Strauss adhère à l'Unef, l'Union nationale des étudiants de France, qui, en 1971, se scindera en deux organisations rivales séparées par un océan de haine : l'Unef-Renouveau, dirigée par les communistes, et l'Unef-Unité syndicale, dominée par les trotskistes lambertistes.

Communiste à temps partiel

À l'automne 1968, l'Association générale des étudiants, la section locale de l'Unef, compte alors une quarantaine de membres sur le campus. C'est peu, comparé au millier d'étudiants d'HEC, mais beaucoup par rapport aux effectifs d'avant Mai 68. Sur le campus, Dominique est connu pour être proche de l'Union des étudiants communistes dirigée localement par Pierre Strobel. S'il est intellectuellement plus marxiste que jamais, son comportement personnel n'a rien de bolchevique. Tout en adhérant aux valeurs élitistes de l'école, il tient à marquer sa différence sur un point : avec Yves Magnan, il refuse les cours de marketing, matière qu'il juge trop capitaliste ! Un des professeurs qui l'enseigne est considéré outrancièrement favorable aux États-Unis, où il se rend fréquemment. Dominique et l'Unef obtiendront son départ d'HEC. Lionel Jospin se définira comme

1. Idem.

un « *austère qui se marre* ». Dominique Strauss, lui, est un marrant qui bosse. Constance de son caractère, il garde ses distances, en toutes circonstances. En 1969, en deuxième année d'HEC, alors qu'Yves Magnan et lui appartiennent à l'équipe sortante, ils tournent en dérision l'élection du BDE en présentant une liste dite « du tonneau »… de vin. Yves Magnan en sourit encore : « *Sponsorisés par* Hara-Kiri, *on avait fait une affiche avec une photo de Dominique, habillé en clodo, une bouteille à la main. Le plus drôle, c'est qu'on a été élus ! Le directeur, Monsieur Lhérault, nous a alors rappelé notre promesse de démissionner en cas d'élection. Dominique lui a répondu : "C'était une promesse d'ivrogne !" Finalement, on a quand même démissionné*[1]. » Malgré son humour à la Coluche, Dominique Strauss n'est pas anarchiste. Il a adhéré formellement à l'UEC, l'Union des étudiants communistes, au moment de son entrée à HEC et en restera membre pendant quatre ans jusqu'en 1972. Le journaliste Guy Konopnicki le confirme : « *J'étais au bureau national de l'UEC. Et je me rappelle parfaitement Dominique Strauss. Ayant très peu d'adhérents dans les grandes écoles, nous étions attentifs à chacun d'eux. Même s'il ne fut jamais un militant actif, sa présence à l'UEC – ou plus précisément à sa branche spécifique, l'UGE, l'Union générale des grandes écoles – n'est pas passée inaperçue*[2]. »

Si beaucoup d'étudiants d'HEC sont orientés à droite, les débats les plus vifs opposent Dominique aux quelques maoïstes présents sur le campus. Le père Roulier en témoigne : « *Face à l'extrême gauche, peu présente à HEC, les communistes passaient pour des réformistes. Il y avait tellement d'absurdités de la part des gauchistes. Une chose nous avait particulièrement choqués, Dominique et moi : des maoïstes demandaient la suppression des bourses parce qu'ils y voyaient un risque… d'embourgeoisement*

1. Entretien avec l'auteur, 5 février 2011.
2. Entretien avec l'auteur, 10 janvier 2011.

pour les étudiants défavorisés[1] *!* » Après l'élection d'une équipe de gauche à la tête du BDE, le campus de Jouy-en-Josas connaît un mouvement d'agitation sociale, chose rare dans une grande école. « *Nous n'étions pas pour la destruction de l'école bourgeoise*, poursuit Ivan Roulier, *mais simplement pour la réforme des études. Nous voulions par exemple introduire du dialogue dans les cours magistraux et substituer au couperet des notes des appréciations plus douces incarnées par les lettres A, B, C, D, E*[1]. » À l'occasion d'une grève, une délégation d'étudiants est reçue par la direction de l'Enseignement de la Chambre de commerce et d'industrie de Paris, avenue Friedland. Dominique Strauss en fait partie, aux côtés de François-Xavier Roch qui, militant plus expérimenté, est bluffé par l'aisance du néophyte : « *On se retrouve dans une salle de réunion en face d'André Blondeau, directeur de l'Enseignement en charge des écoles de commerce. Dominique, jouant sur la rivalité avec l'ESSEC, lui a dit qu'il fallait ajouter des cours de culture générale, de philosophie et de sociologie à un haut niveau pour attirer les meilleurs vers HEC. André Blondeau s'attendait à voir des gamins irresponsables. Or, Dominique s'est posé en partenaire, soucieux des intérêts de l'école. Je me rappelle très bien que le directeur s'est penché vers lui et s'est mis à l'écouter avec respect, le traitant en égal. C'était impressionnant*[1]. »

Le marrant qui bosse

Début 1971, alors que Dominique Strauss entre dans sa troisième année, option organisation et systèmes, le campus d'HEC est occupé par les étudiants, pour la première fois de son histoire. La cause du mouvement? Une réforme des études en management et une augmentation des frais de scolarité pour les troisièmes cycles. Cette fois, Dominique reste en retrait. En cette dernière année d'HEC, il n'a pas beaucoup de temps à consacrer

1. Entretien avec l'auteur, mai 2010.

au militantisme. À 13 heures Dominique s'attarde rarement sur le campus. « *J'ai découvert progressivement qu'il suivait trois ou quatre études en même temps*[1] », se rappelle Bernard Collet. En 1968, alors qu'il est encore en classe préparatoire, Dominique le « dilettante » suit des cours de droit à l'université de Nanterre. « *Pour faire plaisir à mon père* », dit-il. « *Alors que jusqu'au bac je n'ai pas fait grand-chose, après la prépa j'ai été pris d'une véritable boulimie d'études*, ajoute-t-il. *C'est sans doute grâce aux professeurs que j'ai eu la chance d'avoir à Carnot, Messieurs Fantou et Maugüé, en français et en philosophie, Benichi en histoire-géographie*[2]. » En 1970, pendant sa dernière année d'HEC, il commence des études à Sciences-Po et, en plus du droit, il prépare une maîtrise de statistiques à l'Institut de statistiques de l'université Paris-VI. Il aurait même envisagé avec Ivan Roulier de préparer une licence de maths. Pour se changer les idées... « *Nous y avons renoncé car ce n'était pas compatible avec le reste*[3] », affirme le père Roulier. Car, même pour Dominique Strauss, les journées ne durent que vingt-quatre heures.

Tous ceux qui l'ont connu témoignent de ses capacités de travail hors du commun. Hélène Dumas : « *Je l'ai vu bosser énormément. Comme il n'avait pas le temps d'aller à la fac, je lui ramenais les polys que je recevais d'Assas et auxquels j'étais abonnée, n'ayant pas le temps moi-même d'aller en cours. Je l'ai vu réviser un poly de droit pénal de neuf cents pages à la veille d'un examen*[4]. » Parallèlement à ses nombreuses études, Dominique donne beaucoup de cours particuliers, surtout en maths, à des lycéens. Alors qu'Hélène travaille toujours à mi-temps chez son beau-père, Dominique apporte, lui aussi, sa contribution au ménage. Ainsi, par l'intermédiaire d'un camarade d'HEC, il propose ses services

1. Entretien avec l'auteur, 18 décembre 2010.
2. Entretien avec l'auteur, 14 janvier 2011.
3. Entretien avec l'auteur, mai 2010.
4. Entretien avec l'auteur, 14 décembre 2010.

au patron d'une PME de Versailles qui souffre des retards de paiement de ses clients. Moyennant rémunération, le jeune homme lui explique comment les relancer. Il fait du « conseil » et ne manque pas une occasion de gagner un peu d'argent. Le chef d'entreprise s'étant plaint incidemment des mauvais résultats scolaires de son fils, Dominique se propose pour donner des cours au lycéen ! Conciliant militantisme et business, Dominique et quelques camarades rédigent une brochure sur le thème de « L'illusion chez Marx » qui, dactylographiée par Hélène, est ensuite tirée à une quarantaine d'exemplaires. « *Si nous avons écrit cette brochure, c'est d'abord parce que Marx figurait au programme d'HEC,* explique Dominique Strauss-Kahn. *Mais nous avons été un peu déçus car nous en avons vendu moins d'exemplaires que nous l'espérions*[1]. » La brochure commence par une énigmatique citation du philosophe Hegel : « *La nuit toutes les vaches sont grises.* » Il n'est pas évident de concilier communisme et marketing.

Vacances balkaniques

À l'été 1969, Dominique, Hélène et Ivan effectuent un long périple à bord de la 4L que le grand-père Marius a gagnée à la loterie de l'école d'un de ses petits-enfants. Ils sont cette fois accompagnés du jeune frère de Dominique, Marc-Olivier, âgé de quinze ans. Direction : la Turquie. Plusieurs semaines de voiture et d'aventure. Après avoir traversé la Yougoslavie, les quatre jeunes gens franchissent la frontière bulgare. Ils vont ressentir la triste atmosphère qui règne dans un des pays les plus staliniens du bloc socialiste. À la nuit tombée, dans une petite ville située en pleine campagne, après s'être installés au camping, ils s'attablent dans un café. La présence d'Hélène, seule femme dans l'établissement, intrigue les autres consommateurs qui regardent bizarrement les

1. Entretien avec l'auteur, 14 janvier 2011.

quatre jeunes Français. Arrivés à Sofia, la capitale bulgare, ceux-ci expérimentent les joies du tourisme dans une économie socialiste. Ils doivent se présenter à l'agence officielle Balkan tourist où ils achètent un bon qui leur permettra de loger chez un habitant accrédité par les services du régime dans un pays qui compte très peu d'hôtels. Une fois dans la famille d'accueil, les jeunes gens, trouvant l'ambiance trop lourde, s'en vont précipitamment, non sans avoir la délicatesse de laisser un petit cadeau. « *Évidemment*, assure Dominique Strauss-Kahn, *je n'avais aucune envie d'habiter dans un pays de l'Est, fût-ce la Yougoslavie qui était pourtant moins verrouillée que les autres. Mais ce voyage ne m'a pas du tout conduit à rompre avec le communisme. En fait, je me disais que le principe d'une économie centralisée était bon mais qu'il était mal appliqué et que cela pourrait marcher si l'on s'y prenait autrement*[1]. »

Après la Bulgarie, le « club des quatre » file sur la Turquie, véritable objectif de leurs vacances. Ils poussent très loin leur odyssée, jusqu'à Trabzon, au nord-est du pays, tout près de l'Arménie où ils résident deux à trois semaines, logeant dans des campings ou de petits hôtels bon marché. Après avoir effectué environ cinq mille kilomètres en voiture, ils rentreront en bateau d'Izmir vers l'Italie. Inquiète à chaque voyage de ses enfants, la mère de Dominique et Marc-Olivier leur a donné avant le départ une véritable boîte à pharmacie contenant entre autres un sérum anti-vipère que les jeunes gens conservent au frais dans une glacière jusqu'à leur arrivée à Istanbul où ils ont la désagréable surprise d'apprendre par un pharmacien du crû que ce sérum, de fabrication française, ne peut avoir aucun effet sur… les vipères turques. Étrange coïncidence, un autre jeune Français, de six ans plus jeune que Dominique Strauss, fera un voyage du même type en Turquie en 1973. Ce lycéen de dix-huit ans s'appelle… Nicolas Sarkozy. Si les voyages forment la jeunesse, Dominique Strauss est bien formé.

1. Idem.

Dominique et le Temple du Soleil

À l'été 1970, Dominique et Yves espèrent gagner de l'argent à l'occasion du stage obligatoire en fin de deuxième année à HEC. Ils proposent de fournir à douze entreprises françaises, à la recherche de nouveaux débouchés, un rapport détaillé sur l'économie du Pérou, pays peu connu et quasiment inaccessible. Les deux garçons, accompagnés d'Hélène et de la jeune sœur d'Yves cette fois, se lancent dans un périple de trois mois à travers les Amériques. Yves Magnan raconte : « *Nous étions parmi les premiers à défricher le voyage. Il n'existait pas d'avion direct, en tout cas pas dans nos prix. Notre budget était très serré : environ un dollar par jour et par personne. Nous avons donc pris le billet le moins cher pour New York. Sur place la YMCA, sorte d'auberge de jeunesse, était encore trop chère pour nous. On s'est rabattus sur un hôtel borgne, vraiment glauque, près de Times Square, à cinq dollars par jour, ce qui était exorbitant pour notre budget. New York comptait beaucoup de quartiers sales et misérables mais nous étions tellement fauchés qu'on ne pouvait rien nous voler. On n'aimait pas ce qu'on appelait "l'impérialisme américain". Dominique était très critique vis-à-vis de la guerre du Vietnam et des interventions des grandes compagnies qui mettaient en coupe réglée les pays d'Amérique latine. Nous ne sommes restés que deux jours à New York. Nous étions pressés de filer vers notre objectif*[1]. » Après un trajet en car jusqu'en Floride, les quatre jeunes gens rallient le nord de la Colombie à bord d'un « coucou » d'une compagnie locale. Ensuite, ils plongent dans l'aventure : la visite de Carthagène, la ville fortifiée construite par des pirates espagnols, puis un train, peu confortable, jusqu'à Bogota, la capitale colombienne, et un autre qui leur fait traverser l'Équateur en passant par Quito. La vie étant beaucoup moins chère qu'aux États-Unis, ils logent dans de petits

1. Entretien avec l'auteur, 5 février 2011.

hôtels, fascinés dans chaque ville par les églises baroques. « *C'est en Colombie*, reprend Yves Magnan, *que nous avons vécu les moments les plus extraordinaires. Grâce à un missionnaire qui vivait à Medellin au milieu des pauvres, nous avons visité une favela. À côté se trouvait une hacienda, avec des troupeaux de vaches, gardés par des hommes en armes prêts à tirer sur les miséreux affamés qui passaient la barrière. On trouvait cela vraiment dégueulasse. Mais quand le propriétaire de l'hacienda nous a invités à la visiter, il nous a expliqué qu'il ne pouvait pas tolérer des vols ou des pillages car ils mettraient en péril son entreprise et ses centaines d'employés. Cette rencontre nous a remués car les deux versions, celle du patron et celle des pauvres, nous paraissaient également légitimes*[1]. »

Au Pérou, dans le village de Macusani, perdu en pleine montagne, les quatre jeunes voyageurs partagent pendant quelques jours la vie des habitants qui n'avaient jamais vu un étranger. « *Je me rappelle une fête locale où le condor se battait contre un taureau. Il y avait un prêtre inca, c'était une ambiance du genre* Tintin et le Temple du Soleil[1] », plaisante Yves Magnan. À l'époque, lui et ses amis n'en menaient pas toujours large : « *En Colombie, nous avons traversé la jungle en canoë, guidés par deux Indiens rencontrés dans une sorte de bar. Nous étions quatre jeunes Français, privés de toute communication avec notre pays et nos familles. Nous avions tellement soif que nous coupions les lianes pour en boire l'eau. Le soir, personne n'osait s'éloigner du camp, car tout autour on entendait des hurlements de bêtes sauvages. Les deux Indiens, un peu sadiques, nous demandaient : "Si nous vous laissons, que faites-vous ?" Nous répondions : "Nous retrouverons le rio et nous sortirons de la jungle." Ils se moquaient de nous : "Non, si nous vous abandonnons, vous mourrez en trois heures, pas à cause des serpents mais… de peur*[1]*."* »

L'ensemble du voyage fut très éprouvant, entre l'absence de nourriture, les nuits froides, les journées chaudes et la fièvre

---

1. Idem.

contractée après avoir dormi au milieu des ruines du Machu Picchu, célèbre site inca dans la cordillère des Andes dont ils sont revenus en auto-stop. « *Nous avons passé trois ou quatre jours à l'arrière de camions*, se souvient Yves Magnan, *à manger de la poussière. Dominique est tombé malade après moi. Comme j'avais commencé la boîte d'antibiotiques, il m'a laissé la finir* [1]. » Les trois mois ont passé vite. Rentrés à Paris, Yves et Dominique n'ont pas grand-chose à raconter sur l'économie péruvienne alors qu'ils doivent rédiger douze rapports pour leurs clients. « *Dominique et moi nous nous sommes partagé le travail, fifty-fifty*, assure Yves Magnan. *J'ai galéré pour écrire des rapports de trois pages. Dominique, lui, a réussi à pondre un rapport de quatre cents pages concocté à Paris dans des bibliothèques* [1] *!* »

1. Idem.

IX

DOMINIQUE DEVIENT STRAUSS-KAHN

Après son diplôme d'HEC en 1971, Dominique Strauss obtient l'année suivante celui de Sciences-Po (section service public) et une licence de droit public, puis en 1975 un doctorat ès sciences économiques à Paris X. Tel le jeune Bonaparte pendant la campagne d'Italie, il vole de succès en succès. Dominique Strauss connaît pourtant, lui aussi, son Trafalgar, un échec cinglant mais sans conséquence. Enivré par sa réussite, il a sous-estimé l'obstacle de l'Ena, l'École nationale d'administration, où il croyait entrer facilement. Il est sèchement recalé à l'écrit. C'est une bonne leçon pour Dominique qui n'a pas suffisamment préparé le concours. Sur le coup, il est très dépité par son échec. Puis il fera contre mauvaise fortune bon cœur. L'Ena n'ayant pas voulu de lui, il se convaincra qu'il ne voulait pas d'elle. « *L'Ena est une école de pouvoir avec très peu de fond*, décrète-t-il. *L'énarque est une espèce de militaire qui a appris à régner sur l'administration*[1]. » Dans la philosophie, toujours positive, des Strauss, tout échec est salutaire. Celui de Dominique à l'Ena l'aide à trouver sa voie. Par traumatisme familial, il élimine le secteur privé : « *Mon frère et moi avions trop souffert dans notre jeunesse de la perpétuelle précarité des professions libérales vécue par mon père. Pour cela nous avons choisi l'un et l'autre une carrière dans le public. Avec nos diplômes, nous aurions pu gagner des fortunes à la tête d'entreprises privées. Mais nous préférions la sécurité à l'argent*[2]. »

1. *Challenges*, septembre 1997.
2. Entretien avec l'auteur, 15 novembre 2010.

Chercheur

Par goût, par instinct, Dominique choisit l'université, l'économie, la recherche. Le hasard fait le reste. En septembre 1971, à peine sorti d'HEC, il rencontre l'économiste André Babeau, qui dirige à Nanterre un laboratoire du CNRS, nommé le Crep, Centre de recherche sur l'épargne et le patrimoine. André Babeau, alors âgé de trente-sept ans, est en quête de jeunes chercheurs pour former son équipe. Cet économiste classique de droite modérée est séduit par le jeune marxiste chez qui il perçoit une passion pour l'économie plus forte que l'engagement militant. André Babeau recrute ensuite un jeune polytechnicien, André Masson, particulièrement doué en mathématiques, puis un élève de Dominique, devenu enseignant en micro-économie théorique à HEC, Denis Kessler. Cheveux longs et écharpe rouge, cet agitateur gauchiste, de trois ans plus jeune que son professeur, restera longtemps l'ami de Dominique mais leurs routes divergeront lorsque l'un, devenu numéro 2 du Medef[1], le syndicat patronal, fera face à l'autre, ministre de l'Économie et des Finances de Lionel Jospin à la fin des années 1990. Au début des *seventies*, le jeune Denis Kessler rivalise avec Dominique Strauss dans une chasse frénétique aux diplômes : HEC, maîtrise de sciences politiques, DEA de philosophie, agrégations de sciences sociales et d'économie. Dans leur laboratoire du Crep à Nanterre, passionnés par leurs travaux, ils n'appliquent pas vraiment les trente-cinq heures… Denis Kessler : « *On travaille jour et nuit, souvent jusqu'à minuit, week-end compris, sur le comportement des ménages, l'épargne, les héritages, les patrimoines. C'est une époque incroyable. On a ensemble un fantastique plaisir d'esthètes à maîtriser des choses complexes, à inventer des modèles et à publier des papiers signés en commun dans des grandes revues internatio-*

1. Le CNPF, créé le 12 juin 1946, change de nom pour devenir le Medef le 27 octobre 1998.

nales[1]. » Dans les colloques internationaux, Dominique et ses collègues du Crep rencontrent le gratin des économistes. Citons Martin Feldstein, futur conseiller de Ronald Reagan à la Maison Blanche, Michael Boskin, qui deviendra celui de Bush senior, James Tobin, auteur de la fameuse taxe et futur prix Nobel d'économie, Larry Summers, secrétaire d'État au Trésor sous Clinton. Dominique, très ambitieux, élabore une thèse sur l'épargne et la retraite qui remet en cause frontalement les théories du maître en la matière, Franco Modigliani, professeur à l'Institut de technologie du Massachusetts, futur prix Nobel d'économie en 1985.

Dominique ne craint rien ni personne. « *On a mis au point un modèle complexe sur le comportement des ménages qui, honnêtement, a dix ans d'avance sur les travaux des Américains*[1]. » Mais sa thèse présentée en 1975 n'est pas entièrement convaincante : « [illegible] *que étaient très bons, selon André Babeau, ça a* [illegible] *ombre de perspectives, mais ce ne fut pas la trouée* [illegible] *e a réussi à ébranler l'édifice mais pas à le renou-* [illegible] *comble*[1]. » À vingt-six ans, Dominique semble [illegible] en parti pour une grande carrière universitaire. [illegible] t à son travail extrêmement prenant de chercheur, il [illegible] ps d'enseigner non seulement à HEC mais aussi à [illegible] à l'université de Tolbiac, au Cnam et même à [illegible] Algérie ! Le toboggan du destin paraît le guider vers le [illegible] l d'économie aussi vite qu'il l'éloigne de la politique. À [illegible] Dominique appartient quelque temps, comme membre [illegible] à une tendance d'extrême gauche du Snesup, le Syn- [illegible] onal de l'enseignement supérieur. Mais le cœur n'y est [illegible] passion pour l'économie a eu raison de son engagement communiste. « *À partir de 1972, je vois que le communisme ne tient pas la route. Plus j'appréhende la complexité de l'économie,*

1. Cité dans Vincent Giret et Véronique Le Billon, *Les Vies cachées de DSK*, Paris, Éditions du Seuil, 2000.

plus je perçois le caractère simpliste des thèses communistes en contradiction totale avec mon travail. Et puis, il y a aussi les atteintes aux droits de l'homme dont on commence à parler avec la publication en Occident des livres de Soljenitsyne[1]. »

S'il ne rejette pas la pensée de Marx dans sa dimension économique, Dominique Strauss s'inspire désormais principalement de John Maynard Keynes. Ce célèbre économiste anglais, mort en 1946, est le théoricien des politiques d'intervention de l'État qui ont permis, notamment aux États-Unis, la sortie de la crise de 1929. Contrairement au marxisme, le keynésianisme ne vise pas la destruction du capitalisme mais sa régulation.

Signé Strauss-Kahn

Après la fin des études à HEC, en 1971 Dominique et Hélène changent progressivement de standing. Le jeune homme commençant à gagner sa vie, le couple passe de la catégorie « étudiants » à celle de « jeunes salariés ». Quittant le deux-pièces de Vincennes, ils emménagent dans un appartement plus spacieux du Ier arrondissement de Paris, entre Madeleine et Concorde, rue Richepance. Rompant avec la tradition des parents Strauss, ils deviennent propriétaires. Ce n'est pas pour rien que Dominique travaille sur l'épargne. « *J'ai mis l'apport*, explique Hélène Dumas, *après la vente d'un logement hérité de mon père à Clermont-Ferrand. Pour compléter, nous avons pris un petit crédit. L'appartement était très bon marché vu sa superficie, cent mètres carrés, et sa situation au cœur de Paris. Le grand-père de Dominique trouvait cela louche et nous répétait : "Il y a un loup dans cet appartement", un défaut caché. Heureusement ce n'était pas le cas. Mais nous avons dû tout rénover nous-mêmes : les sols, les peintures et la salle de bains, aidés par le mari de ma sœur. Dominique a refait*

1. Entretien avec l'auteur, 15 novembre 2010.

tout seul l'électricité même s'il s'est un peu trompé au début[1] *!* » Le couple demeurera dix ans rue Richepance. C'est là que naîtront leurs trois enfants, Vanessa, en 1973, Marine en 1976 et Laurin en 1981.

Au milieu des années 1970, Dominique est un jeune père de famille à l'allure très typique de cette époque. Il porte une barbe et de grosses lunettes à écailles. S'il met parfois une cravate pour aller travailler, chez lui il reste en jean et en T-shirt. Beaucoup d'amis défilent dans leur appartement où Dominique et Hélène tiennent table ouverte pendant de longues soirées consacrées à refaire le monde. Chez les Strauss, de toutes générations, on vit en bande. Dominique reste proche de sa famille et, malgré ses multiples occupations, il s'efforce de ne pas manquer les déjeuners hebdomadaires du jeudi dans l'appartement de son grand-père avenue de Wagram ou ceux du dimanche chez Jacqueline et Gilbert avenue Kléber près du Trocadéro. Les week-ends, le jeune couple et sa fillette Vanessa continuent de se partager entre Savigny-sur-Clairis et Aumont, dans la Somme, où se trouve la maison de campagne de Marius Kahn. « *On jouait au croquet, avec lui*, se rappelle en souriant Hélène Dumas. *C'était très sympa, jusqu'au moment où quelqu'un trichait. Alors, il se mettait en colère, criait fort, devenait écarlate. Sauf quand c'était lui qui trichait*[1] *!* » Dominique, devenu adulte et surbooké, ne sacrifiera jamais ses vacances. Avec Hélène, il achète un petit chalet aux Arcs, suffisamment grand pour accueillir un couple d'amis avec leurs enfants, onze couchages au total, d'autres dormant parfois dans un chalet voisin. Du ski en hiver, de longues promenades en été et, en toutes saisons, de longues soirées bien arrosées. Chacun cuisine à tour de rôle. Mais Dominique apprécie particulièrement l'exercice. Quarante ans après, plusieurs amis se souviennent encore de son poulet aux écrevisses ou à la bordelaise. Quand ils

1. Entretien avec l'auteur, 14 décembre 2010.

évoquent « Dominique », certains le nomment encore « Strauss ». C'est ainsi qu'il se fait appeler jusqu'au milieu des années 1970. « *Un jour*, explique Hélène Dumas, *j'ai constaté qu'il signait "Strauss-Kahn". Cela m'a un peu surprise*[1]. »

« Strauss-Kahn » figurait pourtant depuis sa naissance sur les papiers d'identité de Dominique, comme sur ceux de son frère Marc-Olivier et de sa sœur Valérie. Mais leur père Gilbert avait gardé comme nom d'usage le patronyme légué par son propre père naturel. Devenu adulte, Dominique Strauss-Kahn décide d'accorder l'usage à la réalité de son état civil. Il invoque le souci d'affirmer son identité juive, suite à la guerre des Six Jours en 1967 et à celle de Kippour en 1973 durant lesquelles l'existence de l'État d'Israël parut un moment en danger. « *Mon père*, explique Dominique Strauss-Kahn, *m'a dit qu'il y avait des centaines de Strauss en Alsace qui n'étaient pas juifs. En revanche, en ajoutant Kahn, aucun doute n'était possible*[2]. » Kahn, qui vient de Cohen, signifiant « prêtre » en hébreu, est un des patronymes les plus répandus chez les Juifs. Dominique Strauss-Kahn est un homme très secret. Ses amis de l'époque ne le sentaient pas particulièrement attaché à son identité juive. « *Je savais qu'il était juif*, se rappelle Ivan Roulier, *mais nous n'en parlions jamais*[3]. » Au-delà du judaïsme, Dominique voulait surtout affirmer la filiation avec Marius Kahn, son grand-père adoré, son maître, qui lui a fait découvrir le monde.

Dévorer le monde

« *Dominique, contrairement à nous, avait déjà énormément voyagé*[4] », raconte Yves Magnan. Adolescent, Domi a dévoré des yeux et des oreilles le monde des années 1960 aux côtés de son

1. Idem.
2. Entretien avec l'auteur, 15 novembre 2010.
3. Entretien avec l'auteur, juin 2010.
4. Entretien avec l'auteur, 8 février 2011.

grand-père Marius Kahn, socialiste, alsacien, patriote français et citoyen du monde, avide de découvertes. Chaque été entre 1963 et 1967, Marius et Dominique entreprennent ensemble un grand voyage pendant trois ou quatre semaines. Le premier d'entre eux se déroule quelques mois après la mort d'Yvonne, la grand-mère de Dominique, avec qui Marius partait plusieurs fois par an. Direction : l'Amérique. Une épopée. Dominique Strauss-Kahn en garde un souvenir précis : « *Pour rejoindre Montréal, on s'est rendus d'abord à Amsterdam où nous sommes montés à bord d'un avion KLM qui nous a menés, je crois, à Halifax au Canada et cela après une escale à mi-chemin en Islande. À cette époque, la traversée de l'Atlantique n'était pas une mince affaire ! De Montréal, on est allés à New York en passant par les chutes du Niagara. J'ai fait tout le voyage côte à côte avec mon grand-père, en cars de la compagnie Greyhound. J'étais fasciné par l'espace, les centaines de kilomètres d'autoroutes entre les villes. C'était la grande différence pour moi avec l'Europe. Tout était immense ! C'est cela aussi qui m'a fasciné à New York, les immeubles de vingt-cinq étages. Je n'avais pas encore d'esprit critique comme lorsque j'y reviendrai, sur la route du Pérou, sept ans plus tard. En 1963, je n'avais que quatorze ans et je vivais, émerveillé, Tintin à New York*[1]. » L'année suivante, le grand-père et son petit-fils entreprennent un voyage nettement plus politique. Ils partent visiter la Rhodésie, le Zambèze et l'Afrique du Sud où Marius et Dominique découvrent l'horreur de l'apartheid. DSK n'a pas oublié : « *On est allés au fin fond de Soweto, la célèbre banlieue noire de Johannesburg, afin d'y rencontrer un prêtre français qui vivait là-bas. C'était assez risqué car très peu de Blancs y entraient. J'étais juste un gamin de quinze ans. Mais j'ai compris ce qu'était l'apartheid, qui signifie littéralement "communautés séparées". Dans les restaurants, les cinémas, les gares, il y avait des W.-C.*

1. Entretien avec l'auteur, 14 janvier 2011.

différents pour les Noirs et les Blancs. Cela paraît banal de dire cela mais quand vous le découvrez à quinze ans, vous vous révoltez, cela vous vaccine à jamais contre le racisme. Des Blancs qu'on rencontrait nous disaient : "On n'a rien contre les Noirs. Mais on est différents, on ne se mélange pas." C'était terrible ! C'était l'exact contraire de l'intégration. Mon grand-père, qui était au plan politique un socialiste modéré, avait en revanche un caractère très chaud. Quand il se mettait en colère, il devenait écarlate. Je me rappelle une de ses conversations avec un Blanc. Mon grand-père lui a dit : "J'espère vivre assez vieux pour voir les Blancs jetés à la mer." Devenu adulte, je suis retourné deux ou trois fois à Soweto. Heureusement cela n'a plus rien à voir[1]. » Un autre été, Dominique et son grand-père, en partant de Paris, traversent la Scandinavie en voiture. Cette fois ils voyagent avec Élise, « tante Lisette », la fille de Marius, accompagnée de son mari. Arrivés à l'extrême nord de la Norvège, à Kirkenes, aux frontières de la Russie et de la Finlande, non loin du Cercle polaire, ils embarquent leur véhicule sur un bateau marchand et descendent ainsi les fjords tout le long de la côte norvégienne jusqu'à Bergen, au sud du pays. Avec son grand-père, Dominique Strauss visitera aussi l'Écosse et l'Allemagne, parfois pour des séjours plus courts pendant les vacances de Pâques. Marius prend aussi les « petits » : Marco, le frère de Dominique, Valérie, sa sœur, Florence, la fille d'Élise. Il fait avec eux des voyages édifiants qui contribueront à leur formation politique. Il les emmène visiter les camps de concentration de Dachau et Auschwitz ainsi que le Nid d'aigle de Hitler à Berchtesgaden en Bavière. À Berlin, ils traversent *Checkpoint Charlie* et vont de l'autre côté du mur voir à quoi ressemble le communisme que Marius a toujours exécré et accessoirement boire un chocolat « *Unter den Linden* », en écoutant leur grand-père vanter les

1. Idem.

mérites de la culture allemande. À Munich, ils admirent les œuvres de la Pinacothèque et passent une soirée *Hofbräuhaus*, où pour la première fois les « petits » boivent de la bière. Dominique, marié en 1967, laisse son grand-père aux autres petits-enfants. Il voyage désormais de ses propres ailes. Parmi les « petits » se trouve aussi Stéphane, le fils de Paulette Lunel que Marius épousera en 1971. Il sera à la fois un membre de la famille et un collaborateur proche de Dominique Strauss-Kahn.

Stéphane Keita

Né en 1957, comme Valérie et Florence, ce nouveau venu dans la famille sera à trois reprises le chef de cabinet et le conseiller de Dominique Strauss-Kahn, d'abord au ministère de l'Industrie et du Commerce extérieur puis à la mairie de Sarcelles, et enfin à l'Économie et aux Finances. Stéphane est le fils de Paulette Lunel, née en 1928 à La Haye-du-Puits dans la Manche, et entrée à vingt et un ans comme assistante dans le cabinet juridique de Marius Kahn. Dans les années 1950, Paulette Lunel a connu un jeune fonctionnaire originaire de Guinée, Kara Keita, qui, rentrant dans son pays en 1963, la laisse seule à Paris avec le petit Stéphane. Coïncidence : la même année, son patron, Marius Kahn, se retrouve, à cinquante-neuf ans, le jeune veuf d'une épouse de douze ans son aînée. Il deviendra bientôt le compagnon de Paulette, sa cadette de… vingt-quatre ans. Stéphane Keita trouve une famille. Il n'a pas oublié : « *Au début ce n'était pas facile pour moi, j'étais un enfant sans père. Mais Gilbert et Jacqueline nous ont intégrés. Et Marius surtout ! Le week-end il m'emmenait avec ses petits-enfants dans la maison d'Aumont dans la Somme. J'avais trois ans de moins que Marco et le même âge que Valérie et Florence, la fille de Lisette. Au départ, je l'appelais comme les autres, "Pépé Zu", un surnom donné parce que Florence petite n'arrivait pas à prononcer "Marius". Puis vers neuf ou dix ans j'ai commencé à le considérer comme mon beau-père*[1]... » En janvier 1971, alors que Stéphane est âgé de quatorze ans, son père naturel, Kara Keita, est pendu avec trois opposants sous un pont de Conakry pour avoir aidé un de ses amis, évadé du camp de torture de Boiro réservé aux prisonniers politiques du régime de Sékou Touré. Quelques mois plus tard, Paulette officialise sa liaison avec Marius Kahn à l'annexe de la mairie du XVIIe arrondissement de Paris dans une ambiance folklorique, correspondant à l'air du temps des années 1970. Pendant le mariage de Paulette et Marius se déroule celui d'un couple de hippies. Des dizaines de personnes, vêtues de grands pantalons ou de robes longues et les cheveux pleins de fleurs, ont envahi le bâtiment. La cérémonie de Marius et Paulette, plus discrète, se tient dans la plus grande intimité. Entouré de ses enfants et petits-enfants, Marius rayonne. Paulette est plus réservée mais elle est profondément heureuse. Après la cérémonie, Marius et Paulette invitent famille et amis chez Lasserre, un des meilleurs restaurants de Paris. Car Marius adore la bonne cuisine. Prisonnier de guerre, il a souffert de l'absence de nourriture. Et jusqu'à la fin de ses jours, dans ses cauchemars, il se reverra dans l'oflag de Lübeck avec la faim au ventre.

Cassant et aimable

Pour cause de voyage linguistique en Allemagne, justement, le jeune Stéphane n'assiste pas au mariage de Marius et Paulette. Dominique, lui, est bien présent, comme témoin de son grand-père. Marius sera un des fils secrets qui unira toute leur vie Stéphane et Dominique. En 1971, les deux jeunes gens n'entretiennent pas encore une relation étroite. Dominique, à vingt-deux ans, sort d'HEC. Stéphane, à quatorze, vient de passer le BEPC. Pour l'aider à préparer cet examen, Dominique lui a donné des cours de mathématiques. « *Au début j'étais nul*, se souvient

1. Entretien avec l'auteur, 7 janvier 2011.

Stéphane Keita. *Grâce à lui, j'ai obtenu 15 en maths. Il était capable d'une pédagogie envoûtante et efficace. En même temps, j'éprouvais des sentiments mêlés envers lui car il donnait le sentiment d'être un peu supérieur. Un exemple : à quatorze ans, j'avais un peu de duvet, il s'est moqué de moi en me disant : "Qu'est-ce que c'est cette moustache de rat?". Dominique est capable d'écraser les autres. Ce défaut dans une relation personnelle devient un atout en politique. En cas de conflit, si quelqu'un veut rivaliser avec lui, il doit s'en donner les moyens! Dominique peut être très cassant. C'est un boss! Mais s'il se montre dur avec ceux qui se sentent puissants, il est très gentil et très à l'aise avec les gens simples, sous des abords de machine calibrée et mondaine. Je garde le souvenir de sa rencontre avec mon grand-père maternel, Placide Lunel, un ouvrier maçon, engagé comme soldat du génie dans la 2e DB, qui avait ramené le fox-terrier de Mme Göring du Nid d'aigle de Hitler à Berchtesgaden. Il a beaucoup sympathisé avec Dominique et, à la fin de la journée, il a dit de lui : "Ce garçon est un grand bonhomme." Je me rappelle aussi Dominique prenant plaisir à discuter simplement avec ma grand-tante, morte à cent quatre ans et qui avait commencé à travailler à quatorze ans. Avec l'âge, Dominique juge de plus en plus les gens sur leurs qualités humaines*[1]. » Lorsqu'en 2002 Dominique Strauss-Kahn publie son livre de réflexion sur le socialisme, *La Flamme et la Cendre*[2], il en envoie un exemplaire à Stéphane Keita. La dédicace fait référence à leur maître commun : Marius Kahn. Par lui, Dominique Strauss-Kahn se rattache aux racines les plus profondes du socialisme démocratique.

De Blum à Soljenitsyne

Bolchevisme, fascisme, nazisme… Marius a traversé le siècle des totalitarismes sans jamais céder un instant à la tentation de ces

1. Idem.
2. Dominique Strauss-Kahn, *La Flamme et la Cendre*, Paris, Grasset, 2002.

religions fanatiques qui ont envoûté tant de ses contemporains. Socialiste non marxiste, il resta jusqu'au bout fidèle à Léon Blum, l'humaniste. Marius n'oubliera jamais les années 1920, durant lesquelles le PCF, appliquant la tactique « *classe contre classe* » décidée à Moscou, voulait « *plumer la volaille socialiste* ». C'étaient les années de la haine où les socialistes et les communistes, qu'ils surnommaient les « *cosaques* », en venaient aux mains devant les usines. En France, l'écrivain Louis Aragon et les surréalistes appelaient à fusiller les « *social-traîtres* » et en Allemagne les communistes et les nazis s'acharnaient ensemble sur les sociaux-démocrates. Marius resta toute sa vie anticommuniste. La bibliothèque de sa maison d'Aumont dans la Somme en témoigne. Marius a lu Soljenitsyne comme une révélation et, bien avant, d'une façon générale, tout ce qui concernait la dictature stalinienne. Il a toujours considéré l'Union soviétique comme une puissance impérialiste. L'invasion de la Tchécoslovaquie par les troupes du pacte de Varsovie lui donne raison, le 21 août 1968. Ce jour-là, sa compagne Paulette est au volant de la Peugeot 404 familiale. Marius, qui préfère le pilotage à la conduite, est assis à ses côtés. La voiture ne disposant pas d'autoradio, le petit Stéphane, à l'arrière, écoute de la musique, un transistor collé à son oreille. Brusquement un flash spécial annonce : « *Les chars soviétiques sont entrés dans Prague.* » Marius blêmit et demande à Paulette d'arrêter immédiatement la voiture. Il laisse éclater sa colère en tapant du pied sur le bas-côté de la route. « *Les barbares! Les barbares!* » répète-t-il, hors de lui. « *J'avais onze ans,* raconte Stéphane Keita, *et j'ai vu un type scandalisé, bouleversé par un événement qui ne le concernait pas personnellement et ne changeait rien à sa vie quotidienne. J'ai découvert alors qu'on pouvait être passionné par la politique*[1]. » Marius, qui n'était pas hostile seulement aux dictatures communistes, s'emportait aussi contre

1. Entretien avec l'auteur, 7 janvier 2011.

Franco, les « tontons macoutes » ou les colonels grecs. Stéphane Keita : « *Il nous a légué le primat de l'impératif démocratique comme issue à toutes les autres questions politiques et économiques*[1]. » Au début des années 1970, les idées de Marius ne font pas toujours l'unanimité dans la famille. Dominique est membre de l'Union des étudiants communistes, Marco milite aux Comités d'action lycéens et Paulette, l'épouse de Marius, est de sensibilité communiste. Chez les Strauss et les Kahn, tout se règle autour d'un bon repas, dans l'appartement de Marius et Paulette avenue de Wagram, en général le jeudi, jour de repos hebdomadaire dans l'Éducation nationale. Les trois générations se lancent dans des discussions interminables. « *On ne parlait que de politique dans cette baraque*[1] », dit en souriant Stéphane Keita. Dominique souvent défie son grand-père. Devenu adulte et père de famille, il ne se laisse pas facilement interrompre, et parfois le ton monte entre le grand-père et le petit-fils. « *Ils pouvaient être en désaccord mais ils ne se fâchaient jamais*, rapporte Stéphane Keita. *Ils partageaient la même révolte contre l'injustice qui était plus forte que les divergences PC-PS. Les débats étaient animés, mais les relations restaient affectueuses*[1]. »

Marius impressionnait beaucoup ses petits-enfants par son immense culture, lui qui, outre le français et l'allemand, comprenait le yiddish. Il ne les faisait pas toujours rire avec son humour un peu lourd. « *Pourquoi les poules ne pondent pas en Mésopotamie ? Parce qu'elles voient le Tigre et l'Euphrate !* » Mais il leur a transmis les expériences essentielles de sa vie. « *Il parlait tout le temps de sa captivité en Allemagne*, se souvient Stéphane Keita. *Cinq ans, c'est beaucoup dans la vie d'un homme ! Cette expérience a renforcé sa foi en la démocratie et son exigence éthique*[2]. »

1. Idem.
2. E-mail envoyé à l'auteur, 16 janvier 2011.

La confiance

Un jour de janvier 2011, je rencontre Stéphane Keita dans un café de la place de la Madeleine à Paris, tenant à son bras sa mère, Paulette Kahn, qui, à quatre-vingt-trois ans, marche difficilement. Elle vient toujours, y compris le samedi, vendre des billets de théâtre dans une boutique voisine fondée jadis par sa sœur Blanche. Paulette parle de Marius avec amour : « *C'était un homme bon et généreux, un homme très bien qui m'inspirait estime et affection*[1]. » Elle lui est reconnaissante de s'être comporté en père avec Stéphane qu'il appelait à la fin de sa vie « mon soleil ». « *Marius*, se rappelle Stéphane Keita, *était doté d'une capacité extraordinaire de tolérance envers les écarts que pouvaient commettre les êtres humains. Quand, adolescent, l'affrontement avec mes parents était paroxystique, il m'a dit simplement : "Je sais que tu sauras jusqu'où ne pas aller trop loin." Cette phrase était le fondement de l'emprise morale de Marius sur les êtres. Par la suite, j'ai traversé le monde entier, en aventurier, avec l'inquiétude toujours présente de trahir cette confiance. Quand j'étais parfois perdu, à des milliers de kilomètres, que j'avais faim et donnais des signes d'abandon, Marius disait à ma mère : "Ne t'inquiète pas, il va revenir." Et je suis toujours revenu, parce que j'étais sous l'emprise de cette confiance*[2]. »

La fin

Au début des années 1970, Marius connaît une alerte cardiaque qui entraîne la pose d'un pacemaker. Puis il souffre d'un cancer de la prostate. Alors qu'on le croit guéri, il rechute. Son état se dégrade lentement. Tout en luttant contre la maladie, il mène une vie normale et poursuit ses voyages avec Paulette, en moyenne

1. Entretien avec l'auteur, 15 janvier 2011.
2. E-mail envoyé à l'auteur, 16 janvier 2011.

trois fois par an, vers des destinations plus ou moins lointaines : Moscou, la Pologne, Malte, Ceylan. Très attaché à son Alsace natale, il continue, avec sa femme, de rendre visite à sa tante Erna et à sa sœur Lily, allant manger du kouglof à Wissembourg chez son oncle Gustave et sa tante Suzanne, très âgés. Lors d'un voyage en Alsace, en 1975, dans un restaurant, Marius est pris à partie par un client qui le traite de « *sale Juif* ». Son sang ne fait qu'un tour. Malgré ses soixante et onze ans et la maladie qui le ronge, il se lève de table et se bat avec cet individu pourtant bien plus jeune et en pleine santé. « *Tant qu'il y aura des antisémites, je me considérerai juif* », répète souvent Marius qui depuis longtemps ne pratique plus la religion de ses ancêtres. La maladie ? Connaît pas ! Malgré l'avis des médecins, Marius fume la pipe et le cigare. Un mois avant sa mort, il travaille encore dans son bureau de l'avenue de Wagram. Obsédé par la crainte d'une déchéance physique et surtout intellectuelle, il refuse tout acharnement médical. Un jour de 1977, Marius meurt dans son appartement. Le choc est profond, à la mesure du vide que laisse ce patriarche, clef de voûte d'une tribu hétéroclite, plus unie par des valeurs que par les liens du sang. Dominique le veille une partie de la nuit. Stéphane Keita : « *De nous tous, c'est Domi qui a le plus souffert. Une douleur profonde. Je ne l'ai jamais vu ainsi. Lui qui d'habitude excelle dans le self-control, cette fois il n'a pas masqué son chagrin* [1]. »

L'ombre de Marius

En 1977, Stéphane, étudiant l'histoire à Nanterre, croise parfois Dominique qui y dirige désormais le Crep, le Centre de recherche sur l'épargne et le patrimoine. Avec André Babeau, qu'il a remplacé à la tête du laboratoire, Dominique vient de signer

1. Entretien avec l'auteur, 7 janvier 2011.

son premier ouvrage, intitulé *La Richesse des Français*[1], qui met en évidence l'importance des inégalités sociales. Cette publication, saluée par *Le Monde* comme un livre essentiel, contribue à accroître la notoriété de Dominique Strauss-Kahn qui, à vingt-huit ans, est un des plus jeunes directeurs de laboratoire de recherche en France. Après ses études, Stéphane Keita passera le concours de conseiller d'éducation. puis celui de l'Ena en 1986. Entre-temps il a adhéré au Parti socialiste dans la section du XVIIIe arrondissement où il côtoie Lionel Jospin, Bertrand Delanoë, Daniel Vaillant. Quand, en 1991, Stéphane Keita, trente-quatre ans, devient son chef de cabinet au ministère de l'Industrie et du Commerce, Dominique Strauss-Kahn déclenche les rires en appelant « Tonton » son cadet de huit ans. « *Quand on se voit avec Dominique*, confie Stéphane Keita, *nous nous demandons souvent "ce que dirait Marius" de tel ou tel sujet*[2]. » Marius Kahn n'a pas vécu assez longtemps pour voir la réussite de son cher Dominique, brocardé par *Les Guignols de l'info* de Canal+, qui l'affublent d'un cigare, symbole du capitalisme. Les Guignols ne connaissent pas Dominique Strauss-Kahn. Il n'a quasiment jamais fumé le cigare! En revanche il fume la pipe, comme Marius. La vérité d'un homme, qu'il soit puissant ou misérable, se cache moins dans son image que dans les recoins de son enfance. Pour comprendre un peu les ressorts profonds du flamboyant DSK, il faut écouter Stéphane Keita, aller vers Dominique en passant par Marius : « *L'immense culture de Marius, sa détermination absolue à construire les individus plutôt qu'à les juger, n'étaient que les prolégomènes de sa prédisposition fondamentale à la confiance en l'autre. J'ai retrouvé cette attitude, dans ma vie per-*

1. Dominique Strauss-Kahn, *La Richesse des Français*, Paris, Presses universitaires de France, 1977.

2. Entretien avec l'auteur, 7 janvier 2011.

sonnelle et dans le travail, avec Dominique, bien que l'homme public qu'il est désormais soit plus circonspect que ne l'était Marius. Mais il garde cet esprit de tolérance et de confiance qu'a ancré en lui la connaissance des autres, quelles que soient leurs origines familiales, ethniques, culturelles[1]. »

1. E-mail envoyé à l'auteur, 16 janvier 2011.

X

SOCIALISTE

La scène se passe en 1977, Dominique Strauss-Kahn est moins décontracté que d'habitude. Il est en train d'attendre les résultats du concours de l'agrégation d'économie. À ses côtés, Jean-Hervé Lorenzi, un jeune professeur, reçu premier au même concours deux ans auparavant et futur membre du cabinet d'Édith Cresson à Matignon, l'entend pousser un grand soupir de soulagement [1]. Dominique Strauss-Kahn vient d'être reçu septième à l'agrégation, ce qui représente un excellent classement. À vingt-huit ans, il va pouvoir postuler comme professeur des universités. Reste à choisir l'établissement où il va enseigner. Il s'en entretient au téléphone avec son épouse. « *Il hésitait,* raconte Hélène Dumas, *entre Rabat et Nancy. Cela représentait deux choix de vie radicalement différents. À Rabat, il aurait retrouvé le pays de son enfance et nous aurions vécu comme dans notre jeunesse à Monaco, avec le soleil, la plage, le bateau… Pendant longtemps, nous avions aspiré, je crois, au même type de vie. Être "peinards" ensemble dans un coin tranquille. Si cela n'avait tenu qu'à moi, nous serions allés élever des chèvres dans le Larzac. Mais Dominique a toujours éprouvé plus d'ambition que moi. Au début de notre mariage, je voulais devenir institutrice. Lui me poussait à faire une thèse de droit. J'en ai commencé une sur la propriété intellectuelle mais je l'ai arrêtée en 1972. Enchaînant alors les petits boulots, j'ai réalisé des expertises pour mon beau-père, ou dépanné ma belle-mère dans son cabinet d'assurances. Trop occupée avec les enfants, je n'ai pas repris les*

1. Entretien avec l'auteur, 11 janvier 2011.

études. Avant 1981, Dominique hésitait toujours entre deux destins : meilleur économiste du monde ou ministre des Finances. Moi, je le poussais à devenir le meilleur économiste du monde[1]. » Entre Rabat et Nancy, Dominique Strauss-Kahn choisit la capitale de la Lorraine. En commençant une carrière professorale au Maroc, il aurait peut-être pu devenir prix Nobel d'économie. Mais comment viser le ministère des Finances en vivant hors du pays ? En 1977, la politique a déjà commencé à happer le jeune universitaire… Depuis l'année précédente, il a rejoint les rangs du Parti socialiste. « *Je ne peux pas dater le jour où j'ai décidé d'adhérer au PS. Cela s'est fait progressivement. Après m'être détaché du communisme, j'avais envie d'agir pour faire bouger la société. Et le lieu le plus efficace était sans conteste le Parti socialiste. J'y suis entré par l'intermédiaire de militants – tel Daniel Lebègue, cadre à la direction du Trésor – rencontrés dans le cadre de mon travail pour le laboratoire de recherches à Nanterre. Contrairement à ce qu'on a écrit ici ou là, ce n'est pas Christian Sautter, alors chef des programmes à l'INSEE, qui m'a fait adhérer au PS. Quand je l'ai connu en 1978, j'étais déjà membre du parti depuis deux ans*[2]. »

C'est donc en 1976 que Dominique Strauss-Kahn a poussé pour la première fois la porte de la section socialiste de son quartier, qui regroupe les adhérents des Ier, IIe et IIIe arrondissements parisiens. Le siège se trouve dans une boutique à l'angle des rues Montorgueil et Léopold-Bellan. Parmi les adhérents, Dominique Strauss-Kahn croise un jeune homme de son âge : Pascal Perrineau. Le futur politologue, bien connu des auditeurs de France Info où il intervient les soirs d'élections, tenait alors la permanence électorale de Georges Dayan, sénateur de Paris et un des plus proches amis de François Mitterrand, tout en poursuivant ses études à Sciences-Po. Pascal Perrineau garde de DSK le sou-

1. Entretien avec l'auteur, 14 décembre 2010.
2. Entretien avec l'auteur, 14 janvier 2011.

venir d'un militant très différent du ministre séducteur et en costume trois pièces qui apparaîtra sur la scène publique dans les années 1990. Pascal Perrineau : « *Je revois un jeune type peu soucieux de son apparence, barbu, fumant la pipe, très myope, portant un col roulé sous des vêtements en tweed sans forme, quelqu'un de sympa, décontracté. Sa femme aussi était membre de la section. Ils venaient ensemble aux réunions, restaient assis côte à côte, et paraissaient très proches. Lui, en particulier, avait le look classique du militant du Cérés des années 1970*[1]. »

Entré par la gauche

Le Cérés? C'est la porte la plus à gauche que Dominique Strauss-Kahn a empruntée pour entrer au Parti socialiste, sans renier ses idées marxistes. Le Centre d'études, de recherches et d'éducation socialiste a été fondé en 1966 par de jeunes militants, diplômés de l'Ena ou de Sciences-Po. Ils s'appelaient Jean-Pierre Chevènement, Alain Gomez, Didier Motchane ou Pierre Guidoni et voulaient transformer la « *vieille maison* », encore dirigée par Guy Mollet, en « *parti révolutionnaire* ». En 1971, le Cérés joue un rôle déterminant lors du congrès d'Épinay pour aider François Mitterrand, jusqu'alors dirigeant de la petite Convention des institutions républicaines, à réussir son OPA sur le Parti socialiste le jour même où il y adhère à l'âge de cinquante-cinq ans. Dans un discours historique, le nouveau Premier secrétaire dénonce alors « *l'argent qui corrompt, l'argent qui achète, l'argent qui écrase, l'argent qui tue, l'argent qui ruine et l'argent qui pourrit jusqu'à la conscience des hommes* ». Rédigeant le programme « *Changer la vie* » et se posant en garant de l'union de la gauche, le Cérés régnera sur la pensée du nouveau parti, laissant à François Mitterrand l'arrière-pensée de la conquête du pouvoir. Cette alliance des jeunes loups et du vieux renard, à défaut de réussir la

1. Entretien avec l'auteur, 24 juin 2010.

« *rupture avec le capitalisme* » promise à Épinay, permettra cependant à la gauche non communiste, marginalisée et dispersée depuis la guerre d'Algérie, de se retrouver au sein d'un grand parti. Pendant une année, jusqu'à la mort de Marius Kahn, Dominique, son père et son grand-père appartiennent au même parti. Mais l'aïeul n'apprécie guère l'adhésion du petit-fils à un courant qui voue aux gémonies la « social-démocratie ». « *C'est quoi ton CRS ?* » ironise Marius Kahn, en parlant du Cérés dans une de ses dernières colères à la table familiale. Cette fois, Dominique, qui perd rarement son sang-froid, serre son verre dans sa main au point de le briser. Peut-être, au fond de lui-même, pense-t-il que son grand-père n'a pas tout à fait tort ?

Le Cérés, dont certains militants se réclament de Lénine, représente plus qu'un simple courant, un « parti dans le parti » qui possède son propre local dans le XVIIIe arrondissement parisien. Passant de 8 % des mandats en 1971 à 25 % au congrès de Pau, en 1975, il joue un rôle considérable dans le développement du nouveau Parti socialiste au sein des entreprises et de la jeunesse scolarisée où ses militants tiennent la dragée haute aux communistes et aux gauchistes. Marxistes, tiers-mondistes, anticapitalistes, les militants du Cérés manient avec brio la rhétorique révolutionnaire au cours d'interminables réunions dans des salles enfumées. La jeune Martine Aubry, qui s'y risque une ou deux fois dans les années 1970, en ressort épouvantée. « *L'horreur !* se rappelle-t-elle. *Ils passaient leur temps à faire des motions les uns contre les autres. Si vous n'étiez pas au Cérés, c'était impossible de dire un mot*[1] *!* » Dominique Strauss-Kahn, habitué depuis son enfance à « couper les cheveux en quatre » à la table familiale, se sent relativement à l'aise avec le climat de joutes théoriques et la culture m[illegible]rxiste qui règnent à la Commission économique du

---

[illegible]l Burel et Natacha Tatu, *Martine Aubry. Enquête sur une énigme politique*, Paris, [illegible]97.

Cérés où il est invité. « *Dès son adhésion*, raconte Pascal Perrineau, *il était plus qu'un simple militant. D'après mes souvenirs, il ne collait pas d'affiches. Même s'il n'occupait aucune responsabilité dans le parti, il était considéré comme un des poids lourds intellectuels du Cérés. Il ne manifestait pas encore une forte confiance en sa personne comme aujourd'hui mais il possédait déjà une grande maîtrise des dossiers qu'il traitait*[1]. » En 1976, Dominique n'a que vingt-sept ans. À Nanterre, parallèlement à son travail de recherche avec André Babeau, il donne aussi des cours d'économie. Ses élèves garderont de lui le souvenir d'un « prof cool » avec ses vestes pied-de-poule, sa barbe et ses grosses lunettes. L'un d'eux, Frédéric Cépède, qui suit pendant un semestre des études en histoire économique, profite pleinement de la combinaison des cours magistraux donnés par Strauss-Kahn et des TD de Denis Kessler, sur la baisse tendancielle des taux de profit : « *Je me rappelle avoir passé un oral avec Dominique Strauss-Kahn pour ma licence de géographie. À la fin il m'a demandé : "Il vous manque combien de points ?" Et il me les a donnés*[2]*…* » Un autre étudiant de Nanterre a croisé Dominique Strauss-Kahn. Alors responsable de l'Unef tendance lambertiste, il deviendra au sein du Parti socialiste un des plus fidèles strauss-kahniens. Il s'appelle Jean-Christophe Cambadélis : « *Quand on voulait avoir son UV, on allait chez Strauss. Dominique était un assistant, réputé à la fois sympa et brillantissime. En dehors des cours, il était réservé et même un peu timide*[3]. »

Les deux gauches

Au congrès de Nantes qui se déroule en juin 1977, juste après des élections municipales triomphales pour la gauche, Michel Rocard, dans un discours « fondateur » et jugé provocateur par le

1. Entretien avec l'auteur, 24 juin 2010.
2. Entretien avec l'auteur, octobre 2010.
3. Entretien avec l'auteur, 30 septembre 2010.

Cérés et une partie des mitterrandistes, évoque l'existence de deux cultures à gauche : la première, jacobine et autoritaire, dans laquelle chacun reconnaît le PCF et le Cérés, la deuxième, autogestionnaire et décentralisatrice, qu'il prétend incarner aux côtés, entre autres, de la CFDT et du *Nouvel Observateur*. Venus du PSU, le Parti socialiste unifié, à l'occasion des Assises du socialisme, en 1974, Michel Rocard et les siens, moins nombreux mais tout aussi rompus à la réflexion théorique, s'érigent en rivaux idéologiques du Cérés. Dominique Strauss-Kahn n'éprouve aucune sympathie pour le rocardisme. « *Cela me fait rire quand des "loulous" disent aujourd'hui que je représente la "deuxième gauche". Les lignes ont bougé depuis mais à l'époque j'appartenais pleinement à la "première gauche". J'étais jacobin et très partisan de l'intervention de l'État alors que les rocardiens privilégiaient l'action de la société civile. J'étais à fond pour l'union de la gauche tandis qu'ils prônaient plus d'autonomie à l'égard du PCF*[1]. » Si beaucoup de militants du Cérés mènent la bataille interne avec la plus grande énergie, le jeune Strauss-Kahn débat sans passion excessive, si l'on en croit Pascal Perrineau : « *Il n'était pas un fanatique, loin de là. Contrairement à beaucoup de gens du Cérés, qui revendiquaient un fort patriotisme de courant et pour qui le courant passait même avant le parti, lui affichait une certaine distance à l'égard du Cérés, un pied dedans et l'autre dehors. Le militantisme n'a jamais été sa tasse de thé. À l'époque, comme aujourd'hui, ce qui l'intéressait c'était les idées mais pas du tout l'organisation*[2]. » Hélène Dumas corrobore ce témoignage : « *J'aimais bien les discussions politiques mais je ne supportais pas les bagarres entre courants, on passait deux heures à se taper dessus, j'ai vite trouvé cela stérile*[3]. »

« *Liliane, fais les valises !* » Par cette apostrophe légendaire, le secrétaire général du Parti communiste français, Georges Mar-

1. Entretien avec l'auteur, 14 janvier 2011.
2. Entretien avec l'auteur, 24 juin 2010.
3. Entretien avec l'auteur, 14 décembre 2010.

chais, aurait, à la fin août 1977, informé son épouse de l'urgence d'interrompre leurs vacances en Corse pour rejoindre Paris afin d'y sauver les intérêts des travailleurs mis en péril par la « *dérive droitière* » du leader socialiste désormais désigné, sans titre ni prénom, sous le seul nom de « Mittrrrand ». En réalité, les dirigeants communistes, engageant une surenchère programmatique – augmentation du nombre de nationalisations prévues et du pouvoir syndical dans les entreprises – à l'occasion de la réactualisation du programme commun, ont décidé de détruire une union de la gauche qui profite principalement au Parti socialiste. La campagne en vue des élections législatives des 12 et 19 mars 1978 est dominée par les violentes attaques communistes contre des socialistes, stoïques, décidés à « *être unitaires pour deux* ». Conséquence : la gauche, majoritaire en voix au premier tour, est largement battue en nombre de sièges, le 19 mars, du fait des mauvais reports. Et si François Mitterrand, qui, après les législatives de 1973 et les présidentielles de 1974, vient de conduire la gauche à une troisième défaite, était « *archaïque* » ? Dès le soir du 19 mars, Michel Rocard, en employant ce mot, met en cause implicitement le leadership du Premier secrétaire dont la stratégie d'union de la gauche commence à être contestée. Après la publication en France des œuvres de Soljenitsyne, les nouveaux philosophes André Glucksmann et Bernard-Henri Lévy font entendre une critique radicale du marxisme alors même que l'opinion découvre le génocide cambodgien perpétré par les Khmers rouges au nom du communisme. Le vent de l'Histoire semble souffler en faveur de la « *deuxième gauche* ». Michel Rocard, largement en tête de tous les sondages, est âgé de quarante-huit ans, Mitterrand en a soixante-deux. Et *Le Nouvel Observateur*, porte-parole de la « *deuxième gauche* », lui demande de passer la main. Il y a péril en la demeure au sein du parti d'Épinay où le combat anti-Rocard va rapprocher chevènementistes et mitterrandistes.

Alors que les différences s'estompent, Dominique Strauss-Kahn, comme il l'a fait en passant de l'Union des étudiants communistes au Cérés, rejoint progressivement les mitterrandistes sans avoir le sentiment de se renier. Les idées qu'ils défendent sont aussi très à gauche. Mais ils laissent plus de place à la libre interprétation pour un jeune économiste qui, par ses travaux, s'aventure déjà en dehors des sentiers battus de la vulgate marxiste.

L'ami Jack

À trente ans, bardé de diplômes et doté d'une petite notoriété, Dominique Strauss-Kahn veut mettre ses compétences au service du PS. Un homme va le rapprocher de la direction du parti : Jack Lang. De dix ans plus âgé que Dominique Strauss-Kahn, le futur et flamboyant ministre de la Culture possède quelques étapes d'avance sur son cadet. Diplômé de l'Institut d'études politiques de Paris et agrégé de droit, il mène de front deux carrières, l'une universitaire et l'autre théâtrale, toutes deux à Nancy, sa ville natale. Son éviction de la direction du Théâtre national de Chaillot en juillet 1974 l'a fait connaître dans les milieux de gauche. On se presse au Festival de théâtre universitaire de Nancy qu'il a créé en 1963 et où il accueille François Mitterrand à deux reprises. Issu d'une famille d'industriels lorrains, Jack Lang s'est engagé à gauche dès les années 1950 en créant au lycée un cercle mendésiste avant de rejoindre le PSU. Il attendra cependant 1977 pour adhérer au Parti socialiste. Cette année-là, à l'occasion des élections qui propulsent Jacques Chirac à la mairie de Paris, Jack Lang est élu conseiller municipal sur la liste conduite par Georges Dayan dans le IIIe arrondissement… où milite Dominique Strauss-Kahn. C'est à l'université de Nancy cependant que les deux hommes font connaissance. « *J'étais à l'époque professeur de droit public et international,* dit Jack Lang. *Je vois débarquer dans la salle des profs un jeune agrégé, sympa et de gauche, ce qui était plutôt rare dans cette fac de droit, ancienne et conservatrice. Peu après son arrivée, on devait désigner un nouveau doyen de la faculté. J'ai été élu et je crois que la voix de Dominique a été déterminante*[1]. »

Jack et Dominique militent dans la même section et enseignent dans la même université. Il leur arrive souvent, le mardi matin ou le mercredi soir, de prendre le train ensemble à Paris ou à Nancy. Le TGV n'existant pas à cette époque, le voyage, qui dure quatre heures, leur laisse le temps de parler théâtre, musique et bien sûr politique. Jack Lang : « *J'appréciais beaucoup chez Dominique son ouverture d'esprit sur tous les sujets et sa fraîcheur quand on parlait politique, l'absence chez lui de tout esprit politicien*[1]. » Jack Lang, à l'approche de la quarantaine, est impatient d'utiliser son savoir-faire personnel, lui l'acteur de théâtre, pour briller sur la scène politique. À l'été 1978, par l'intermédiaire de Georges Dayan, Jack Lang obtient un long entretien avec François Mitterrand qui, pour répondre à l'accusation d'« *archaïsme* » lancée par Michel Rocard, veut faire apparaître de nouvelles têtes autour de sa personne. Jack Lang dirigera la campagne en vue des premières élections du Parlement européen au suffrage universel, prévues le 7 juin 1979, dans les neuf États que compte alors la Communauté. François Mitterrand mènera la liste socialiste au niveau de l'Hexagone. Jack Lang prouve ses talents d'organisateur en lançant une série de conférences thématiques dans différentes villes de France. Dans ce cadre il charge Dominique Strauss-Kahn de préparer un colloque sur les inégalités en France, qui se tiendra à Rouen avec l'appui du tout jeune député de Seine-Maritime Laurent Fabius et sous la présidence de François Mitterrand. Dominique Strauss-Kahn prend la parole juste avant une des plus éminentes têtes pensantes du Parti socialiste, le philosophe et économiste Pierre Uri, soixante-huit ans, corédacteur du traité de Rome, à l'origine de la Communauté européenne. Les dirigeants socialistes, réunis

1. Entretien avec l'auteur, 19 novembre 2010.

au grand complet, sont séduits par l'éloquence du jeune intervenant et surtout par le contenu de son discours, une vaste fresque des inégalités en France dans des domaines aussi divers que les revenus, le patrimoine, l'épargne, la consommation, l'accès au logement, entre 1949 et 1975. Reprenant pour l'essentiel la minutieuse enquête menée pendant trois ans dans le cadre du CNRS à Nanterre[1], le jeune économiste explique en substance que « *le rapport entre le patrimoine moyen des ménages les plus riches et celui des ménages les plus pauvres a à peu près doublé* » en vingt-cinq ans, alors que « *la moitié des ménages ne détient pas 5 % du patrimoine total* ». Dominique, habitué à s'exprimer dans les colloques et revues scientifiques, découvre que ses travaux universitaires pourraient lui ouvrir la voie d'une influence politique. Entré au PS par la porte du Cérés, il va en gravir les étages par l'ascenseur de l'expertise.

Expert

Le Groupe des experts, fort de 100 à 150 membres, se réunit un jeudi sur deux au siège du Parti socialiste, rue de Solferino. Il travaille aussi par commissions thématiques, composées de spécialistes rédigeant rapports et articles à destination de la direction du parti et principalement du Premier secrétaire, François Mitterrand, dont il dépend directement. Parallèlement au Groupe des experts, existent aussi deux autres laboratoires d'idées : le secrétariat national aux Études et l'ISER, l'Institut socialiste d'études et de recherches, fondé en 1974 pour susciter la réflexion idéologique sur le socialisme. Cette multiplication des structures est révélatrice du style Mitterrand. Elle lui permet de satisfaire un nombre plus important de gens, qui lui deviennent redevables, tout en suscitant des rivalités dont il s'érige en seul arbitre. Après

1. André Masson et Dominique Strauss-Kahn, « Croissance et inégalité des fortunes de 1949 à 1975 », *Économie et Statistiques*, n° 98, mars 1978.

l'élection présidentielle de 1974, le Groupe des experts s'élargit à de hauts fonctionnaires souvent très jeunes qui, pensant la victoire de la gauche inéluctable, jouent déjà le coup suivant. Beaucoup d'entre eux, occupant d'importantes responsabilités dans les ministères giscardiens, signent leurs notes d'un pseudonyme.

François Mitterrand a voulu doter le Parti socialiste des armes de la compétence, pour conjurer la malédiction du pouvoir qui semble frapper une gauche dont les brèves expériences gouvernementales en France, en 1924 et 1936, mais aussi au Chili en 1973, se sont fracassées sur le fameux mur de l'argent. Un peu plus âgés que Dominique, les jeunes économistes Paul Hermelin et Jean-Hervé Lorenzi l'invitent aux premières réunions du Groupe des experts à la fin des années 1970. Silencieux et discret, Dominique y côtoie la fine fleur intellectuelle dont l'éclectisme fait la force du nouveau Parti socialiste : l'ancien dirigeant du Parti socialiste clandestin sous l'Occupation Daniel Mayer, l'ancien ministre du général de Gaulle Edgard Pisani, le jeune économiste Jacques Attali, la figure tutélaire, vieillissante et malade, Pierre Mendès France, les futurs ministres et Premiers ministres des années 1980 et 1990 : Michel Rocard, Laurent Fabius, Nicole Questiaux, Lionel Jospin, Jean-Pierre Chevènement, Christian Pierret, Charles Hernu, Jacques Delors, l'animateur du Cérés Didier Motchane, les jeunes députés Georges Frêche et André Labarrère ainsi que l'écrivain Bernard Pingaud « *Pour la première fois depuis 1936*, écrit Franz-Olivier Giesbert dans *Le Nouvel Observateur* en 1975, *le socialisme recrute des "grosses têtes" un petit peu partout. Le monde des lettres a maintenant une section d'écrivains. Et au ministère des Finances, temple du giscardisme, il y a une section d'entreprise qui compte une quarantaine de hauts fonctionnaires. Après l'avoir si longtemps snobé, ce qu'on appelle l'intelligentsia se rapproche aujourd'hui du PS.* » À la fin des années 1970, toutes les grandes questions qui allaient agiter la gauche au pouvoir pendant les décennies suivantes sont discutées au sein du Groupe des experts où s'affrontent deux conceptions, celle de « *l'expertise militante* », incarnée par le Cérés et certains mitterrandistes, qui subordonne l'économie à la volonté politique, et celle de « *l'expertise indépendante* », qui considère l'économie comme une science dotée de ses propres lois. Lors de la controverse avec le PCF à l'occasion de l'actualisation du programme commun, François Mitterrand, suivant l'avis des experts, refuse d'augmenter à 750 le nombre de nationalisations prévues en cas de victoire de la gauche. Mais il les contredit en acceptant de programmer le smic à 2 400 francs par mois, sous la pression du PCF. Deux mois avant les élections européennes, un choc frontal oppose Mitterrand et Rocard au congrès de Metz qui se déroule début avril 1979. Parmi les enjeux : la « *rupture avec le capitalisme* » que Cérés et mitterrandistes veulent entamer dans les cent jours qui suivent l'élection présidentielle. « *Entre le marché et le Plan, il n'y a rien* », déclare Michel Rocard à la tribune. « *Entre le marché et le Plan, il y a le socialisme* », lui rétorque Laurent Fabius, chef de file de la jeune garde mitterrandiste. Dominique Strauss-Kahn ne prend pas la parole au congrès de Metz. Le visage caché sous sa barbe, son éternelle pipe à la bouche, il observe les événements, un petit sourire aux lèvres. Il ne joue pas encore en première division. Mais, aux mains serrées dans les couloirs, aux paroles échangées, il s'aperçoit qu'il a déjà acquis une petite notoriété…

XI

DSK

Dimanche 10 mai 1981, 20 heures précises. En direct à la télévision, Jean-Pierre Elkabbach et Alain Duhamel dévoilent le visage du nouveau président de la République. Celui de François Mitterrand se dessine rapidement sur l'écran. Aussitôt, dans toutes les villes de France, des millions de personnes descendent dans les rues. À Paris, dès la fin d'après-midi, les socialistes, prévoyant leur victoire, ont fait dresser un podium place de la Bastille. Par dizaines de milliers, les Parisiens y accourent malgré l'orage qui les submerge et dont les superstitieux craignent qu'il ne symbolise un nouveau mauvais sort jeté à la gauche française. « *On a gagné ! On fera durer !* » crient des manifestants conscients du défi que représente cette nouvelle expérience pendant qu'à la Bastille, entre deux chanteurs, défilent sur le podium ceux qui se bousculent déjà aux portes du pouvoir. Tiens, voilà Michel Rocard ! Le rival malheureux de François Mitterrand vient avec émotion rendre hommage au vainqueur, lui à qui les sondages promettaient encore la victoire quelques mois plus tôt avant qu'il ne s'efface devant celui qu'il qualifiait d'« *archaïque* ». Tiens, voilà Pierre Juquin ! La soirée est déjà avancée et le dirigeant communiste vole au secours de la victoire avec les ailes d'un albatros blessé, lui dont le parti, en recueillant 15 % des voix au premier tour, a subi une défaite historique, annonciatrice de son déclin. Sous les applaudissements d'une foule enthousiaste, Pierre Juquin fait bonne figure place de la Bastille et donne du « *camarade* » à Michel Rocard pendant que des manifestants moins débonnaires demandent la tête de Jean-Pierre Elkabbach, symbole à leurs yeux de la télévision giscardienne. Et Dominique Strauss-Kahn, que fait-il ce soir-là ? Il rentre vite dans l'appartement de la rue Richepance où Hélène, enceinte de Laurin, leur troisième enfant, se tient prudemment à l'écart de la foule. Toute la famille partage la joie du peuple de gauche. Avant de rallier la Bastille, Valérie, la sœur de Dominique, et son mari téléphonent à des camarades chiliens, heureux de voir dans la victoire de Mitterrand une forme de revanche sur la défaite d'Allende. Dominique ne s'est pas attardé à la Bastille parmi les inconnus qui s'embrassent comme un soir de Saint-Sylvestre. Il n'a pas sa place sur l'estrade parmi les célébrités qui se succèdent comme pour un défilé de la mode « Printemps-été 81 » de la collection « Gauche au pouvoir ». Dominique demeure encore un homme de l'ombre. Mais il sait que la victoire inattendue d'un François Mitterrand, qui quelques semaines plus tôt semblait condamné à la fois par les sondages et par la vindicte des communistes, va lui imposer des choix. Il ne doit pas manquer le train de l'Histoire.

Bye bye, Stanford

Hélène, elle, préférerait prendre l'avion avec son mari et les enfants pour accomplir leur projet commun, conçu avant les élections : un séjour de six mois en Californie. Dominique avait prévu de combiner des cours à la prestigieuse université de Stanford et de grandes balades en camping-car à travers l'Ouest américain. Le sort des urnes en a décidé autrement. Ce n'est pas le moment de quitter la France. Reste à savoir quel compartiment prendre dans le train du changement. Le nouveau gouvernement dirigé par Pierre Mauroy entre en fonction dès le 21 mai, date de l'investiture officielle de François Mitterrand. Pendant les dix jours précédents, les coups de fil, rencontres et conciliabules ont occupé tout ce que la gauche compte d'énarques ambitieux, de technocrates fiévreux, de fonctionnaires impatients. On évalue environ à quatre cents le nombre de postes à pourvoir dans les cabinets ministériels. Ils sont bien plus nombreux, les trentenaires et quadragénaires sortis des grandes écoles qui, tout au long des années 1970, écumant les réunions d'experts dans des salles enfumées, ont attendu le jour où ils pourraient mettre en pratique leurs théories. « *Je n'ai jamais imaginé ne pas être appelée*, confie Martine Aubry. *J'attendais ce moment depuis toujours. Si je n'y étais pas allée, j'en aurais été malade*[1]. » Diplômée de Sciences-Po et de l'Ena, Martine Aubry, à trente et un ans, compte déjà une expérience de fonctionnaire dans les cabinets des ministres du travail Michel Durafour, Christian Beullac ou Robert Boulin, sous les gouvernements de droite. Elle va se mettre au service de leur successeur socialiste Jean Auroux, rédigeant les fameuses lois éponymes qui accordent de nouveaux droits aux salariés. Dominique Strauss-Kahn, lui, est sollicité par le père de Martine Aubry, Jacques Delors. Le nouveau ministre de l'Économie et des Finances, installé rue de Rivoli, apprécie le jeune économiste qui a participé à quelques réunions de son club Échanges et Projets. Il lui propose de travailler sur l'épargne, sa spécialité, au sein de son cabinet. Dominique décline cette offre d'embauche, tout comme celles qui émanent de Laurent Fabius, ministre délégué au Budget, et de Jean-Pierre Chevènement, ministre de la Recherche et de la Technologie. Alors que toute une génération de technocrates se rue vers les cabinets ministériels, Dominique Strauss-Kahn choisit crânement de rester sur le bord de la route. Comment interpréter son attitude? On peut y voir soit une forme de dandysme de la part d'un homme sûr de sa supériorité, soit la maîtrise du joueur d'échecs qui anticipe le coup suivant. Et pourquoi pas tout simplement la liberté d'un homme habitué depuis sa plus tendre enfance

1. Citée par Paul Burel et Natacha Tatu, *Martine Aubry. Enquête sur une énigme politique*, *op. cit.*

à ne faire bien que ce qu'il aime bien faire ? Or, Dominique adore le travail intellectuel. Et si son plaisir personnel coïncide avec un pari à long terme, pourquoi s'en priver? Il choisit donc de s'investir au siège du parti, rue de Solferino, transformé en château de *La Belle au bois dormant* depuis l'exode massif de nombreux « cerveaux » vers les lieux de pouvoir gouvernementaux. Direction : l'entresol où se trouvent les bureaux du Groupe des experts, de la Commission économique, du secrétariat aux Études, de l'ISER, Institut socialiste d'études et de recherches. Dans cette salle des machines du PS où ont été fabriqués les idées et concepts, destinés à « *changer la vie* », un homme depuis plusieurs années tient les manettes : Jean Pronteau. Dominique va le voir un jour de mai 1981 : « *Je me revois discutant avec Pronteau dans son bureau. Je lui ai dit : "Je ne veux pas aller dans les cabinets ministériels." Il m'a répondu : "Je vais te faire entrer à la Commission économique puis tu en prendras la direction. Si tout le monde se réfugie dans les ministères, le parti va disparaître." Nous partagions la même conviction, nous voulions que le parti vive*[1]. » Pronteau était un homme de parti et même de… partis avec un *s*, symbolisant l'union de la gauche à lui seul. Quel personnage !

Le camarade Pronteau

Né en 1919, cet ancien résistant communiste, entré en 1941 dans le mouvement Combat puis responsable de l'Armée secrète dans la région de Perpignan, a participé à la préparation de l'insurrection parisienne d'août 1944[2]. Député communiste de la Charente jusqu'en 1958 et responsable de la section économique du Comité central du PCF de 1951 à 1961, directeur de la revue [illegible], il fut un des penseurs les plus en vue du

[illegible] janvier 2011.

[illegible]nteau était doublement clandestin puisqu'il a gravi les échelons de [illegible]en cachant son appartenance au PCF.

communisme français. Marginalisé après avoir soutenu la timide « déstalinisation » entamée en 1956 par Khrouchtchev, le nouveau secrétaire général du Parti communiste d'Union soviétique, Jean Pronteau franchit la ligne jaune en dénonçant publiquement, avec d'autres anciens chefs de la Résistance communiste, le soutien du parti à l'invasion de la Tchécoslovaquie par les troupes du pacte de Varsovie en 1968, puis la désignation comme secrétaire général adjoint de Georges Marchais, ancien travailleur volontaire en Allemagne pendant la guerre. Exclu du PCF en juin 1970, Jean Pronteau rejoint trois ans plus tard le Parti socialiste où François Mitterrand réalise aussitôt l'importance d'une telle « prise de guerre », susceptible de l'alimenter en informations confidentielles provenant du Comité central du PCF au sein duquel Jean Pronteau a conservé de nombreux contacts.

François Mitterrand lui assure une ascension très rapide dans un parti en quête de cadres et en plein développement. En 1975, Jean Pronteau entre au Comité directeur, et en 1976, il succède à Albert Gazier, une ancienne figure de la SFIO ralliée à François Mitterrand cinq ans plus tôt, comme délégué général du Groupe des experts, qui prend le nom de Groupe d'analyse et de propositions entre 1978 et 1981. Parallèlement, Pronteau dirige aussi l'Iser, l'Institut socialiste d'études et de recherches, l'autre « boîte à idées » du parti. Dominique Strauss-Kahn et Jean Pronteau se sont liés d'amitié durant la campagne électorale en vue de la présidentielle de 1981. Entre ses nombreuses activités universitaires, le jeune économiste fréquente autant que possible la rue de Solferino. « *Je me rappelle avoir croisé DSK, pendant la campagne, il était encore barbu, déjà sympa et toujours décontracté*[1] », déclare Jean-Marie Le Guen, qui deviendra un de ses plus fidèles lieutenants. En 1981, jeune médecin de vingt-huit ans, sous l'autorité de Paul Quilès, le directeur de la campagne présidentielle, Jean-

1. Entretien avec l'auteur, 25 mai 2010.

Marie Le Guen, s'occupe de l'organisation des voyages en province du candidat Mitterrand et des autres dirigeants. « *Dominique était assez étranger aux questions de pouvoir, de courants, etc. Ce que je faisais à l'organisation ne l'intéressait guère. N'occupant aucune place dans la hiérarchie, il militait bénévolement et venait quand son travail lui en laissait le temps*[1]. » Quelle a été l'influence de Dominique Strauss-Kahn sur l'élection présidentielle de 1981 ? Il a rédigé des notes destinées à servir d'arguments au candidat Mitterrand, notamment à la veille du débat télévisé de second tour. C'est évidemment moins spectaculaire que l'organisation de grands meetings. Mais cela correspond plus à ses talents.

Avaleur de boîtes de conserve

À l'automne 1981, vidé de ses forces vives, le siège de la rue de Solferino ressemble à un vaisseau fantôme. Ceux qui y restent prennent du galon. Lors du congrès national du PS, à Valence, celui de l'euphorie de la victoire, du 23 au 25 octobre 1981, Jean Pronteau est nommé secrétaire national aux Études. Cumulant déjà la présidence du Groupe des experts et celle de l'Iser, il se trouve désormais à la tête d'une douzaine de commissions et de plusieurs publications. Dominique Strauss-Kahn, qui profite de l'ascenseur, prend officiellement le secrétariat de la Commission économique du parti, où il succède à Jacques Attali et Alain Boublil. Entre-temps il a été nommé professeur d'économie à Nanterre. Débarrassé des voyages à Nancy, il dispose de plus de temps pour se consacrer à ses activités politiques. Désormais on le voit très souvent rue de Solferino. Son bureau est voisin de ceux de la petite équipe de l'Iser où, aux côtés de Jean Pronteau, travaillent, comme directrice et directrice adjointe, deux femmes de caractère : Colette Audry et Renée Fregosi. La première, pétillante d'intelligence et de dynamisme, malgré ses soixante-

1. Idem.

quinze ans bien sonnés, est connue à l'extérieur du parti comme écrivain aux talents multiples. Lauréate du prix Médicis en 1962 pour son livre *Derrière la baignoire*, elle fut entre autres la scénariste du film *La Bataille du rail* de René Clément tout en collaborant à la revue *Les Temps modernes* de Jean-Paul Sartre et Simone de Beauvoir, avec qui elle débuta comme enseignante au lycée Jeanne-d'Arc de Rouen dans les années 1930. Comme Jean Pronteau, Colette Audry a beaucoup bourlingué politiquement. Membre du PSOP, le Parti socialiste ouvrier et paysan fondé en 1938 par Marceau Pivert, dissident d'extrême gauche de la SFIO, elle s'engage dans les mouvements féministes des années 1960 avant de rejoindre le parti d'Épinay en 1971.

Colette Audry entretient une relation empreinte de complicité intellectuelle et d'affection avec son adjointe à l'Iser, Renée Fregosi. Cette toute jeune femme née à Ajaccio en 1955 vient carrément de l'ultra-gauche puisque, lycéenne, elle a fait ses classes à l'Ora, l'Organisation révolutionnaire anarchiste. Elle en gardera une hostilité au marxisme assez singulière à cette époque pour quelqu'un qui se situe radicalement à gauche. Ayant adhéré au PS à vingt et un ans, en 1976, dans la section parisienne dite du « XIVe – Plaisance », la jeune étudiante en philosophie y pourfend le Cérés et son leader local, Edwige Avice, future ministre de la Jeunesse et des Sports dans les années 1980. Presque un demi-siècle la sépare de Colette Audry mais beaucoup de choses les rapprochent : le féminisme, qui en est à ses balbutiements au sein du PS, mais aussi la liberté des mœurs et de la parole. Renée Fregosi, aujourd'hui universitaire, n'a pas changé. « *Dominique ? Comment était-il dans les années 82-83 ? Très craquant, très beau. Si j'ai eu une aventure avec lui ? Non... mais je le regrette*, dit Renée Fregosi, dans un éclat de rire. *Il était rapporteur spécial aux Études et moi à l'Iser. Chacun faisait ses notes et parfois nous organisions ensemble un colloque, par exemple sur la social-démocratie en Europe. Comme il bossait énormément, il est devenu le pivot du secrétariat aux Études. Il avait une grande ambition et tout le monde le voyait aller loin*[1]. » Jean Pronteau, aussi, appréciait beaucoup le jeune secrétaire de la Commission économique. « *Ce qu'il admirait chez Dominique,* raconte Renée Fregosi, *c'était sa capacité phénoménale à "bouffer" des rapports. Pronteau disait de lui : "Il va vite, très vite. Il avale les boîtes de conserve sans les ouvrir*[1]." »

Jusqu'à la mort prématurée de Jean Pronteau, à l'âge de soixante-cinq ans en 1984, Dominique Strauss-Kahn entretient avec lui une relation intellectuelle très forte fondée sur le même goût pour la théorie et le même ancrage dans une culture marxisante. Par l'intermédiaire de Pronteau, à l'automne 1981, Strauss-Kahn se rapproche d'un troisième homme, Lionel Jospin.

Le « protestant aggravé »

Lionel Jospin est nommé Premier secrétaire du PS au congrès de Créteil où a été entérinée la candidature à la présidentielle de François Mitterrand en janvier 1981. Lionel, de douze ans l'aîné de Dominique, est issu comme lui d'une famille socialiste. Mais, contrairement à Dominique, il a beaucoup souffert de la relation avec son père. Robert Jospin fait partie de ces socialistes qui, traumatisés par la tragédie de la Grande Guerre, sont devenus des pacifistes inconditionnels, au point d'accepter pendant longtemps le régime de Vichy, ce qui ne l'empêcha pas, ensuite, d'aider des résistants. Exclu de la SFIO à la Libération, Robert Jospin, réintégré dans son parti dix ans plus tard, se fourvoie de nouveau en soutenant la guerre contre les indépendantistes algériens. Ce chrétien-social généreux – qui avait failli devenir pasteur dans sa jeunesse et dirige après la guerre un établissement pour jeunes délinquants – a manqué tristement ses deux grands rendez-vous avec l'Histoire. Cette situation est dure à vivre pour Lionel qui,

1. Entretien avec l'auteur, 5 mai 2010.

adolescent, en pleine guerre d'Algérie, rejette tout aussi violemment son père et la vieille SFIO. C'est contre lui et contre elle qu'il se construit affectivement et politiquement, adhérant au PSA et au PSU à la fin des années 1950, puis à l'Organisation communiste internationaliste (OCI), formation trotskiste de tendance lambertiste, en 1965. Entré au Parti socialiste en 1971 à trente-quatre ans, Lionel Jospin trouve en François Mitterrand un père politique qui lui en fait gravir rapidement les échelons. Secrétaire à la Formation puis à l'International, il atteint la plus haute marche à quarante-quatre ans. Dominique est séduit par le parcours atypique de Lionel. Diplômé de Sciences-Po et de l'Ena, le Premier secrétaire a abandonné sa carrière de diplomate pour enseigner l'économie pendant dix ans à l'IUT de Sceaux. Outre l'économie et une formation marxiste, Dominique et Lionel partagent le même goût pour la culture et les débats d'idées. En dehors du parti, ils vont apprendre à se connaître par l'intermédiaire de Jacques Valier, ancien dirigeant de la Ligue communiste révolutionnaire, enseignant l'économie à Nanterre, comme Dominique, et copain de lycée de Lionel qui joue au football avec lui le dimanche. L'amitié entre Lionel et Dominique ne se démentira pas pendant vingt-cinq ans. Strauss-Kahn se conduira en lieutenant fidèle de Jospin qui sera son témoin de mariage avec Anne Sinclair en 1991. « *Lionel et moi, nous avons connu pendant longtemps une grande proximité, des liens très forts qui demeurent,* confie Dominique Strauss-Kahn. *Je lui garde beaucoup de respect et d'affection*[1]. » Ces liens avec l'ancien Premier ministre sont aujourd'hui distendus : « *Nous avons toujours su que nous n'étions pas identiques. Lionel porte toujours un regard moralisateur sur les autres. Il m'a fait le reproche, quand j'étais à Bercy, d'inviter des patrons à ma table. C'est un reste de vieux préjugé marxiste qui l'amène à considérer les patrons comme des ennemis. Là-dessus,*

1. Entretien avec l'auteur, 14 janvier 2011.

nous n'avons jamais été d'accord. Et on se le disait franchement. D'une certaine manière, il me laissait faire des choses qu'il n'aurait pas faites mais qui étaient utiles au gouvernement. Sur ma vie personnelle aussi il portait un jugement sévère. Il me trouvait léger, pas assez vertueux. C'est une banalité de le dire mais Lionel est un "protestant aggravé". Pour l'apprécier il faut bien le connaître. Quand il se lâche, on peut se marrer. Avec le recul cependant je réalise que dans notre relation, malgré l'amitié et une vraie confiance en de nombreux domaines, il existait une partie de ma personnalité que je ne pouvais pas développer devant lui et des sujets dont on ne pouvait pas discuter[1]. »

Un ami compliqué

Parmi les sujets que Strauss-Kahn n'a jamais évoqués avec Jospin, figure son passé trotskiste, qui continue d'intriguer ceux qui ont accompagné l'ancien Premier ministre en croyant le connaître pendant vingt ou trente ans. « *Qu'il ait été trotskiste avant d'adhérer au PS, je n'en avais rien à faire, surtout qu'il n'était pas le seul,* affirme DSK. *Qu'il ait maintenu une double appartenance alors qu'il était responsable socialiste, ce serait plus troublant. J'en ai entendu parler à plusieurs reprises comme d'une rumeur. Mais je n'y accordais aucune importance. Cela me paraissait tellement impossible que je n'y croyais pas*[1]. » À la fin des années 1990, son ami le député socialiste Jean-Marie Le Guen lui révèle ce qu'il sait du passé trotskiste de Lionel Jospin. « *Contrairement à ce qu'on a prétendu sur mon compte,* dit Le Guen, *je n'ai jamais été membre de l'OCI. Mais ayant milité en tant qu'étudiant avec les lambertistes à l'Unef, j'avais beaucoup de copains parmi eux. En plus je connaissais bien Lionel, par ma famille, avant même d'adhérer au PS. Donc, je savais qu'il avait mis du temps à rompre avec l'OCI. Quand j'en ai fait la confidence à Dominique, il a été*

1. Idem.

estomaqué. Il ne comprenait vraiment pas. Il est totalement étranger au monde de l'extrême gauche[1]. » Dominique Strauss-Kahn confirme : « *Quand Le Guen m'a expliqué que Lionel avait fait de l'entrisme au PS, je suis vraiment tombé de l'armoire*[2]. » Deux biographies publiées en 2001 ont révélé au grand public que Lionel Jospin, après avoir infiltré le Parti socialiste pour le compte de l'OCI en 1971, aurait maintenu des contacts avec son organisation d'origine... jusqu'au milieu des années 1980[3]. Cette étrange « double appartenance » du Premier secrétaire d'un grand parti gouvernemental à un groupuscule violent et autoritaire a toujours été niée par l'intéressé. « *À partir du moment*, déclare Lionel Jospin aux journalistes qui l'interrogent, *où en 1973 j'accepte des responsabilités nationales au Parti socialiste, j'agis en socialiste. Je garde avec les dirigeants trotskystes des liens, qui sont des liens personnels, qui sont des liens d'échange mais qui relèvent d'une forme de fidélité maintenue à un passé, d'une sorte de quant-à-soi, presque d'un jardin secret, politique celui-là et non d'une discipline militante*[4]. »

Ce « *jardin secret* » laisse Dominique Strauss-Kahn dubitatif : « *S'il n'avait rien à cacher, pourquoi Lionel n'a-t-il jamais évoqué ses relations avec le trotskisme ? Que Mitterrand ait dissimulé son passage à Vichy, on peut le comprendre. Mais Lionel ? Le trotskisme, ce n'est pas Vichy*[5]. » Interrogés séparément à propos de Lionel Jospin, Jean-Marie Le Guen et Dominique Strauss-Kahn emploient, au mot près, la même expression : « *Avec lui les choses sont toujours compliquées.* »

---

1. Entretien avec l'auteur, 25 mai 2010.
2. Entretien avec l'auteur, 14 janvier 2011.
3. Serge Raffy, *Jospin, secrets de familles*, Paris, Fayard, 2001, et Claude Askolovitch, *Lionel*, Paris, Grasset, 2001.
4. Lionel Jospin, *Lionel raconte Jospin*, Paris, Éditions du Seuil, 2010.
5. Entretien avec l'auteur, 14 janvier 2011.

Pragmatique

Claude Allègre n'est pas loin de penser la même chose. Ce fils d'une institutrice et d'un prof de sciences naturelles né dans l'Hérault en 1937 connaît son Lionel sur le bout des doigts. Ils se sont rencontrés à vingt ans, en 1957, à la cité universitaire d'Antony. Scientifique de haut niveau, internationalement reconnu, le tonitruant Claude Allègre dit ce qu'il pense en toutes circonstances. Tel Don Quichotte, il a pourfendu avec la même énergie aussi bien le « *mammouth* » de l'Éducation nationale que les adeptes du réchauffement climatique. Malgré leur longue amitié, il revendique une indépendance totale à l'égard de Lionel Jospin : « *Contrairement à lui, je n'ai jamais été trotskiste. J'étais secrétaire de section du PSU. Et si j'ai adhéré au PS la même année que Lionel, ce ne fut pas concerté avec lui*[1]. » Par « Lionel », il a connu « Dominique ». Dès leur première rencontre à l'automne 1981, Claude Allègre et Dominique Strauss-Kahn deviennent amis. « *Jospin, étant Premier secrétaire, n'avait pas encore son propre courant. Mais Dominique, moi et quelques autres, nous étions connus comme étant ses proches. Dominique était malin, très brillant et moins coincé que Lionel par rapport au pouvoir. Avait-il plus d'ambition ? Oui, je le pense. En tout cas, il ne s'en cachait pas. La première fois que nous sommes allés à l'Élysée, lui et moi, en 1983 je crois, pour la remise de Légion d'honneur à Pronteau, Dominique m'a dit : "Un jour je serai président et je te donnerai la Légion d'honneur." Évidemment, il blaguait… Mais à moitié seulement*[2]. » Jean Pronteau ayant été nommé en mars 1982 président de la Caisse nationale de l'énergie, il délègue de plus en plus de responsabilités à Dominique Strauss-Kahn qui, dans l'ombre de Jospin, s'affirme comme l'économiste en chef du

1. Entretien avec l'auteur, 5 mai 2010.

Parti socialiste. Claude Allègre garde le souvenir d'un secrétaire de la Commission économique « *assez marxisant* » : « *Quand on commence à travailler ensemble après 1981, il est très étatiste, antilibéral et protectionniste. Il veut "produire français" et dit en plaisantant : "On fera des chaussures portant l'étiquette France*[1]*."* » Cependant, la gauche apprend les contraintes du pouvoir. Dominique suit le mouvement. Et le devance parfois... d'un tiers de siècle, s'agissant du financement des retraites ! Avant même la victoire de la gauche, le 15 avril 1980, avec son ami Denis Kessler, il signe dans *Le Monde* un article intitulé « Le système des retraites décourage-t-il l'épargne des ménages ? » Les deux auteurs y posent une question totalement iconoclaste pour l'époque, qu'ils développeront pleinement en 1982 dans un livre *L'Épargne et la Retraite : l'avenir des retraites préfinancées*[2], où ils défendent l'idée d'un système de capitalisation qui s'ajouterait au système par répartition, préfigurant les fameux fonds de pension que la gauche française continue de honnir en 2011. Autre exemple de pragmatisme du jeune Strauss-Kahn : dans le débat opposant en 1981 les partisans de nationalisations à 100 % à ceux d'une prise de participation majoritaire dans les entreprises nationalisables, il défend la deuxième option, moins à gauche politiquement mais moins coûteuse économiquement.

Haut fonctionnaire

En 1982, Dominique Strauss-Kahn franchit un palier décisif pour sa carrière : il entre au Commissariat général au Plan, nommé par le ministre du Plan, Michel Rocard. Chef du service de financement, il travaille à la préparation des budgets de l'État. Sous la direction du commissaire général Hubert Prévot et au contact d'économistes tels François Stasse et Alain Boublil, Dominique

1. Idem.
2. Paris, Economica, 1982.

s'initie au fonctionnement de l'appareil d'État. Rencontrant des banquiers, des financiers, des industriels, des syndicalistes, il étoffe son carnet d'adresses et confronte sa formation universitaire à l'expérience de l'économie réelle. Ce n'est pas toujours facile. Le Commissariat général au Plan avait préconisé une réduction progressive du temps de travail accompagnée d'une baisse équivalente des rémunérations dans le but de créer des emplois. Au grand désespoir de son ministre de l'Économie, Jacques Delors, et de la plupart des experts, François Mitterrand décide en février 1982 le passage aux 39 heures sans diminution de salaire. Un choix politique destiné à satisfaire les syndicats et les militants socialistes et communistes. En tant qu'économiste, Dominique Strauss-Kahn voudrait plus de réalisme de la part du gouvernement. En tant que socialiste, il suit Lionel, garant d'une ligne de gauche à la tête du parti… L'économie ne tarde pas à se venger des socialistes.

Vive la rigueur !

Mars 1983, les résultats des élections municipales sont très mauvais pour la gauche qui se retrouve à nouveau confrontée au syndrome de l'échec. Les finances plongent, l'inflation grimpe et le chômage s'envole. François Mitterrand, après avoir reçu ses « visiteurs du soir », tels Laurent Fabius, Pierre Bérégovoy ou Jean-Pierre Chevènement, qui lui conseillent de sortir du SME, le Serpent monétaire européen, fait le choix de l'Europe et de la rigueur. Le leader du Cérés, furieux, quitte le gouvernement, les communistes, en grognant, y restent. Jacques Delors, le ministre de l'Économie et des Finances, qui, dès octobre 1981, prônait la « *pause dans les réformes* », impose au pays une ponction de 65 milliards de francs sur la consommation des ménages et les dépenses de l'État. Ce « *tournant de la rigueur* » inquiète les militants socialistes. Lionel Jospin les rassure en parlant d'une simple

« *parenthèse* ». Dominique Strauss-Kahn approuve sans états d'âme. Alors que le débat fait rage à gauche, il signe, au printemps 1983, un vibrant plaidoyer en faveur du SME et de la lutte contre l'inflation, avec deux amis économistes, Jean Pisani-Ferry et Jean Maurice dans… la revue rocardienne *Intervention*[1]. À l'automne, Dominique Strauss-Kahn récidive en écrivant notamment avec Jean-Michel Charpin dans la revue de réflexion du Parti socialiste : « *Le choix en faveur de la croissance ne peut s'exercer que sous la contrainte des grands équilibres économiques et du maintien de l'ouverture des frontières*[2]. » Avec cet article les deux auteurs se démarquent aussi clairement d'un certain anticapitalisme encore en vigueur à cette époque dans la gauche française : « *Le socialisme*, assurent-ils, *n'a rien à voir avec la défense des situations acquises ; il est fondé sur l'espérance dans l'avenir et l'esprit de progrès ; les entrepreneurs y ont un rôle éminent à jouer*[2]. » La période de rigueur permet à Dominique le socialiste de se réconcilier avec Strauss-Kahn l'économiste, lesquels, peu de temps auparavant, s'affrontaient en son for intérieur. Lors d'une convention du Parti, en 1984, il propose deux idées très « *deuxième gauche* » qui seront d'ailleurs mises en œuvre quelques années plus tard par Michel Rocard, Premier ministre, sous les noms de RMI et de CSG.

Dirigeant du parti

Au congrès de Bourg-en-Bresse en octobre 1983, Strauss-Kahn gravit d'un coup tous les échelons menant vers les sommets du parti, étant élu le même jour au Comité directeur, au Bureau exécutif et au Secrétariat national où il devient l'adjoint de Jean Pronteau aux Études. « *Il n'y avait plus de places au Bureau exécutif*, raconte Claude Allègre. *La nomination de nouveaux*

1. Dominique Strauss-Kahn, Jean Pisani-Ferry et Jean Maurice, « Un nouvel avatar du Trésor caché », *Intervention*, mai-juin-juillet 1983.
2. Dominique Strauss-Kahn et Jean-Michel Charpin, « Quelle issue socialiste à la crise ? », *NRS, Nouvelle Revue socialiste*, septembre-octobre 1983.

membres était difficile à cause de l'équilibre entre courants qu'il fallait maintenir. J'ai réalisé un gros "pushing" auprès de Lionel pour que Dominique soit intégré à la nouvelle direction[1]. » Jouant pour la première fois un véritable rôle dans un congrès national, Dominique Strauss-Kahn y défend la ligne majoritaire de la rigueur face aux partisans de Jean-Pierre Chevènement et de Jean Poperen, pendant une interminable nuit au sein de la fameuse Commission des résolutions.

Juin 1984 : l'expérience, commencée dans l'allégresse le 10 mai 1981, semble menacée d'un collapsus. Aux élections européennes, la gauche touche le fond. La liste socialiste menée par Lionel Jospin recueille tout juste 21 %, et celle du Parti communiste atteint un plancher historique depuis cinquante ans avec 11 % des voix. Alors que la droite parlementaire dépasse les 45 %, le Front national fait jeu égal avec le Parti communiste français, un résultat inédit pour l'extrême droite en France. Quelques jours plus tard, toutes les droites foulent ensemble le pavé versaillais au cours d'un défilé sans précédent qui regroupe plus d'un million de manifestants contre la loi Savary, du nom du ministre de l'Éducation nationale qui veut unifier enseignements public et privé. François Mitterrand est dos au mur. Mais le vieux magicien possède plus d'un tour dans son sac. Faisant fi du projet socialiste, il propose un sens nouveau à la présence de la gauche au pouvoir : la modernisation. Pour ce faire, il se sépare de Pierre Mauroy, l'homme des 39 heures, de la retraite à soixante ans et de la cinquième semaine de congés payés. Et donne à la France le plus jeune Premier ministre de son histoire. Laurent Fabius, âgé de trente-sept ans et huit mois au moment de sa nomination, troque ses habits du congrès de Metz – où il défendait en 1979 la rupture avec le capitalisme – pour ceux d'un Mendès France et définit modestement le socialisme comme « *l'égalité des chances* ».

1. Entretien avec l'auteur, 5 mai 2010.

Débarrassés du Parti communiste, qui a quitté le gouvernement tout en continuant de le soutenir à l'Assemblée nationale, les socialistes adoptent un profil plus en phase avec l'époque. 1985 voit l'émergence de SOS Racisme, et le succès du grand concert de la Concorde redonne espoir à une gauche désormais plus morale que sociale. À l'approche des législatives de 1986, la débâcle certaine annoncée par les sondages se transforme en défaite probable. En quelques années, la gauche a connu une mutation spectaculaire. Dominique Strauss-Kahn aussi. Il se fait désormais appeler par ses initiales : DSK.

Jean Pronteau étant mort en 1984, Dominique Strauss-Kahn lui succède comme secrétaire national aux Études. Claude Allègre voit son ami Dominique « mordre » au jeu de la politique : « *Moi, j'en avais marre. Au congrès de Toulouse, en 1985, je voulais quitter la direction pour revenir à ma vraie vie, la science. Dominique m'a rattrapé par la manche pour me demander de présider le Groupe des experts. Jusqu'en 1988 et ma nomination comme conseiller de Jospin au ministère de l'Éducation nationale, 80 % des textes du parti étaient rédigés par Dominique et moi*[1] », affirme Claude Allègre qui ajoute en souriant : « *Ces textes étaient ensuite repris par Jospin dans son langage qui excluait certaines de nos formules... un peu fantaisistes*[1]. » À la fin de l'année 1984, DSK prend encore du galon : il remplace Henri Guillaume comme commissaire général adjoint au Plan. Il change de fréquentations et noue des liens amicaux dans le monde des affaires, notamment avec Claude Bébéar, Michel Pébereau, Louis Schweitzer et Yvette Chassagne, la présidente de l'UAP. Cette dernière lui propose même le poste de directeur financier de cette grande société d'assurances. DSK décline poliment mais il est flatté. Lui qui depuis son enfance a toujours aimé être aimé goûte sans déplaisir les délices de la réussite. Dans la famille, on peine un peu à reconnaître « Domi » en

1. Idem.

DSK. Il s'est rasé la barbe, a définitivement remplacé ses grosses lunettes à écailles par des lentilles et porte désormais des costumes de couturiers à la mode. Derrière ce changement de look il y a une femme, rencontrée à Deauville en 1983 : Brigitte Guillemette. La trentaine comme Dominique, belle et élégante, cette fille de militaire dirige une grande société de communication.

Après vingt ans de relation fusionnelle, Dominique quitte Hélène. C'est un déchirement pour elle, pour lui et pour leurs amis de jeunesse qui ne les imaginaient pas l'un sans l'autre. Beaucoup choisissent Hélène. Brigitte les tient à distance avec, disent-ils, une forme de condescendance. Dominique, de toute façon, leur échappe. Il n'est plus dans leur monde. Au début, certains croient à la crise d'adolescence tardive d'un trentenaire mûri trop tôt. Mais l'évidence s'impose. Dominique divorce d'Hélène. Il épouse Brigitte qui lui a donné une fille, Camille, en 1985. Adieu Domi, place à DSK, qui connaît la consécration lorsque *Le Monde*, en 1985, fait de lui pour la première fois le sujet central d'un article intitulé « Le monde selon Strauss-Kahn ».

XII

À LA CONQUÊTE DES CIMES

« Je suis en train de comprendre ce qu'a été la campagne de Russie : se trouver loin de ses bases et les pieds dans la neige. » Cette phrase de Dominique Strauss-Kahn a été rendue célèbre par *Le Canard enchaîné* du 11 décembre 1985. À trente-six ans, le secrétaire de la Commission économique du PS, incarnation du « *techno* » tiré à quatre épingles, est-il « allé au charbon » ? S'est-il « jeté à l'eau » ? Aucune de ces expressions n'est appropriée à la situation climatique dans laquelle se trouve Dominique Strauss-Kahn, candidat à la députation, en plein hiver, au pied du mont Blanc. Tout s'est décidé au printemps 1985. François Mitterrand, sachant la gauche condamnée à la défaite aux élections législatives de l'année suivante, trouve une parade pour amortir l'ampleur du désastre. Et quelle parade ! Modifiant la règle du jeu électoral, il rétablit un mode de scrutin en vigueur sous la IVe République : la proportionnelle départementale, répartissant les sièges en fonction du nombre de voix obtenues par chaque parti. Pour mener une cohabitation de combat, le président de la République veut s'assurer de l'élection à l'Assemblée nationale des personnalités les plus brillantes. Dominique Strauss-Kahn sait qu'on l'attend au tournant. Son ascension rapide, tout comme son style de playboy, suscite bien des jalousies au sein du parti, où ses ennemis raillent son absence d'ancrage local. Dominique Strauss-Kahn est prêt à relever le défi. Il veut prouver qu'il n'est pas seulement un « *techno* ». Il aimerait bien également offrir une victoire à son père, resté sur un échec aux cantonales de 1949, et rendre

hommage à la mémoire de Marius, son grand-père. Candidat malheureux aux législatives de 1932, il avait sans doute l'envergure d'un élu national. Reste à trouver un point de chute. Les quelque 280 députés socialistes et apparentés issus du raz de marée rose de juin 1981 se bousculent au portillon pour obtenir une bonne place sur les listes départementales, susceptible d'assurer leur réélection. En tant que Premier secrétaire, Lionel Jospin est à la manœuvre, pour faire accepter par certaines fédérations le sacrifice d'élus de terrain, qui souvent n'ont pas démérité, au profit de vedettes parisiennes.

Parachutage

Les places sont chères, les nouveaux venus n'ont guère le choix. Dominique Strauss-Kahn, un moment envisagé en Mayenne, se voit proposer la Haute-Savoie. C'est une *terra incognita* pour l'économiste qui ne s'y est aventuré qu'à l'occasion de vacances d'hiver. Dans ce département peu peuplé, les socialistes, selon les sondages, sont quasiment sûrs de conquérir un siège mais peuvent difficilement rêver d'en gagner deux. Or l'homme fort du PS en Haute-Savoie s'appelle Robert Borrel. Maire d'Annemasse depuis 1977, cet ancien premier secrétaire fédéral, après des années d'activité politique locale, n'a aucune intention de s'effacer devant un Parisien parachuté par la direction nationale au moment où le changement du mode de scrutin pourrait enfin lui ouvrir les portes de l'Assemblée nationale. Pour contourner Borrel, Jospin téléphone au nouveau premier secrétaire fédéral, Gabriel Grandjacques, qui, tout en renâclant, lui répond positivement. « *Au début*, reconnaît-il, *le parachutage de Dominique Strauss-Kahn ne m'a pas fait plaisir. J'étais susceptible moi aussi de briguer la députation. Mais je connaissais bien Lionel qui était venu plusieurs fois skier à Saint-Gervais. Il m'a demandé de m'incliner au nom de notre amitié. Après m'avoir proposé la tête de liste aux régionales prévues le même jour que les législatives, il m'a présenté la candidature de Strauss-Kahn comme un atout qui pourrait tirer les deux listes*[1]. » Face à la droite, qui dispose d'un leader d'envergure, Pierre Mazeaud, ancien secrétaire d'État gaulliste et célèbre alpiniste ayant vaincu l'Annapurna, la gauche doit proposer une « pointure ». Gabriel Grandjacques se montre sensible à cet argument : « *Lionel m'a dit que Strauss-Kahn pourrait un jour devenir ministre. Il m'a présenté sa venue comme un investissement à long terme pour un département qui manquait de grandes personnalités*[1]. » Peu après le coup de fil de Lionel Jospin, Gabriel Grandjacques rencontre Dominique Strauss-Kahn en tête à tête à Paris, en marge d'un Comité directeur : « *Il était l'homme de Jospin pour l'économie, ce qui représentait une garantie. J'étais séduit par ses analyses. À l'époque, il jouissait d'une image plus à gauche que maintenant et ne paraissait pas carriériste*[1]. » À l'exception de Gabriel Grandjacques, on ne déroule pas le tapis rouge sous les pieds de Dominique Strauss-Kahn. Quand il arrive à Annecy pour un premier aller-retour exploratoire en mars-avril 1985, personne ne l'attend à la gare. Il participe alors à une réunion très restreinte au local fédéral : « *J'avais prévenu quelques camarades de confiance*, raconte Gabriel Grandjacques. *On a fait un plan de travail afin de permettre à Strauss-Kahn de visiter toutes les sections*[1]. » Dans ce noyau de fidèles : Jacques Langlade, chef de cabinet du préfet départemental, qui se met discrètement au service du candidat socialiste, mais aussi des responsables locaux nommés Jacques Dalex, Jacques Delzors, Jacques Encrenaz, d'où le surnom de « *bande des Jacques* » donné aux partisans de Dominique Strauss-Kahn. Ils vont l'aider à mener la pré-campagne en interne afin de conquérir l'investiture. Ce n'est pas gagné d'avance ! Une majorité des huit cents adhérents socialistes de la Haute-Savoie sont plutôt favorables au maire d'Annemasse,

1. Entretien avec l'auteur, novembre 2010.

incarnation de la résistance locale contre le « *parachutage* » d'un Parisien.

Atterrissage

Sans expérience de campagne électorale, le débutant apprend vite. Portant d'élégants costumes sous sa canadienne, l'air décontracté, l'allure juvénile malgré des tempes déjà grisonnantes, il se montre à l'aise dans tous les milieux, jouant au baby-foot dans les cafés et déridant l'assistance avec des contrepèteries. Un exemple : « *Quel beau métier, professeur !* », qui est facile à placer dans un milieu socialiste où les enseignants sont légion. Travaillant alors au Commissariat général au Plan, DSK « descend » une fois par semaine en TGV à Annecy où il passe une nuit à l'hôtel avant de repartir le lendemain matin. Apéritif, dîner, soirée… Durant ces quelques heures sur place, au pas de charge, il rencontre le secrétaire d'une première section, dîne avec les responsables d'une deuxième et assiste à la réunion d'une troisième. « *On a organisé un circuit géographique qui lui a permis de rencontrer les trente-trois sections du département sans exception en quelques semaines*[1] », s'exclame, admiratif, Gabriel Grandjacques.

Après seulement quelques semaines de campagne interne, la liste conduite par Dominique Strauss-Kahn obtient un résultat très honorable lors du vote d'investiture qui se déroule à l'automne. Avec 49,28 % des suffrages, elle est cependant battue de quelques voix par Robert Borrel. Dans un cas pareil, les statuts du Parti socialiste autorisent les perdants à déposer un recours devant la Convention nationale des investitures, réunie le 15 novembre 1985 à l'Assemblée nationale. Elle tranche en sa faveur. Sur le terrain, la démocratie locale est bafouée, la scission est consommée. Robert Borrel, furieux, présentera sa propre liste.

1. Idem.

Les loyalistes serrent les rangs derrière Strauss-Kahn et Grandjacques, lequel, conformément à l'accord passé avec Jospin, conduira les socialistes aux élections régionales. La vraie campagne commence. La fédération divisée et affaiblie manque de moyens. Si elle met à la disposition du candidat deux petits bureaux près de la gare d'Annecy, celui-ci doit louer une voiture pour sillonner le département et faire venir de Paris un assistant, payé sur ses propres deniers. Prénommé Philippe, ce jeune homme de vingt-six ans a commencé l'année sous le nom de Duval. Il l'achève sous celui de Valachs à l'issue d'une procédure judiciaire rarissime qui lui a permis de s'approprier le patronyme de ses grands-parents maternels, Juifs de Lituanie disparus dans les camps de la mort.

Quelques années plus tôt, il fut victime d'une étrange mésaventure qui lui valut une petite notoriété. Sortant d'un cinéma place de l'Opéra à Paris, il fut pris dans les heurts violents qui suivirent une grande manifestation de sidérurgistes organisée par la CGT le 23 mars 1979. « *J'étais totalement innocent*, proclame-t-il. *Mais la police m'a arrêté. On m'a condamné en flagrant délit à trois ans de prison pour l'incendie d'une banque qui… n'a jamais brûlé. Le film que j'avais vu ?* Voyage au bout de l'enfer [1] *!* » Écopant d'un an de prison ferme en appel, Philippe Valachs séjourne finalement six mois à Fleury-Mérogis. Convaincus de son innocence, des enseignants, parmi lesquels les jeunes professeurs Denis Kessler et Dominique Strauss-Kahn, mènent campagne pour le défendre. Sorti de prison, Philippe Valachs revoit de temps à autre Dominique Strauss-Kahn. « *Un jour de l'automne 1985*, raconte-t-il, *je déjeune à une table voisine de celle de Dominique dans un bistrot de la rue Las Cases, à côté de son bureau du Commissariat au Plan. Je lui dis que je travaille dans l'économie sociale. "J'ai bien mieux pour toi", me répond-il d'un ton enthousiaste, "je viens d'être*

1. Entretien avec l'auteur, 14 décembre 2010.

désigné comme tête de liste du PS en Haute-Savoie. J'ai besoin de quelqu'un pour m'aider. Viens avec moi. Ce sera très sympa. Et tu pourras skier plusieurs fois par semaine[1]." » La réalité sera un peu moins plaisante.

En campagne à la montagne

Affublé du titre ronflant de « directeur de campagne », Philippe Valachs part bientôt pour Annecy. « *Dominique ne m'avait dit que la moitié de la vérité*, sourit-il aujourd'hui en évoquant son équipée alpestre. *Entre octobre 1985 et mars 1986, j'ai passé tout l'hiver en Haute-Savoie, c'était forcément difficile. Je n'ai pas trouvé les gens très accueillants. En six mois je n'ai été invité à déjeuner qu'une seule fois chez un militant. J'en étais réduit à manger seul des croque-monsieur le soir à la gare d'Annecy. Pour nous loger, Dominique et moi, la fédération avait trouvé un chalet pas vraiment terrible avec deux chambres et un coin cuisine, situé à une vingtaine de minutes d'Annecy dans un petit village vraiment perdu, nommé Alex, près de Menthon-Saint-Bernard. Je commençais souvent ma journée armé d'une raclette en plastique voire d'un piolet pour dégager la neige et la glace autour de la voiture. Dominique, du fait de son travail, ne venait que le week-end. Quand il était là, nous passions notre temps en visites et nous retournions au chalet vers une heure et demie du matin, complètement épuisés*[1]. » Philippe Valachs prétend avoir « *sillonné toutes les villes et villages du département* » en compagnie du candidat. Dominique Strauss-Kahn a payé de sa personne. Ayant décrété qu'il ferait « *de la politique autrement* », il préfère aux réunions traditionnelles sous les préaux des écoles des rencontres en petits comités – surnommées *Tupperware* – qui permettent une plus grande proximité avec les électeurs. Dans une réunion publique, quand un plai-

1. Idem.

santin veut le piéger en lui demandant : « *Les vaches ont-elles les cornes devant ou derrière les oreilles?* », le candidat fait rire tout son auditoire en avouant son ignorance. « *Il se révèle très à l'aise avec les gens, dans les villages*, raconte, un brin admiratif, Gabriel Grandjacques. *Il se déplace toujours avec son petit carnet et son stylo noir Mont-Blanc, il note les questions des militants ou des maires et s'efforce de leur répondre. Quand il ne sait pas, pour gagner du temps, il allume une cigarette*[1]. » De l'avis général le candidat est « *malin* ». Quand il engage le dialogue, il commence par manifester son approbation, avant d'évoquer d'éventuels désaccords. Aux militants socialistes, il tient le discours orienté à gauche qu'ils aiment entendre. Aux chefs d'entreprise et aux commerçants, il parle gestion et rentabilité. Difficile de résister à son charme. Y compris quand on est à droite. Gabriel Grandjacques garde en mémoire la première rencontre de « son » candidat avec Jean-Claude Léger, un de ses amis d'enfance, par ailleurs maire RPR de Cluses. « *Jean-Claude me dit : "Si vous étiez tous comme Strauss-Kahn, j'adhérerais au PS!" Il avait presque été retourné politiquement*[1]. » L'onctueux DSK est réputé caresser les gens dans le sens du poil. S'il n'aime pas les conflits, il sait cependant mettre une limite quand ses valeurs sont attaquées. Lors d'une réunion d'appartement, il envoie sèchement promener un participant ayant déclaré : « *Il y a trop d'immigrés.* » Devant l'assistance médusée, le candidat réplique : « *Si vous voulez marcher sur des principes fondamentaux, vous devrez d'abord me marcher dessus*[2]. » Les militants socialistes soutenant Dominique Strauss-Kahn se félicitent de la couverture médiatique qui place leur département en première ligne. Directrice d'une grande « boîte de com' », la nouvelle compagne du candidat a mis à sa

1. Entretien avec l'auteur, novembre 2010.
2. Selon Philippe Valachs, entretien avec l'auteur, 14 décembre 2010.

disposition son carnet d'adresses dans la presse nationale. Brigitte Guillemette invite à Paris les têtes de liste socialistes et leurs suivants immédiats aux régionales et législatives en Haute-Savoie pour y faire des photos destinées à la fabrication coûteuse de grandes affiches prises en charge par sa société. Présente sur le terrain, après la naissance de la petite Camille, quatrième enfant de DSK en décembre 1985, cette femme élégante, style « seizième », détonne un peu au milieu des colleurs d'affiches socialistes. Tous n'apprécient pas qu'une « *bourgeoise* » intervienne ainsi dans leur campagne. *Le Faucigny*, journal local, prend nettement parti pour Robert Borrel, l'homme du cru, relayant le ressentiment d'une partie de la gauche à l'égard du « *parachuté* ». DSK ne se laisse jamais démonter. Quand on lui reproche son nom à consonance allemande, il répond que « *55 % des habitants du département sont nés en dehors* » et fait une promesse… qu'il ne tiendra pas : « *Bientôt je serai installé dans la région annécienne.* »

Ce n'est pas gagné

Face à l'hostilité d'une partie de la presse locale, Dominique Strauss-Kahn bénéficie de sa stature nationale naissante. *Libération* le présente, à juste titre, comme l'inspirateur du programme socialiste pour les élections, tentant de concilier les exigences sociales et le réalisme gestionnaire, à l'issue de la première législature complète de la gauche au pouvoir. Dans *L'Express*, qui, fin 1985, lui consacre deux pages et une caricature plutôt sympathique, DSK se présente comme « *très modéré sur le plan économique, à l'extrême gauche sur le plan social* ». Sur la page suivante, le fidèle Gabriel Grandjacques lui décerne son brevet de montagnard en confiant : « *En bon paysan savoyard, je fus d'abord plein de méfiance mais, lors de notre première sortie commune à skis, je dus me rendre à l'évidence : Dominique Strauss-Kahn est un sacré skieur. Rapide comme un Jean Vuarnet en descente, prenant le schuss là où personne ne l'attend, il slalome comme un Alain Penz*[1] *(...). Il a du style... l'art de négocier les portes de tous les slaloms. C'est un politique. Mais attention à la faute de carres... À moins qu'il ne donne dans le ski artistique*[2]. »

Pour compenser la division et la faiblesse de la gauche locale, DSK peut compter sur la force de frappe nationale du parti. Pour aider le jeune et prometteur ami du Premier secrétaire, Lionel Jospin mobilise les vedettes socialistes du moment : Paul Quilès le 3 février, Alain Bombard le 10, Michel Delebarre le 11, Henri Nallet le 17... et ce n'est pas fini. Après Jean Le Garrec, alors secrétaire d'État à la Fonction publique, venu savourer avec DSK et 350 sympathisants une gigantesque potée savoyarde[3] dans la salle des fêtes d'un village, et la ministre du Redéploiement industriel et du Commerce extérieur Édith Cresson qui visite une usine modèle, Lionel Jospin en personne n'hésite pas à... mouiller sa chemise, au sens propre du terme. Le 28 février, le Premier secrétaire a promis de venir skier sur les pistes de Saint-Gervais qu'il connaît bien. Accueilli par des militants à l'aéroport de Chambéry, il monte aussitôt dans une des voitures censées le conduire vers la station de sports d'hiver située au pied du mont Blanc. Arrivé à Saint-Gervais où l'attendent photographes et journalistes, Jospin doit descendre la piste ... dans son costume de ville ! Le sac de sport contenant sa tenue de ski est resté dans une deuxième voiture qui, non équipée de pneus cloutés, n'a pu atteindre la station. Ayant mouillé ses vêtements, le Premier secrétaire devra ensuite attendre qu'ils sèchent, assis sur une chaise au milieu de militants, le corps pudiquement recouvert par un imperméable qui laisse dépasser ses jambes velues.

Un incident vite oublié lorsqu'en soirée, Lionel Jospin parlera au meeting organisé à Annecy, où la chanteuse Nicoletta, origi-

1. Jean Vuarnet fut champion olympique de descente aux Jeux olympiques de 1960 et Alain Penz remporta la Coupe du monde de slalom en 1969 et 1970.

2. *L'Express*, décembre 1985.

3. Selon les journaux régionaux.

naire de Thonon-les-Bains, tente, avec quelques couplets romantiques, de réchauffer une salle qui en a bien besoin. À l'approche des scrutins législatif et régional, prévus le 16 mars, les sondages sont inquiétants. Ils ne garantissent pas à DSK de devancer son rival de gauche. Entre les deux camps, la bataille culmine le 4 mars à l'occasion du meeting que l'ancien Premier ministre Pierre Mauroy tient aux côtés de Dominique Strauss-Kahn et Gabriel Grandjacques dans la salle du Château-Rouge, à deux pas de l'hôtel de ville d'Annemasse où siège Robert Borrel. Le maire de la ville bloque l'entrée de la salle, accompagné d'environ deux cents partisans portant des banderoles à son effigie et scandant son nom. Quelques-uns crient : « *Strauss-Kahn, dans le lac !* » Pierre Mauroy, pour obtenir le départ des trublions, accorde la parole à leur chef pendant trois minutes. Malgré l'absence de toute violence physique, *Le Faucigny* évoque dans son édition du lendemain « *le candidat parachuté et sa milice locale* ». Ce n'est vraiment pas gagné pour DSK !

La victoire

Le jour du scrutin, accompagné d'Yves Magnan, son vieux copain de la prépa HEC et du voyage en Amérique Latine, venu exprès de Paris pour le soutenir, l'économiste du PS fait la tournée des bureaux de vote où, tel un politicien chevronné, il salue les électeurs. Le débutant apprend le métier. Son coup d'essai est un coup de maître. En Haute-Savoie les résultats de la gauche dépassent toute espérance. Recueillant 17 % des suffrages, la liste socialiste officielle assure facilement l'élection de DSK, et, avec 13 % des voix, Robert Borrel aussi devient député. Les deux anciens rivaux vont faire ensemble leur entrée à l'Assemblée. Ce 16 mars au soir, à la fédération socialiste d'Annecy, Dominique Strauss-Kahn fête sa victoire, entouré des militants locaux qui se félicitent rétrospectivement du choix opéré par la direction du parti à Paris. Avec 32 % des voix au niveau national, le PS réalise un des meilleurs scores de son histoire. Cependant, le piège de la proportionnelle tendu par François Mitterrand n'a fonctionné qu'à moitié. Malgré une faible majorité, la droite est revenue. Au premier Conseil des ministres à l'Élysée, François Mitterrand, mâchoires serrées, fait face à Jacques Chirac, Premier ministre, entouré des autres membres du gouvernement, Balladur, Juppé, Léotard, Madelin, Longuet, qui se proposent de défaire toute l'œuvre de la gauche.

XIII

TROIS MOUSQUETAIRES

Après cinq ans d'ivresse du pouvoir, les socialistes doivent réapprendre à vivre dans l'opposition. Les ministres chassés des palais nationaux réintègrent la rue de Solferino. Place aux anciens! Dominique Strauss-Kahn doit céder le secrétariat de la Commission économique au ministre des Finances sortant Pierre Bérégovoy. Les deux hommes sont très différents, par leur style comme par leur histoire. Mais l'universitaire éprouve beaucoup de respect envers « Béré », son aîné de vingt-quatre ans, autodidacte, ouvrier à quinze ans, résistant à seize, syndicaliste à Force ouvrière, ancien du PSU où il fut proche de Mendès France. Il a été particulièrement flatté lorsqu'en juin 1984, Pierre Bérégovoy, le jour de sa nomination au ministère de l'Économie et des Finances, lui téléphone à Budapest où il participe à un colloque. « *Bérégovoy veut me voir au plus vite. Je rentre à Paris, je vais le voir dans son grand bureau du Louvre et là, il me dit : "Tu vois, Dominique, le budget, ça va, je maîtrise, c'est comme la Sécurité sociale, mais mon problème c'est la monnaie, j'ai du mal, dis-moi ce que je dois lire*[1]*..."* » En 1986, « Béré » et DSK ne se trouvent pas du même côté de la faille qui sépare les mitterrandistes, divisés désormais en deux clans ennemis : les jospinistes et les fabiusiens. L'origine de cette confrontation qui va pourrir durablement le climat interne au Parti socialiste? Une question simple posée au printemps 1985 : Qui doit diriger la campagne des législatives? Le chef du parti ou celui du gouvernement? Solferino ou Matignon?

1. Cité par Vincent Giret et Véronique Le Billon, *Les Vies cachées de DSK*, *op.cit.*

Jospin ou Fabius ? Chacun prêche alors pour sa chapelle. Derrière cette noble querelle se cache aussi, surtout, la rivalité entre les deux héritiers putatifs de François Mitterrand. Lionel Jospin a-t-il été blessé par la nomination à Matignon de Laurent Fabius ? Il n'en a rien laissé paraître. Mais sa relation, si étroite, avec le président de la République en a été modifiée. Légèrement. Imperceptiblement. Irrémédiablement... Après quelques semaines de conflit, un compromis a été trouvé qui permet au parti et au gouvernement de codiriger la campagne. Mis en sommeil pendant la bataille électorale, le conflit paraît dépassé après la victoire de la droite. Pourtant, à tous les niveaux du PS, les relations s'enveniment entre les anciens mitterrandistes. Les jospinistes reprochent aux fabiusiens de vouloir substituer au parti de militants un parti de supporters. Ils commencent sans le dire à incarner une critique en pointillé du mitterrandisme. Fidèle à son tempérament, Dominique Strauss-Kahn n'est pas le plus virulent des anti-fabiusiens. Cet homme-là déteste les conflits fratricides qui tournent au psychodrame. Il a plutôt apprécié l'action modernisatrice du jeune Premier ministre. Mais Dominique a lié sa carrière politique à celle de Lionel et, s'il envisage d'être le meilleur, ce ne peut être que derrière son mentor. Libéré de la responsabilité de la Commission économique, DSK va trouver un autre moyen d'exister politiquement. Il lance une lettre d'information quasi quotidienne astucieusement appelée *Post Scriptum,* dont les initiales sont *PS.* Envoyée chaque soir ou presque dans les rédactions et aux parlementaires, *Post Scriptum* fournit des arguments à la fois chocs et documentés afin de démonter telle mesure ou déclaration gouvernementale. Elle contribue à accroître l'audience de DSK au sein du PS. « *Strauss-Kahn était déjà connu du groupe socialiste,* raconte Alain Rodet, député de la Haute-Vienne. *Mais à partir de 1986, il prend beaucoup d'importance. Je le revois la tête rentrée dans les épaules, le poil noir, très sûr de lui, développant à toute allure des argumentations très charpentées. J'appréciais les notes qu'il transmettait. Il impressionnait les députés socialistes*[1]. »

Pour rédiger *Post Scriptum*, DSK s'entoure d'un noyau d'hommes de sa génération, des « copains » qui l'accompagneront pendant le quart de siècle suivant. On y trouve des « *technos* », tels le polytechnicien Paul Hermelin, son futur directeur de cabinet au ministère de l'Industrie en 1991, l'économiste Jean-Hervé Lorenzi, son futur conseiller dans le même cabinet, et Michel Colin qui participera au cabinet de DSK à Bercy en 1997, ainsi que Jean-Pascal Beaufret, diplômé d'HEC et de l'Ena, haut fonctionnaire du ministère des Finances. Ces « *technos* » travaillent en étroite collaboration avec Hervé Hannoun, conseiller à l'Élysée et futur directeur du cabinet de Pierre Bérégovoy à Matignon. Parmi les rédacteurs de notes pour *Post Scriptum*, on retrouve Stéphane Keita, un proche parmi les proches de Dominique. Le fils de Paulette Kahn, la deuxième épouse du grand-père Marius, a fait du chemin depuis le temps où Dominique lui donnait des cours de maths en vue du BEPC. Âgé de vingt-neuf ans, en 1986, déjà diplômé de Sciences-Po, il vient d'entrer à l'Ena. Adhérent du PS dans la section du XVIIIe arrondissement parisien, celle de Bertrand Delanoë, Claude Estier, Daniel Vaillant et Lionel Jospin, il participe aussi au Groupe des experts.

Athos

Dans ce cercle de fidèles appelé à durer qui se forme à cette époque, on trouve aussi les trois Mousquetaires de Dominique Strauss-Kahn : Athos/Moscovici, Aramis/Cambadélis et Porthos/Le Guen. Ces trois-là sont des politiques. Ils n'ambitionnent pas l'ombre des cabinets ministériels mais la lumière de l'Assemblée nationale et des meetings. Le terme de Mousquetaire leur va bien.

1. Entretien avec l'auteur, octobre 2010.

Ils sont tous trois de bons vivants, appréciant la bonne chère et les jolies filles, aimant les plaisanteries viriles entre garçons. Avec Dominique, ils ont trouvé leur d'Artagnan. Commençons par Athos. « *Je suis un fils de Lionel et un frère de Dominique*[1] », dit Pierre Moscovici pour se définir. « Mosco » s'est émancipé de Jospin. Avec DSK il y eut beaucoup de hauts et quelques bas. Mais le lien a mieux résisté au temps. Tous deux ne manquent pas de points communs. Né en 1957 dans une famille d'intellectuels juifs – ses deux parents sont des psychanalystes renommés – engagés à gauche, Pierre Moscovici est tombé très jeune dans la marmite politique. Au début des années 1970 au lycée Condorcet à Paris, il fait ses classes au Cercle rouge, qui rassemble les sympathisants de la Ligue communiste, sous l'égide de Michel Field, le leader lycéen, futur journaliste de télévision. Comme DSK, Mosco est le contraire d'un cancre. Ayant obtenu un diplôme de Sciences-Po, un DEA d'économie et un autre de philosophie, il entre en 1982 à l'Ena où Dominique Strauss-Kahn enseigne l'économie, parallèlement à de multiples activités. Le prof et l'élève n'ont que huit ans de différence. « *C'était un jeune professeur, les cours comptaient cinq à six étudiants, c'était difficile de ne pas sympathiser avec lui. On s'est tout de suite très bien entendus*[2]. » Et pour cause ! Le jeune Moscovici a pris pour thème de son DEA d'économie… l'œuvre de Keynes, « la » référence absolue pour DSK. En 1984, Pierre Moscovici, sorti sixième de l'Ena, téléphone à son prof pour lui demander conseil sur son avenir. L'Inspection des finances ? « *C'est la meilleure business school française*, répond DSK. *Vous y restez quatre ans puis vous entrez dans le privé.* » Et le Trésor ? « *C'est un peu moins bien mais, là aussi, vous faites quatre ans et vous gagnez bien votre vie.* » Et la politique ? Moscovici fait part de sa sympathie pour la gauche. « *Si le PS te tente*, lui

1. Entretien avec l'auteur, 12 juillet 2010.
2. Entretien avec l'auteur, 15 juillet 2010.

dit DSK, passant soudain au tutoiement, *viens me voir demain à mon bureau*[1]. » Avant même d'avoir adhéré au PS dans une section remplie d'énarques, celle du VIe arrondissement, Pierre Moscovici est propulsé au Groupe des experts, présidé par Claude Allègre. Deux ans plus tard il en devient le secrétaire. « *J'étais membre de la Cour des comptes. Cela me laissait plus de temps qu'à d'autres pour faire de la politique*[2]. » Contrairement à certaines sources, le présentant comme militant de la LCR jusqu'en 1984, Pierre Moscovici se situe à cette époque bien loin de l'extrême gauche[3] : « *J'évoluais plutôt idéologiquement entre Fabius et Rocard. Ce qui m'intéressait chez Dominique, c'était son côté moderniste, pas du tout le lien avec Jospin que je trouvais un peu ringard. Ma première rencontre avec Lionel s'est déroulée chez Dominique qui nous avait invités à fêter son anniversaire dans son appartement de la rue Miromesnil. Sur le plan personnel, j'ai aussitôt sympathisé avec Lionel. Il était alors Premier secrétaire. À la fin de la soirée, il m'a dit : "Je cherche quelqu'un comme vous pour mon cabinet. Si cela vous intéresse, passez à mon bureau." Je lui ai répondu, un peu provocateur : "Merci, c'est sympa mais je suis proche de Rocard*[4]*."* »

Aramis

Deuxième Mousquetaire. Aramis/Cambadélis. Comme Mosco, « Camba » a été trotskiste dans sa jeunesse. Mais la sienne a duré bien plus longtemps. Elle se résume en un mot : lambertiste. Né en 1951, ce fils d'immigrés grecs adhère à vingt ans à l'AJS, l'Alliance des jeunes pour le socialisme, filiale de l'OCI, l'Organisation communiste internationaliste, à laquelle appartient un certain Lionel Jospin. Contrairement au futur Premier

1. Entretien avec l'auteur, 12 juillet 2010.
2. Entretien avec l'auteur, 15 juillet 2010.
3. Wikipedia écrit faussement : « *il quitte la LCR d'Alain Krivine en 1984 pour le PS* ».
4. Entretien avec l'auteur, 15 juillet 2010.

secrétaire du PS, le parcours de Camba, surnommé « Kostas[1] », se déroule entièrement au grand jour au sein du mouvement étudiant. S'il étudie les sciences humaines à Nanterre, où il côtoie le jeune enseignant Strauss-Kahn, puis à Jussieu, Jean-Christophe Cambadélis se consacre surtout au syndicalisme dans les rangs de l'Unef, dirigée par les lambertistes, mais qui regroupe, bien plus largement, de nombreux courants socialistes et d'extrême gauche[2]. Président de l'Unef-ID entre 1980 et 1984, l'étudiant trentenaire n'a pas l'allure d'un gauchiste. Ce jeune homme élégant, plutôt raffiné, portant cheveux courts et costume cravate, prend la parole au nom de l'Unef-ID, place de la Bastille le soir du 10 mai 1981. À force de côtoyer les socialistes au sein de son syndicat étudiant, Kostas est devenu réformiste. L'OCI est une petite boutique où il est dangereux de s'opposer au chef Pierre Lambert, inamovible et inflexible leader de l'organisation. Cambadélis, qui connaît les méthodes internes, pour les avoir longtemps cautionnées, organise clandestinement une « fraction » avec d'autres figures de l'OCI, tels l'historien Benjamin Stora, le metteur en scène Bernard Murat et le mathématicien Michel Broué. Cambadélis n'a rien oublié de cette bataille homérique : « *Pour lancer le débat à l'intérieur de l'organisation, je m'appuie sur un vieux texte de Trotski datant de 1903 et dénonçant la conception léniniste du centralisme démocratique. Lambert me traite de "liquidateur*[3]*".* » Le désaccord n'est pas seulement théorique. Cambadélis et sa « *fraction* » soutiennent le tournant de la rigueur pris en 1983 par la gauche au pouvoir. En 1986, il claque la porte de l'OCI et fonde avec plusieurs centaines de ses camarades un

1. Le pseudonyme de « Kostas » aurait été choisi par Jean-Christophe Cambadélis en hommage au philosophe marxiste grec Kostas Axelos.

2. Depuis la scission de 1971, il existe deux Unef : l'Unef-Renouveau, dirigée par les communistes et dont fut membre le jeune Dominique Strauss-Kahn, et l'Unef-US, Unité syndicale, devenue l'Unef-ID Indépendante et démocratique, à partir de 1980. En 2001, les deux Unef se retrouveront lors du congrès de la réunification.

3. Entretien avec l'auteur, 30 septembre 2010.

groupe nommé « Convergences socialistes ». La scission s'est opérée en étroite collaboration avec l'Élysée. « *J'ai rencontré Mitterrand*, raconte Cambadélis. *Il nous a conseillé d'adhérer collectivement afin de pouvoir peser sur les orientations du parti*[1]. » Contrairement à Jean-Luc Mélenchon, autre ancien de l'OCI ayant rejoint le PS en 1975 et qui propose sans succès à Cambadélis d'organiser ensemble, et avec Julien Dray, transfuge de la LCR, une aile gauche du PS, Lionel Jospin se garde bien de manifester la moindre complicité avec le nouveau venu. Serait-il gêne par ses liens récents avec le lambertisme ?

À l'heure du conflit avec les fabiusiens, Cambadélis se rangera dans le camp jospiniste. Mais le vrai lien d'amitié se tisse avec DSK. Jean-Christophe Cambadélis le rencontre lors de la première réunion du Comité directeur où il est invité en tant qu'observateur en décembre 1986. « *Je me retrouve assis à côté d'un garçon volubile et charmeur. C'est DSK. Nous échangeons des souvenirs de Nanterre où j'étudiais pendant qu'il y enseignait. Avec lui, la complicité est immédiate. Très direct, il me demande : "Dans ta bande, tu aurais quelques gars pour mon Groupe des experts ?" Je lui en enverrai quelques-uns. Au moment où le Comité directeur aborde un sujet économique, Jospin appelle Dominique à la tribune. Celui-ci, fanfaron, me glisse à l'oreille : "Je suis toujours là quand on fait appel à mon immense talent." Je lui réponds : "Moi aussi." C'est sur ce ton que nous avons fait connaissance*[1]. » Passons maintenant au troisième des Mousquetaires strauss-kahniens : Porthos, plus connu sous le nom de Jean-Marie Le Guen.

Porthos

Il est à l'époque le plus ancien au grade le plus élevé. À trente-quatre ans en 1987, il compte déjà une quinzaine d'années de militantisme dans le mouvement étudiant et au PS. Cette

1. Idem.

année-là, il décroche le poste envié de premier secrétaire de la puissante fédération de Paris. Dans la guerre interne au mitterrandisme, les fabiusiens lui tailleront la réputation d'un apparatchik. Ses liens avec la Mnef, Mutuelle nationale des étudiants de France, lui vaudront une image sulfureuse. Mis en examen pour emploi fictif en 1999, il bénéficiera d'un non-lieu. L'homme vaut cependant mieux que sa caricature. Ce médecin, spécialisé dans le domaine de la santé publique, voit sa compétence reconnue par ses pairs sur tous les bancs de l'Assemblée nationale. Contrairement à Cambadélis, « Porthos », dans sa jeunesse, n'a jamais aspiré aux premiers rôles. Après avoir servi loyalement Édith Cresson, qui chapeautait le Mouvement de la jeunesse socialiste dont il était le premier secrétaire dans les années 1970, il restera longtemps un jospiniste fidèle. À ce titre, il se rapproche progressivement de DSK. On l'a vu, les deux hommes se sont croisés pendant la campagne présidentielle de 1981. Mais ils font plus ample connaissance durant l'été 1987 en Israël où DSK, en tant que secrétaire national aux Études, conduit une délégation de secrétaires fédéraux auprès du parti travailliste israélien. À trente-huit ans, c'est curieusement la première fois que Dominique Strauss-Kahn se rend dans ce pays. Sa famille n'a jamais ressenti le lien affectif très fort qui unit beaucoup de Juifs à l'État d'Israël. Son grand-père Marius était un Français très patriote et, s'il n'était pas hostile à l'existence d'Israël, il se considérait comme « *non-sioniste* ». Son père Gilbert, comme tous les socialistes de sa génération, éprouvait de l'admiration pour le seul pays au monde fondé et dirigé pendant trente ans par un parti membre de l'Internationale socialiste. Mais ni Marius, qui voyageait tant, ni Gilbert n'ont jamais éprouvé la curiosité d'aller visiter Israël. Jacqueline, la mère de DSK, fera le voyage en 1993 avec son fils et sa belle-fille Anne Sinclair, retournant ainsi, à la fin de sa vie, sur des terres qu'elle avait découvertes, en tant que jeune journaliste, au lendemain de la Seconde Guerre mondiale, avant la fondation de l'État hébreu. Durant le séjour de 1987, Dominique Strauss-Kahn échange des mots très vifs avec le dirigeant travailliste Uzi Baram dont le parti gouverne alors le pays dans le cadre d'une union nationale avec la droite. DSK critique l'attitude israélienne à l'égard des jeunes Palestiniens qui viennent de lancer la première Intifada dans les Territoires. « *On s'est vraiment engueulés*, raconte Dominique Strauss-Kahn, *c'était assez chaud même si, après, on s'est réconciliés*[1]. » En a-t-il rajouté afin de montrer aux membres de la délégation française que le fait d'être juif n'entravait en rien son esprit critique à l'égard d'Israël ? C'est possible, chez un homme qui sait concilier sincérité et habileté tactique. En tout cas, son altercation avec Uzi Baram, sous les yeux ébahis des secrétaires fédéraux, a contribué à répandre la réputation d'un dirigeant qui ne se laisse pas marcher sur les pieds.

La plume de la gauche

Durant l'année 1987, les socialistes vivent une situation qu'ils connaîtront à nouveau… début 2011. En attendant la déclaration de candidature de François Mitterrand, très tardive, le 22 mars 1988, ils mènent une campagne présidentielle sans candidat. À l'approche de l'élection prévue les 24 avril et 8 mai 1988, DSK joue un rôle croissant. Il préside la Commission du programme chargée, au-delà de la plate-forme présidentielle, d'écrire un texte destiné à servir de référence au Parti socialiste pour les dix années suivantes. Ce texte enterre carrément le « *Projet socialiste* », élaboré dans les années 1970 par Jean-Pierre Chevènement et rendu obsolète par l'expérience du pouvoir. Les thèmes que développe à cette époque le futur directeur général du FMI prouvent une grande continuité dans sa pensée. Au Comité directeur du

Bien

1. Entretien avec l'auteur, 15 novembre 2010.

22 novembre 1987, l'économiste en chef du PS tient un discours très pessimiste sur les perspectives qui attendent la gauche si elle revient au pouvoir l'année suivante : « *Il (DSK) veut faire passer un (…) message. Il y aura "encore moins à partager" que le PS ne l'espérait avant le déclenchement de la crise boursière. La gauche devra "recadrer à la baisse ses ambitions*[1]*".* » S'il se veut réaliste, Dominique Strauss-Kahn refuse cependant le libéralisme économique. Lors d'un colloque organisé à Paris le 28 juin 1987, il tacle Michel Rocard en déclarant : « *Il ne faudrait pas que le libéralisme ait perdu une bataille, mais que l'esprit libéral envahisse insidieusement nos esprits et finisse par gagner la guerre*[2]. » À la différence des rocardiens, Dominique Strauss-Kahn reste attaché au rôle de l'État. En témoigne la partie économique du programme qu'il présente les 2 et 3 septembre 1987, lors d'un séminaire réunissant à Chauffry, en Seine-et-Marne, une soixantaine de dirigeants du parti : « *En matière économique, le texte prend fermement parti pour un État acteur de la vie économique, doté d'une véritable politique industrielle : aides à l'investissement, politique adaptée au développement des PME, grands programmes technologiques, planification réhabilitée et revitalisée, secteur public industriel à géométrie variable, à travers une "respiration" du secteur public telle que "la participation" de l'État doit pouvoir évoluer entre 0 % et 100 %*[3]. » Keynésien un jour, keynésien toujours, telle pourrait être la devise du d'Artagnan de la social-démocratie qui demeure fidèle à la pensée de l'économiste britannique John Maynard Keynes, découverte vingt ans plus tôt en prépa HEC au lycée Carnot. François Mitterrand, lors d'une campagne électorale de six semaines seulement, ne reprendra pas le programme élaboré par le Parti socialiste. Il se contente d'adresser en avril 1988, quelques

1. *Le Monde*, 24 novembre 1987.
2. *Le Monde*, 30 juin 1987.
3. *Le Monde*, 5 septembre 1987.

jours avant le premier tour, une « *Lettre à tous les Français* » qui évite les engagements trop précis. Dominique Strauss-Kahn a été mis à contribution, parmi d'autres, pour la rédaction de ce document, tout comme il a travaillé avec les publicitaires Jacques Séguéla et Jacques Pilhan à l'élaboration des slogans de la campagne électorale – « *La France unie* » et « *Génération Mitterrand* » –, aux antipodes de la « *rupture avec le capitalisme* » prônée un septennat auparavant. DSK tutoie désormais les cimes de la politique. Et celles de Haute-Savoie ? Il s'en est détourné.

Adieu montagnes alpestres...

Après son élection en mars 1986, DSK s'est beaucoup investi dans sa circonscription. En train ou en avion, il se rend chaque semaine à Annecy pour y assurer sa permanence de député. Secondé par Jacques Langlade, qui s'est mis en congé de la préfectorale pour devenir son assistant parlementaire, Dominique Strauss-Kahn s'efforce de répondre aux attentes des électeurs qui viennent exposer leurs problèmes de logement ou d'emploi. Les socialistes locaux ne regrettent pas d'avoir fait sa campagne. S'il participe peu à la vie du parti, n'étant même pas membre de la direction fédérale, il aide cependant la fédération à s'équiper en ordinateurs. Supervisant l'achat des « Mac », il étonne les responsables départementaux par ses connaissances dans un domaine, l'informatique, que la plupart d'entre eux découvrent à cette époque. Très pris par ses activités parisiennes, DSK fait peu de choses en Haute-Savoie, mais il les fait bien.

À partir de l'automne 1987, le député est moins présent dans le département. Il sait qu'en cas de réélection, l'année suivante, François Mitterrand dissoudra très probablement l'Assemblée nationale. Le gouvernement de Jacques Chirac ayant rétabli le mode de scrutin majoritaire et son ministre de l'Intérieur, Charles Pasqua, ayant opéré un redécoupage des circonscriptions plutôt défavorable à la gauche, Dominique Strauss-Kahn s'inquiète de ses chances d'obtenir un siège en Haute-Savoie où la droite est traditionnellement majoritaire. De plus, accaparé par ses nombreuses activités nationales, et père de quatre enfants dont le dernier, la petite Camille, n'a pas deux ans, il préférerait se rapprocher de la capitale. Enfin, l'occasion fait le candidat.

Fin 1987, en marge d'une réunion du Comité directeur, Louis Perrein, le maire de Villiers-le-Bel dans le Val-d'Oise, lui explique qu'en raison du « *découpage Pasqua* » deux nouvelles circonscriptions, créées dans son département, sont évidemment libres de tout député sortant. Louis Perrein lui parle plus particulièrement de la huitième circonscription qui englobe, outre sa commune de Villiers-le-Bel, les cantons de Garges-lès-Gonesse Est et Ouest ainsi que celui de Sarcelles Nord-Est. Cette nouvelle circonscription, poursuit Perrein, est « gagnable » par la gauche. DSK saisit la balle au bond. Il en parle à Jospin qui le soutient. Mais il n'en souffle pas un mot aux militants de Haute-Savoie qui lui en voudront. Vingt-trois ans plus tard, Gabriel Grandjacques se montre encore amer envers DSK : « *À son arrivée en Haute-Savoie, je ne lui ai pas demandé s'il comptait s'implanter durablement dans le département, cela coulait de source. Après le changement du mode de scrutin, on espérait qu'il viendrait "travailler" la circonscription d'Annecy afin d'y préparer sa candidature. Il avait un logement à Annecy mais il n'y a jamais habité. Sa candidature à Sarcelles ? On l'a apprise par des camarades du Val-d'Oise. Il nous a quittés comme un voleur. On a eu le sentiment d'être grugés, roulés dans la farine. Quand je l'ai revu quelques années plus tard à une réunion de jospinistes à Lacanau, nous avons peu parlé. Il avait l'air gêné*[1]. » En réalité, Dominique Strauss-Kahn a éprouvé des états d'âme à lâcher les « camarades » d'Annecy qui s'étaient tant dévoués pour son élection. Mais en politique, on ne peut pas toujours être

1. Entretien avec l'auteur, novembre 2010.

« sympa ». Il sait très bien qu'un échec électoral, en l'évinçant de l'Assemblée nationale où il commence à peser, pourrait briser l'élan de sa carrière politique. La suite lui donnera raison : dans la circonscription d'Annecy destinée à DSK, le candidat socialiste est battu aux élections législatives de 1988.

... bonjour Val-d'Oise

Dans le Val-d'Oise, l'électorat sera plus facile à conquérir. Mais l'appareil du parti présente des zones de résistance assez coriaces. Au pied du mont Blanc, quelques discours brillants entre jeux de mots et parties de baby-foot avaient suffi pour séduire des militants à la recherche d'un leader. Sous les barres d'immeubles du Val-d'Oise, DSK doit faire face à une majorité fédérale hostile, structurée et dirigée par un leader d'envergure : Alain Richard, député et maire de Saint-Ouen-l'Aumône, futur ministre de la Défense et rocardien historique. Depuis son entrée au PS en provenance du PSU aux côtés de Michel Rocard en 1974, Alain Richard est à couteaux tirés avec les mitterrandistes. Cette fédération du Val-d'Oise, gagnée de haute lutte, il n'entend pas en faire cadeau à ses adversaires. Pour renforcer la suprématie de son courant sur le Val-d'Oise, Alain Richard, en cette fin 1987, fait venir de Paris un jeune militant doué et ambitieux : Manuel Valls. Né en 1962 à Barcelone, fils d'un peintre catalan, naturalisé français à vingt ans, cet intellectuel à la solide formation littéraire aurait pu faire mille autres choses que de la politique. Ayant lu les nouveaux philosophes et instruit par son grand-père – rédacteur en chef d'un journal républicain et catholique en Catalogne – des horreurs commises par les staliniens pendant la guerre d'Espagne, le jeune Manuel Valls, contrairement à la majorité des socialistes de sa génération, n'a jamais été marxiste ni éprouvé la moindre sympathie pour François Mitterrand. Lorsqu'il adhère au PS en 1980, à dix-sept ans, c'est à contre-courant, avec la ferme intention de soutenir Michel Rocard, en pleine défaite, qui doit s'effacer derrière François Mitterrand. Dès son arrivée dans le Val-d'Oise en 1987, Manuel Valls, à vingt-cinq ans, est déjà conseiller régional d'Ile-de-France. Inscrit à la section d'Argenteuil, le jeune rocardien va mener la vie dure à Dominique Strauss-Kahn qui au même moment se présente devant les militants de Sarcelles. « *Je n'avais aucune hostilité personnelle à l'égard de Dominique. Il m'apparaissait comme un moderniste, un type compétent, représentatif des nouvelles têtes en train d'apparaître à cette époque. Mais le parti est alors divisé en chapelles. Dominique est mitterrandiste et moi rocardien. Donc même si je le respecte, nous sommes adversaires*[1]. »

Les rocardiens ne sont pas les seuls opposants à Dominique Strauss-Kahn. Dans la section de Sarcelles, le nouveau venu trouve sur son chemin un garçon du même âge que Manuel Valls, issu lui aussi de l'université de Tolbiac où les deux jeunes gens se sont côtoyés au début des années 1980. Il s'appelle François Pupponi. Son patronyme corse est trompeur. S'il est né par hasard à Nantua dans le Jura en 1962, il a toujours vécu à Sarcelles, élevé par une mère cadre dans le secteur social et un père instituteur, maire adjoint socialiste de cette commune entre 1965 et 1977. À quatorze ans, en 1976, François Pupponi adhère au MJS, le Mouvement des jeunes socialistes, et cinq ans plus tard il entre au Parti socialiste. Militant du Cérés, il n'apprécie pas du tout le « *parachutage* » d'un « *techno* » jospiniste en vue des législatives de 1988. « *Quand on nous annonce sa venue, cela râle un peu dans la section qui compte une personnalité du Cérés, Jean-Yves Autexier. Mes premières paroles ne sont pas très sympas. Du genre : "Que fais-tu là ? On a déjà un candidat*[2]*."* » Peu de militants soutiennent vraiment DSK à Sarcelles. Mais deux couples, tombés sous son

1. Entretien avec l'auteur, 14 décembre 2010.
2. Entretien avec l'auteur, janvier 2011.

charme, se mettent immédiatement à son service : les Boubli et les Haddad. Minoritaire parmi les socialistes de Sarcelles, qui ne représentent qu'une partie de la circonscription, Dominique Strauss-Kahn devra son investiture à Louis Perrein, le maire de Villiers-le-Bel, dont la section vote massivement pour lui. Quant à Michel Coffineau, le candidat du Cérés, la direction du parti l'enverra se présenter dans la 9e circonscription du Val-d'Oise où il sera élu.

Retour aux sources

Le hasard fait curieusement les choses. Sarcelles, Garges-lès-Gonesse, Arnouville… Ces lieux où il va s'implanter renvoient DSK à son histoire familiale. C'est en effet par ici, à une époque où seul existait le département de Seine-et-Oise, que son grand-père Marius et son père Gilbert se sont présentés sans succès aux suffrages des électeurs. Marius en particulier fut pendant de longues années un dirigeant fédéral de la SFIO en Seine-et-Oise, grand département qui jusqu'en 1968 englobait l'Essonne, les Yvelines, une partie des Hauts-de-Seine et le Val- d'Oise. Sans l'avoir prémédité, le « *parachuté* » revient un peu au pays. Malgré l'absence totale de plage et un soleil moins radieux, Sarcelles rappelle à DSK Agadir, la ville de son enfance. Sarcelles est une ville composite où, autour du vieux village, ont poussé de grands ensembles qui dans les années 1960 ont accueilli par milliers des réfugiés d'Algérie puis plus tard des immigrés venus du monde entier. Sarcelles compte 25 à 30 % de Juifs, la plus forte proportion dans une ville française, et environ le même nombre d'Arabes. On y trouve aussi des Pakistanais, des Antillais, des Tamouls, des Turcs et d'autres communautés. Quand il déambule sur le marché de Sarcelles, Dominique Strauss-Kahn n'est pas dépaysé. Les bruits, l'ambiance, les étalages… En fermant les yeux, il pourrait se croire à Agadir au milieu des Juifs et des

Arabes, issus de la même culture nord-africaine. DSK est-il « le » candidat de la communauté juive sarcelloise? Ce n'est pas si simple. Cette communauté, comme la société française, est traversée de courants divers. Et les Juifs orthodoxes ne voient pas tous d'un bon œil ce non-pratiquant, divorcé et ayant convolé avec deux femmes « goyim ». Son allure de play-boy, ses grands chapeaux à la Mitterrand et son libéralisme en matière de mœurs ne font pas l'unanimité. Son côté « séfarade » lui attire cependant la sympathie de beaucoup de Juifs venus d'Afrique du Nord. Et il n'est pas un handicap aux yeux des électeurs arabes à une époque où les tensions intercommunautaires sont encore très faibles. Après le banc d'essai de la Haute-Savoie, DSK trouve dans le Val-d'Oise un vrai port d'attache. Il ne lui reste plus qu'à passer devant les électeurs.

Rejeté par Mitterrand

Le dimanche 8 mai 1988, François Mitterrand est réélu brillamment avec plus de 54 % des voix face à Jacques Chirac. Dès 20 heures, des milliers de sympathisants de gauche se réunissent place de la République. Au milieu, une estrade a été installée où défilent personnalités politiques et chanteurs. Comme le 10 mai 1981, on chante, on danse, on crie : « *On a gagné!* » Beaucoup voudraient revivre les mêmes émotions. Mais si l'Histoire bégaie parfois, elle ne se répète jamais. Dans les jours qui suivent, comme sept ans plus tôt, Dominique Strauss-Kahn se pose la question de son avenir personnel. Pourtant il ne joue plus dans la même division. À l'approche de la quarantaine, ayant fait ses preuves en tant qu'économiste dans le parti et à l'Assemblée nationale, il pourrait légitimement envisager de gravir l'échelon supérieur en entrant au gouvernement. Deux jours après sa réélection, François Mitterrand nomme à Matignon son vieil adversaire Michel Rocard, resté contre vents et marées l'homme politique le plus populaire de France.

Le « *gouvernement d'ouverture* » qui s'annonce, sans les communistes mais avec des ministres centristes, Dominique Strauss-Kahn en a écrit partiellement le scénario durant les années précédentes. Il se verrait bien dans le casting, ministre du Budget par exemple, comme Laurent Fabius nommé à cette fonction à l'âge de trente-cinq ans en 1981. Mais, en bon joueur d'échecs, il comprend vite qu'il pâtit d'un handicap alors insurmontable : il n'appartient ni au clan des mitterrandistes ni à celui des rocardiens. « *J'ai suivi de près la formation du gouvernement*, se souvient le professeur de droit constitutionnel Guy Carcassonne, alors conseiller du Premier ministre. *Yves Colmou, Jean-Claude Petitdemange et moi, nous faisions la liaison avec Jean-Louis Bianco, secrétaire général de l'Élysée. La plupart du temps, quand Rocard proposait un nom, Mitterrand le rejetait. Le mercredi matin, le 11 mai, Rocard exténué nous a donné la liste en disant : "Débrouillez-vous avec l'Élysée." Je me rappelle qu'on a inventé un "secrétariat d'État aux Voies d'eau" afin de caser Georges Sarre à la demande de l'Élysée*[1]. » Dans un tel contexte, Dominique Strauss-Kahn n'a aucune chance. Il n'a jamais fait allégeance à celui qu'on surnomme « Dieu ». « *J'ai toujours eu du respect pour lui. Mais je n'ai jamais été un de ses admirateurs inconditionnels*[2] », dit-il. Contrairement à d'autres dirigeants de sa génération, DSK n'entretient pas de relation filiale avec Mitterrand. Surtout, fils et petit-fils de militants SFIO, il sait que le socialisme français n'est pas né à Épinay en 1971. Pour sa carrière politique, DSK ne compte que sur deux atouts : ses qualités personnelles et ses liens avec Lionel Jospin. Malheureusement pour lui, l'étoile de « Lionel » commence à pâlir auprès du président de la République. Certes, le Premier secrétaire, conformément à sa volonté, a quitté sa fonction pour entrer au gouvernement où il occupe un

1. Entretien avec l'auteur, septembre 2010.
2. Entretien avec l'auteur, 14 janvier 2011.

rang enviable : numéro 2, avec le titre de ministre d'État, de l'Éducation nationale, de la Recherche et des Sports. Mais son ego est une nouvelle fois blessé. Jospin, qui est issu du corps diplomatique, souhaitait obtenir les Affaires étrangères. Mitterrand lui a préféré son vieil ami Roland Dumas. « *Lionel souhaitait que nous devenions ministres, Dominique et moi*, déclare Claude Allègre. *Mais Mitterrand ne voulait pas lui faire le cadeau de laisser entrer deux de ses proches au gouvernement*[1]. »

La formation du gouvernement Rocard intervient sur fond de guerre fratricide entre mitterrandistes. Dans la nuit du 13 au 14 mai 1988, Laurent Fabius, le candidat choisi par « Dieu » pour succéder à Lionel Jospin à la tête du PS, est battu au sein du courant majoritaire, A-B, regroupant mitterrandistes et mauroyistes, qui lui préfère l'ancien Premier ministre Pierre Mauroy. C'est le début du déclin du Roi-Soleil des socialistes qui, pour la première fois depuis le congrès d'Épinay, perd la main sur son propre courant. Dominique Strauss-Kahn reste en retrait dans le combat entre héritiers de Mitterrand. Il adhère mollement à l'analyse politique exprimée pendant la réunion de courant par Jean-Christophe Cambadélis « *qu'ayant déjà Rocard à Matignon, on ne pouvait pas se payer le luxe de mettre à la tête du parti un autre homme ayant une image droitière comme Fabius*[2] ». Dans ce Parti socialiste désormais dirigé par Pierre Mauroy, le Premier ministre des années lyriques, il n'existe plus de mitterrandistes mais seulement des jospinistes et des fabiusiens.

Comme en 1981, lorsqu'il a préféré le parti aux cabinets ministériels, DSK choisit une cible réaliste, à sa portée et moins convoitée qu'un portefeuille ministériel : la présidence de la Commission des finances à l'Assemblée nationale. C'est une belle ambition. Pierre Mauroy, le nouveau Premier secrétaire, assure

1. Entretien avec l'auteur, 5 mai 2010.
2. Entretien avec l'auteur, 30 septembre 2010.

Dominique Strauss-Kahn de son soutien. Il existe cependant un préalable. Et de taille : se faire réélire député. François Mitterrand ayant, comme prévu, dissous l'Assemblée nationale, les élections législatives sont convoquées pour les dimanches 5 et 12 juin. Au plan national les socialistes manquent de justesse la majorité absolue en sièges. Dans la huitième circonscription du Val-d'Oise, très marquée à gauche, Dominique Strauss-Kahn, arrivé largement en tête avec 36 % des voix le 5 juin, l'emporte aisément le dimanche suivant. Quelques jours plus tard, il est élu président de la prestigieuse Commission des finances.

XIV

CONTRE « BÉRÉ »

Juin 1988 : Dominique Strauss-Kahn prend possession de son bureau à la présidence de la Commission des finances de l'Assemblée nationale. À ce poste, il va pendant trois ans porter la contradiction au ministre de l'Économie et des Finances Pierre Bérégovoy dont les services commencent à quitter les locaux historiques de la rue de Rivoli pour s'installer dans la « *forteresse* » futuriste de Bercy. Pour la première fois de sa vie, DSK dispose d'une force de frappe politique. Est-il un contre-ministre ? On le prétendra. La Commission des finances est de loin la plus importante de l'Assemblée nationale. Avec ses 72 députés, sur 577, ses vice-présidents, ses secrétaires, ses douze chargés de mission, elle intervient sur quasiment toutes les grandes questions économiques. Au-delà des administrateurs qui lui sont dévolus par l'Assemblée nationale, DSK tente de composer sa propre équipe. Dès le lendemain de son élection, il recrute lui-même des collaborateurs parmi les chargés de mission du groupe socialiste qui, malgré un niveau d'études bac + 6 en moyenne, sont alors très mal payés. « *Tu veux combien par mois ?* » demande-t-il sans ambages en entrant dans le bureau de Bertrand Wiedemann-Goiran. « *Le double de mon salaire* », répond, un peu surpris, ce chargé de mission expérimenté spécialisé en économie auprès du groupe PS de l'Assemblée nationale. « *Je vais voir comment arranger cela* », assure DSK. « *Il me connaissait sans plus, comme tous les députés,* raconte Bertrand Wiedemann-Goiran. *Mais il tutoyait tout le monde. Je gagnais à l'époque 8 000 francs par mois, j'en ai demandé 16 000, il m'a accordé… 20 000 francs mensuels après quelques mois de collaboration*[1] *!* » En introduisant les règles du *management* à l'Assemblée nationale, DSK s'attache des collaborateurs entièrement dévoués à sa personne et prêts à bosser sans compter leurs heures. Évelyne Duval, sa secrétaire personnelle pendant dix-sept ans, parle avec émotion de son « *bonheur* » d'avoir servi celui qu'elle appelle toujours le « *boss* » : « *Très moderne, fan des nouveautés technologiques, le "boss" réorganise le service et fait installer des ordinateurs "Mac" pour tout le monde. Le "boss" possède vraiment l'art et la manière de diriger une équipe. Je ne l'ai jamais vu en colère. S'il demande un travail supplémentaire, avec ses yeux qui brillent et sa voix douce, on ne peut rien lui refuser… et on reste au bureau jusqu'à 20 heures ! Depuis quatre ans je ne travaille plus pour lui mais je lui envoie toujours un texto pour son anniversaire*[2]. » Comme jadis avec ses condisciples d'HEC, DSK épate ses collaborateurs de l'Assemblée nationale. « *Je nous revois en voiture nous rendant à un colloque avec des chefs d'entreprise à l'hôtel Bristol,* raconte Alain Belot, un directeur divisionnaire des impôts, mis à disposition de la Commission des finances par son administration. *Il a commencé à lire des notes, très techniques, sur lesquelles j'avais planché pendant trois jours. En un quart d'heure il les a assimilées !… Je ne l'ai jamais vu plus d'une minute avec un papier et un crayon. D'ailleurs je me demande s'il n'a jamais eu besoin de moi*[3]. » Non content d'éblouir ses collaborateurs, Dominique Strauss-Kahn se détend parfois avec eux. À la sortie d'un déjeuner avec des banquiers, il dit en substance à Bertrand Wiedemann-Goiran : « *On s'est bien ennuyés, hein ? Si on allait regarder les nouvelles motos ?* » « *Nous sommes montés tous les deux sur ma vieille moto est-allemande, une MZ crachouillante,*

1. Entretien avec l'auteur, 1er octobre 2010.
2. Entretien avec l'auteur, décembre 2010.
3. Entretien avec l'auteur, avril 2010.

raconte l'ancien chargé de mission. *Direction : le concessionnaire Honda avenue de la Grande-Armée. C'était un moment irréel. Nous avons essayé plusieurs motos. J'en ai commandé une. Lui, après hésitation, n'en a pas acheté*[1]. »

L'homme est « sympa ». Trop « sympa » peut-être. Il suscite parfois un désamour à la hauteur de l'engouement qu'il a inspiré. « *J'ai été séduit par DSK puis j'en suis revenu,* déclare l'ancien chargé de mission Alain Belot. *Avec un collègue, nous l'avions accompagné aux Journées parlementaires du groupe socialiste à Chartres je crois. Quand il est reparti le soir avec son chauffeur, il nous a oubliés. C'était très vexant. Ce jour-là, j'ai compris qu'il n'aimait que lui-même. Tout le travail qu'il nous demandait avait une seule finalité : le faire briller*[1]. » Philippe Valachs, qui, après l'avoir assisté durant sa campagne en Haute-Savoie, a partagé plusieurs expériences professionnelles avec DSK, porte un jugement plus mesuré : « *C'est vrai que Dominique, quand il était en responsabilité, faisait peu attention aux autres. Ministre des Finances, à Bercy, il passait au milieu des secrétaires avec un téléphone collé à chaque oreille. Depuis, il a changé. Je le connais bien. C'est une bonne personne*[2]. »

Hearings et brain trust

Comme il le fera vingt ans plus tard avec le FMI, Dominique Strauss-Kahn imprime sa marque à la Commission des finances. Membre de cette institution depuis 1981, le député-maire de Limoges Alain Rodet fut témoin des changements intervenus : « *DSK a rehaussé le niveau des débats à l'intérieur de la Commission des finances. Il avait perçu avant les autres l'avancée du rouleau compresseur de la mondialisation. Maniant les chiffres avec aisance, il faisait de la macro-économie avec gourmandise. La partie*

1. Entretien avec l'auteur, 1er octobre 2010.
2. Entretien avec l'auteur, décembre 2010.

"dépenses" ne l'intéressait pas beaucoup, les pinaillages sur les chiffres dans chaque secteur ministériel, il laissait cela aux élus de province. En revanche, il s'attardait sur la partie "recettes", l'assiette de l'impôt, la fiscalité, son impact sur la vie économique. Bon négociateur, très diplomate, je l'ai toujours vu courtois avec les gens de droite, respectueux des opposants. Dans les relations personnelles, il n'avait pas beaucoup de temps à consacrer aux députés de base. Ce qu'il a apporté ? Une grande ouverture sur l'extérieur en introduisant des auditions d'experts[1]. » Des personnalités très différentes sont invitées à s'exprimer devant la Commission des finances : Jean-Claude Trichet, alors directeur du Trésor, un diplomate de l'ambassade de France à Washington, les banquiers André Lévy-Lang et Christian Giacomotto, des économistes et d'autres hommes d'affaires. Sous la Vᵉ République, les parlementaires n'ont guère de pouvoir. DSK leur donne celui de la parole. « *Dominique reste en toutes circonstances un universitaire*, analyse son ami Jean-Marie Le Guen. *Il lit énormément d'essais et il aime faire circuler les idées*[2]. » Les thèmes de débat ne manquent pas au sein de la Commission des finances : l'effet du crédit sur les investissements, la relance par la consommation ou encore la fiscalité. Le néophyte François Hollande présente un rapport sur la fiscalité du patrimoine. Diplômé, comme DSK, de HEC, de Sciences-Po et en droit, mais énarque de surcroît, ce jeune député entré à l'Assemblée nationale en 1988 ne cache pas son enthousiasme : « *Dominique a profondément modernisé l'institution, il a confié de nombreuses missions à de jeunes députés afin de doter le Parlement d'une capacité autonome d'analyse et de propositions*[3]. » Dans le milieu des députés socialistes, dominé par les fonctionnaires, DSK introduit le langage du *business* forcément anglo-saxon,

1. Entretien avec l'auteur, octobre 2010.
2. Entretien avec l'auteur, 25 mai 2010.
3. Vincent Giret et Véronique Le Billon, *Les Vies cachées de DSK*, *op. cit.*

appris à HEC. On « *swap* » les postes, on « *shoot* » un objectif, les auditions s'appellent des « *hearings*[1] ». À l'issue de celle du prix Nobel d'économie, l'Italo-Américain Franco Modigliani, septuagénaire très digne et élégant, DSK réunit ses collaborateurs de la commission et leur dit : « *Notre invité a fait une erreur dans sa démonstration.* » Prenant un bout de papier, DSK pose une équation. « *Aucun membre de son équipe ne comprend tout de suite et il doit reprendre sa démonstration*[2] *!* » confesse Bertrand Wiedemann-Goiran. À cette époque, Dominique Strauss-Kahn écrase souvent les autres de son intelligence. « *Les universitaires sont en général plus élitistes que les énarques*, analyse Paul Hermelin. *Ils cherchent la reconnaissance de leurs pairs plutôt que celle du commun des mortels. Dominique plaçait l'intelligence au-dessus de tout*[3]. » Paul Hermelin connaît bien DSK. Il l'a rencontré au Groupe des experts du PS au début des années 1980. Ce haut fonctionnaire, polytechnicien et énarque, est alors aussi conseiller municipal socialiste d'Avignon.

Il appartient au « *brain trust* » dont Dominique Strauss-Kahn s'est entouré au fil des années. Sortis des grandes écoles, trentenaires ou quadras, ces jeunes « cerveaux » de l'élite rose sont les éclaireurs d'une gauche moderne qui commence à prendre conscience des contraintes de la mondialisation. Hauts fonctionnaires ou cadres supérieurs, ils travaillent dans des cabinets ministériels ou de grandes entreprises. Outre Paul Hermelin, ils s'appellent Jean-Hervé Lorenzi, Isabelle Bouillot, Jean-Michel Charpin, Jean-Pierre Jouyet, Michel Colin, Christian Tardivon, Frédéric Saint-Geours, Gilles Johanet et Patrick Bréaud. En groupe ou séparément, DSK les consulte souvent autour d'un bon repas. Ils forment l'embryon du réseau indispensable à toute ambition politique.

1. Les verbes anglais *to swap* et *to shoot* signifient respectivement « échanger » et « viser ».
2. Entretien avec l'auteur, 1er octobre 2010.
3. Entretien avec l'auteur, 10 janvier 2011.

La barre à gauche

La présidence de la Commission des finances offre à DSK une tribune où il va donc pendant trois ans se construire une image de gauche. Face au ministre de l'Économie et des Finances Pierre Bérégovoy, DSK se fait le porte-parole des députés socialistes qui eux-mêmes relaient l'impatience des militants et des électeurs. Traumatisé par les errements des années 1981-1983, Pierre Bérégovoy prend l'exact contre-pied du programme commun de la gauche. L'économiste Élie Cohen résume ainsi son action : « *Il a été le Thatcher français*[1]. » La formule paraît brutale mais elle n'est pas infondée. Ministre de l'Économie et des Finances entre 1984 et 1986 puis entre 1988 et 1992, Pierre Bérégovoy a profondément modifié, dans un sens libéral, les règles de l'économie française : désindexation des salaires sur les prix, réduction du taux de l'impôt sur les sociétés, privatisations partielles de grandes banques.

Conformément à la priorité du second septennat mitterrandien, à l'approche du traité de Maastricht, « Béré » doit aligner l'économie française sur les critères européens. Dominique Strauss-Kahn ne conteste pas la rigueur budgétaire. Mais il préconise un « *partage des fruits* » d'une croissance qui atteint le taux record de 4 % en 1988. Multipliant les articles, notamment dans la presse économique, il se livre à une véritable guérilla contre l'orthodoxie budgétaire du gouvernement, symbolisée par la politique du « *franc fort* ». Il propose de profiter de l'embellie économique pour augmenter les salaires, relancer les investissements publics, réformer la fiscalité en faveur des plus modestes. Esquissant ainsi une orientation politique plus conforme aux valeurs de la gauche, DSK élargit considérablement le cercle de ses ennemis, comme en témoigne son ami Claude Allègre, alors

1. Entretien avec l'auteur, avril 2010.

conseiller spécial de Lionel Jospin au ministère de l'Éducation nationale : « *Depuis qu'il a émergé au PS, comme expert, Dominique a toujours suscité beaucoup d'irritation, de jalousies. Même s'il n'est pas arrogant, il est trop sûr de lui aux yeux de certains. Le fait qu'il commence à jouer les premiers rôles à la fin des années 1980 va attiser leur haine*[1]. »

Idées et ego

Les adversaires de DSK raillent le contraste entre son discours social et ses allures de play-boy. On le traite d'ambitieux, de cynique. Ministre délégué au Budget, auprès de Pierre Bérégovoy, Michel Charasse, très proche de François Mitterrand, ne le prend pas au sérieux : « *C'est un type très intelligent, très malin, un baratineur extraordinaire. Il a tout de même à cette époque un défaut : il se précipite tellement sur les sujets porteurs pour mettre en valeur sa commission et par ricochet lui-même qu'il n'étudie pas toujours très bien les dossiers. Il est très fainéant. Quand le Premier ministre le renvoie vers moi pour discuter d'un dossier technique, il y a quelques petites insuffisances*[2]*...* » Michel Charasse raconte aussi qu'une nuit de débat parlementaire il dut faire réveiller dans son bureau le président de la Commission des finances[2]. DSK exaspère aussi Hervé Hannoun et André Gauron, respectivement directeur de cabinet et conseiller du ministre de l'Économie et des Finances. « *Les collaborateurs de Bérégovoy étaient parfois épouvantables avec nous*, raconte l'ancien conseiller Bertrand Wiedemann-Goiran. *Ils nous méprisaient, faisaient fuiter des informations dans la presse*[3]. » En réalité, les fuites viennent des deux côtés. Un conseiller de DSK inspire un jour un article qui suscite une colère mémorable chez Pierre Bérégovoy. DSK et « Béré » se haïssent-ils ? Moins que

1. Entretien avec l'auteur, 5 mai 2010.
2. Cité par Vincent Giret et Véronique Le Billon, *Les Vies cachées de DSK*, *op. cit.*
3. Entretien avec l'auteur, 1er octobre 2010.

certains membres de leurs entourages. « *Je n'ai jamais entendu DSK tenir des propos désobligeants à l'encontre de Bérégovoy* », assure Bertrand Wiedemann-Goiran. Il témoigne cependant de l'insolence du président de la Commission des finances : « *Parfois, quand Béré téléphonait, et lui répétait mot pour mot ce qu'il venait de dire aux journalistes, DSK posait le combiné quelques secondes puis le reprenait pour dire : "Oui, Pierre, d'accord Pierre, tu as raison*[1]." » Chargé des relations avec le Parlement au cabinet du Premier ministre, le professeur de droit Guy Carcassonne fut alors un témoin privilégié des rapports complexes entre les deux hommes : « *Dominique était agacé par le dogmatisme de Bérégovoy qui lui-même vivait mal le côté brillantissime de DSK*[1]. » Est-ce la faute de Strauss-Kahn ? Bérégovoy, l'autodidacte, ancien ouvrier devenu ministre, ressent un véritable complexe de classe à côté de ses collègues issus des grandes écoles. « *Quand DSK entrait en réunion*, se rappelle Bertrand Wiedemann-Goiran, *le centre de gravité se déplaçait vers lui. Tout le monde se tournait vers Dominique. C'était évidemment douloureux pour Bérégovoy*[1]. » À cette époque, Dominique Strauss-Kahn ne voit pas encore, dans la politique, affleurer l'affrontement des ego sous le choc des idées. « *Il ne perçoit pas le caractère anxiogène de sa personnalité pour ses rivaux*[2] », analyse son ancien conseiller Philippe Valachs.

Laurent, Lionel et les autres...

Le conflit entre DSK et Bérégovoy est envenimé par la guerre totale qui oppose jospinistes et fabiusiens à l'occasion du congrès de Rennes en mars 1990. « Congrès de Rennes » : cette expression évoque pour les socialistes un souvenir douloureux. Dirigeants sifflés, hués, insultés par des militants tapant rageusement du pied pour couvrir leurs discours. La haine déchirant le parti au pou-

1. Idem.
2. Entretien avec l'auteur, décembre 2010.

voir, étalée devant les caméras de télévision. Une bataille sans enjeu idéologique mais extrêmement âpre. Recueillant 28,84 % des voix, la motion menée par Laurent Fabius est devancée de justesse par celle que conduisent Pierre Mauroy, Lionel Jospin et Louis Mermaz (28,95 %). En troisième position, avec 24,20 %, arrivent les rocardiens. Dans cette ambiance délétère, Pierre Mauroy est reconduit à la tête d'un parti exsangue. Un nouvel affront pour François Mitterrand qui, en coulisses, s'est activé pour imposer Laurent Fabius, déjà rejeté en 1988. Le Président se venge pendant l'automne 1990, à l'occasion du mouvement lycéen qui secoue le pays. Soutenu par le Premier ministre Michel Rocard, Lionel Jospin refuse alors de céder à toutes les revendications des manifestants. Or le 12 novembre 1990, Mitterrand, recevant une délégation de lycéens, leur accorde pleine satisfaction ! Sur le perron de l'Élysée, leur chef de file, Nasser Ramdane, fustige le gouvernement Rocard et son ministre de l'Éducation ! Par son intermédiaire, François Mitterrand vient de désavouer publiquement et Rocard et Jospin. Dans la recomposition qui se dessine, rocardiens et jospinistes se rapprochent.

Chargé des relations avec le Parlement au cabinet de Michel Rocard, Guy Carcassonne noue à cette époque une amitié durable avec le jeune DSK : « *Nous avons constaté une familiarité intellectuelle évidente. Parmi les non-rocardiens, Dominique était notre interlocuteur privilégié. Le débat autour de la CSG, la contribution sociale généralisée, a montré notre convergence sur le fond. Dominique avait soutenu l'idée de la CSG quelques années plus tôt. Elle est l'une des grandes œuvres de Rocard à Matignon. Bérégovoy, hostile par principe à tout nouvel impôt, n'a pas voulu la faire figurer dans le projet de loi de finances pour le budget 1991. Il a fallu une lettre rectificative du Premier ministre pour que la CSG soit inscrite à l'ordre du jour du Parlement. Bérégovoy a laissé Rocard se débrouiller seul. Son patron, pour lui, c'était le président de la*

République et non le Premier ministre. Heureusement, il s'était créé un axe reliant Matignon à la Commission des finances[1]. » Dans la rubrique « En hausse » du *Nouvel Observateur* daté du 20 septembre 1990, on peut lire : « *Strauss-Kahn, président de la Commission des finances de l'Assemblée nationale, a été désigné par un jury de dix rédacteurs en chef et chroniqueurs économiques réunis à la demande de "Profession politique" comme le politique le plus compétent en économie devant Pierre Bérégovoy et Raymond Barre.* » Il monte, il monte, DSK… Le 17 décembre 1990, dans un point de vue publié en une du *Monde*, se posant en leader de la génération des quadras, il se propose de rassembler tous les modernistes du PS. « *À cette époque*, analyse le politologue Pascal Perrineau, *parmi les nouvelles figures qui formeront quelques années plus tard l'ossature de la* dream team *de Jospin, deux quadras émergent en particulier : Dominique Strauss-Kahn et Martine Aubry. Issus du courant Mitterrand, ils ne se situent ni dans la rupture comme les rocardiens, ni dans la fidélité comme les fabiusiens. Ils incarnent une gauche à la fois compétente et morale qui dépasserait le mitterrandisme pour créer en France une vraie social-démocratie*[2]. » Dans son édition du 20 décembre 1990, *L'Express* désigne DSK comme un possible « *patron pour la rénovation* » du PS.

1. Entretien avec l'auteur, octobre 2010.
2. Entretien avec l'auteur, 24 juin 2010.

XV

JUNIOR MINISTER

Mai 1991. Pour fêter son dixième anniversaire à l'Élysée, François Mitterrand s'offre un cadeau : l'éviction de Michel Rocard. Il y songeait depuis un an. Mais il a dû repousser sa décision pour cause de crise internationale consécutive à l'invasion du Koweït par le dictateur irakien Saddam Hussein. Quand il quitte Matignon, le 15 juin 1991, Michel Rocard est au sommet de sa popularité. Il a réalisé la CSG, le RMI, et rétabli, avec Pierre Bérégovoy, les grands équilibres économiques. François Mitterrand congédie son Premier ministre du jour au lendemain, « *comme un valet* », selon l'expression de Michel Rocard. Il veut, à deux ans des élections législatives, créer l'événement en nommant, pour la première fois dans l'Histoire, une femme à Matignon : Édith Cresson. Cette fidèle de François Mitterrand a fait ses preuves, depuis 1981, à la tête de plusieurs ministères. Démissionnaire de son portefeuille aux Affaires européennes en octobre 1990, elle a rejoint le groupe Schneider où elle s'occupe de l'implantation d'entreprises dans les pays de l'Est. Diplômée d'HEC-Jeunes filles, à une époque où la grande école de commerce n'était pas mixte, Édith Cresson possède une formation proche de celle de DSK. Elle garde le contact avec lui par l'intermédiaire d'Abel Farnoux, un ancien résistant, industriel haut en couleur, introduit dans tous les milieux, qui vient rencontrer le président de la Commission des finances pour des problèmes de restructuration industrielle. « *Dominique Strauss-Kahn*, dit Édith Cresson, *faisait partie des rares socialistes dotés d'une vraie culture économique et d'un intérêt pour l'entreprise. Je l'avais vu intervenir dans les sous-sols de l'Assemblée nationale au milieu des années 1980. Outre une expertise au plan technique, il développait une perception dynamique, ayant compris très tôt qu'on était confrontés à une guerre économique. Partageant la même réserve face à l'obstination monétariste de Bérégovoy, nous pensions qu'il fallait développer une politique industrielle volontariste*[1]. » Édith Cresson verrait bien DSK à la tête d'un super ministère regroupant à la fois l'économie, l'aménagement du territoire et l'industrie qui, sur le modèle du MITI[2] japonais, mettrait l'État au service du développement économique.

Problème : François Mitterrand ne veut pas de Strauss-Kahn au gouvernement. « *C'est un apparatchik* », dit-il en substance à Édith Cresson qui lui rétorque : « *Peut-être pourriez-vous le recevoir*[3]... » Invité à l'Élysée, Dominique Strauss-Kahn, pour une fois « *impressionné* », selon ses propres souvenirs, rencontre le Président en tête à tête en avril 1991. « *Étais-je aveugle ou naïf?* s'interroge-t-il aujourd'hui. *Quand François Mitterrand m'a invité à l'Élysée, je ne pensais absolument pas entrer au gouvernement quelques semaines plus tard bien qu'Édith Cresson ait, peu auparavant, fait allusion devant moi à l'hypothèse de sa nomination à Matignon. Mitterrand m'a fait venir en tant que président de la Commission des finances. Nous avons parlé de la relance, de l'emploi pour les jeunes. Il avait l'air un peu fataliste par rapport aux questions sociales. Cela a duré une vingtaine de minutes. Sur le pas de la porte il a cité un passage de la Bible, en rapport avec notre conversation. L'a-t-il fait pour tester ma culture ? Je ne crois pas. La citation lui est venue naturellement. Je l'ai reconnue, elle était issue*

1. Entretien avec l'auteur, 19 novembre 2010.
2. *Ministery of International Trade and Industry.*
3. Entretien avec l'auteur, 19 novembre 2010.

du Deutéronome si mes souvenirs sont exacts. Je suis sorti de son bureau avec le sentiment de lui avoir laissé une bonne impression[1]. »

Petite porte

Pendant la formation de son gouvernement, Édith Cresson s'aperçoit qu'elle doit tenir compte de toutes les chapelles rivales et ménager les ego des « *éléphants* » à l'intérieur d'un PS revenu à l'état tribal depuis le congrès de Rennes. Pierre Bérégovoy, qui espérait depuis longtemps devenir Premier ministre, est particulièrement dépité par la nomination d'Édith Cresson. Il n'est pas question pour lui de se contenter d'un ministère réduit aux seules finances alors que Strauss-Kahn, son jeune rival, hériterait de l'Économie en plus de l'Industrie. Reçu par Édith Cresson, Pierre Bérégovoy se montre inflexible[2]. Il est soutenu par Laurent Fabius qui, selon l'ancienne Premier ministre, exerce alors une grande influence sur le président vieillissant. « *Au moment de la composition du gouvernement*, raconte-t-elle, *François Mitterrand lisait une fiche sur laquelle figuraient les noms des futurs ministres. Un moment donné, il me suggère de prendre "une petite Beurette nommée... Kofi Yamgnane". En fait il parlait d'un homme, pas beur du tout, originaire du Togo et qui deviendra secrétaire d'État à l'Intégration. J'ai compris alors que la liste émanait de Fabius*[3]. » Dominique Strauss-Kahn entre donc au gouvernement par la petite porte comme ministre délégué à l'Industrie et au Commerce extérieur auprès de Pierre Bérégovoy, reconduit à la tête d'un ministère de l'Économie et des Finances aux compétences élargies sur le modèle du MITI japonais. Dans un premier temps, Dominique Strauss-Kahn s'installe rue de Grenelle, dans les locaux traditionnels du ministère de l'Industrie. Deux semaines environ après sa nomination, il

1. Entretien avec l'auteur, 14 janvier 2011.
2. Élisabeth Schemla, *Édith Cresson, la femme piégée*, Paris, Flammarion, 1995.
3. Entretien avec l'auteur, 19 novembre 2010.

doit y recevoir le secrétaire d'État américain à l'Énergie, John Poindexter, pour parler du nucléaire. Un des conseillers de Strauss-Kahn y assiste : l'économiste Jean-Hervé Lorenzi. Ce matin-là, DSK, selon son expression, « *l'a bluffé* » : « *Claude Mandil, DGEMP, directeur général de l'Énergie et des Matières premières, entouré d'une dizaine de collaborateurs, apporte au ministre le volumineux dossier qu'il a préparé. Il est environ 8 heures 40. La rencontre doit débuter à 9 heures. Dominique demande le dossier et s'isole dans un salon voisin. Quand il revient, il dit à Mandil : "J'ai tout regardé, cela me va. Vous pouvez m'accompagner. – Et l'interprète ? demande Claude Mandil. – Le contenu de la rencontre étant extrêmement confidentiel, il ne doit pas venir", répond DSK*[1]. » Finalement Dominique Strauss-Kahn rencontre son collègue américain, accompagné des seuls Lorenzi et Mandil. Sous leurs regards ébahis et dans un anglais parfait, il discute de la prolifération nucléaire et d'autres questions essentielles pour la France. Le jeune ministre vient d'asseoir son autorité sur l'administration.

Le Radeau de la Méduse

Pour déjouer les pièges qui le guettent face aux équipes de Charasse et de Bérégovoy, DSK prend comme chef de cabinet Stéphane Keita, le fils adoptif de son grand-père Marius. Il ne le choisit pas en fonction de leurs liens familiaux mais pour sa proximité avec son ministre de tutelle. Le jeune énarque a en effet été nommé l'année précédente sous-préfet de la Nièvre, le département de « Béré ». « *J'entretenais de bonnes relations avec lui,* dit-il. *Sous une apparence très raide, Bérégovoy savait se montrer chaleureux. Quand il arrivait à Nevers, il enlevait son costume trois pièces de banquier et redevenait très proche des gens. Il m'avait demandé de venir le voir tous les samedis matin dans son bureau de la mairie et là, il évoquait devant moi les affaires départementales.*

1. Entretien avec l'auteur, 15 janvier 2011.

Nommé au ministère de l'Industrie, j'ai fait pendant deux mois l'aller-retour Paris-Nevers[1]. » La présence de Stéphane Keita ne sera pas inutile pour arrondir les angles. « *Bérégovoy*, ajoute-t-il, *trouvait Dominique brillant mais trop léger, pas assez sérieux. Il lui reprochait son absence d'ancrage territorial, ce qui était assez injuste car Dominique commençait à s'implanter durablement à Sarcelles. Mais il était victime de son image*[1]. » Pour survivre dans cet univers hostile, l'habile DSK nomme directeur de cabinet son ami le haut fonctionnaire Paul Hermelin, qui, lui, se trouve en bons termes avec Hervé Hannoun, son homologue au cabinet de Bérégovoy. Comme Jean-Hervé Lorenzi, Stéphane Keita et d'autres, il fait partie du « *brain trust* » techno-intello-socialo de DSK.

Dès les premiers jours, Strauss-Kahn, Hermelin et Keita se posent une question en apparence géographique, en réalité stratégique, celle des locaux du nouveau ministère délégué qui regroupe à la fois l'industrie et le commerce extérieur : « *Bérégovoy plaidait pour que DSK vienne à Bercy, probablement pour mieux le contrôler. Nous en avons discuté tous les trois, Paul Hermelin, Dominique et moi. Dans mon souvenir, Paul a plaidé pour qu'on aille à Bercy, afin de se rapprocher du centre du pouvoir si l'on souhaitait peser dans les décisions. Les services du commerce extérieur s'y trouvant déjà, il fallait donc être cohérent avec l'idée de création d'un MITI à la japonaise et réunir physiquement finances, commerce extérieur et industrie. Dominique ne voulant pas susciter la méfiance de Béré, son ministre de tutelle, il a donc opté pour déménager l'essentiel du cabinet à Bercy tout en gardant le vieux "bureau de bois" du ministère de l'Industrie, rue de Grenelle*[2]. » Dans la forteresse de Bercy, le nouveau venu s'installe donc au quatrième étage, chapeauté par Michel Charasse, toujours ministre du Budget, au cinquième, alors que Pierre Bérégovoy

1. Entretien avec l'auteur, 7 janvier 2011.
2. Entretien avec l'auteur, 23 février 2011.

trône au sixième. Les maladresses d'Édith Cresson, le sexisme irrationnel de certains journalistes et de nombreux politiques, la déloyauté d'une partie de ses ministres transformeront ses onze mois passés à la tête du gouvernement en film catastrophe. « *Un samedi matin dans son bureau de Nevers*, confie Stéphane Keita, *quinze jours après la nomination d'Édith Cresson, Bérégovoy me lança, satisfait : "L'effet femme, c'est fini*[1] *!"* »

Laurent Fabius finit par remplacer Pierre Mauroy comme Premier secrétaire en janvier 1992. Son intronisation coïncide avec une perquisition au siège de la rue de Solferino, par le juge Renaud Van Ruymbeke dans le cadre de l'affaire Urba-Sages de financement illégal du parti. À bord d'un radeau de la Méduse socialiste condamné à se fracasser sur le récif des élections législatives de mars 1993, Dominique Strauss-Kahn apprend le métier de ministre.

Grand voyageur

« *Dominique Strauss-Kahn*, affirme Édith Cresson, *a été l'un des plus loyaux parmi mes ministres, avec Martine Aubry*[2]. » Paul Hermelin confirme : « *Dominique était complètement "fana" d'Édith Cresson. Pour ma part, je la trouvais peu sérieuse et mal entourée. Dès les premiers jours, j'ai dû gérer son conseiller spécial Abel Farnoux, qui était visionnaire mais peu réaliste. Voulant piocher dans les réserves du nucléaire pour financer la filière électronique, il avait réussi à faire intégrer cette idée dans le discours d'investiture du Premier ministre. Dominique a soutenu Édith Cresson jusqu'au bout. Mais il a progressivement normalisé ses relations avec Bérégovoy, participant chaque jeudi matin à un petit déjeuner avec son ministre de tutelle et ses collègues, les ministres délégués Michel Charasse au Budget et François Doubin au*

1. Entretien avec l'auteur, 7 janvier 2011.
2. Entretien avec l'auteur, 19 novembre 2010.

Dominique Strauss
aux sports d'hiver
à vingt ans.
© Coll. privée.

André Fellus, son grand-père maternel tunisien, à soixante ans.
© Coll. privée.

Blanche Breitman, la grand-mère maternelle de DSK, d'origine russe, vers 1920. © Coll. privée.

Taïta Hagège, son arrière-grand-mère tunisienne.
© Coll. privée.

Jacqueline Strauss, la mère de DSK, dans les années 1950. © Coll. privée.

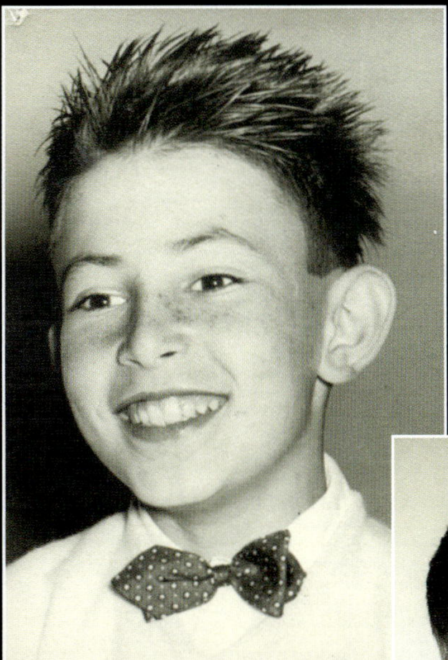

Dominique, gamin facétieux. © Coll. privée.

Jacqueline déguisée pour le quarantième anniversaire de son mari, en 1958 à Agadir. © Coll. privée.

1926, Berck plage. Au premier plan à gauche, le père de Dominique, Gilbert Strauss, à huit ans. Debout, de gauche à droite : le père de Gilbert, Gaston Strauss, son futur père adoptif, Marius Kahn, et sa mère Yvonne Stengel. © Coll. privée.

Marius Kahn, le grand-père adoptif de DSK, en vacances à Malte. © Coll. privée.

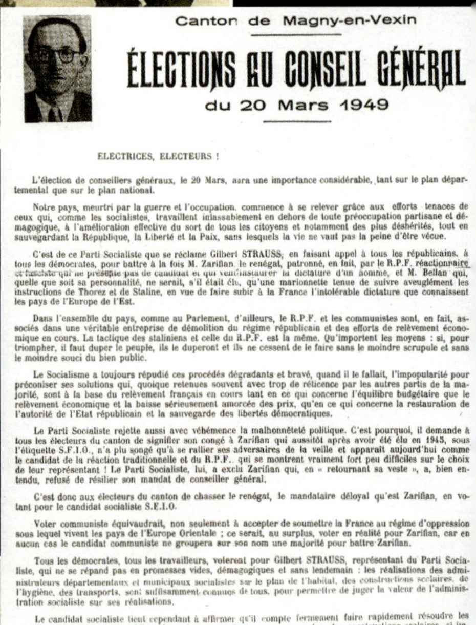

Canton de Magny-en-Vexin

ÉLECTIONS AU CONSEIL GÉNÉRAL

du 20 Mars 1949

ELECTRICES, ELECTEURS !

L'élection de conseillers généraux, le 20 Mars, aura une importance considérable, tant sur le plan départemental que sur le plan national.

Notre pays, meurtri par la guerre et l'occupation, commence à se relever grâce aux efforts tenaces de ceux qui, comme les socialistes, travaillent inlassablement en dehors de toute préoccupation partisane et démagogique, à l'amélioration effective du sort de tous les citoyens et notamment des plus déshérités, tout en sauvegardant la République, la Liberté et la Paix, sans lesquels la vie ne vaut pas la peine d'être vécue.

C'est de ce Parti Socialiste que se réclame Gilbert STRAUSS, en faisant appel à tous les républicains, à tous les démocrates, pour battre à la fois M. Zarifian, le renégat, patronné, en fait, par le R.P.F. réactionnaire et fasciste qui ne présente pas de candidat et qui veut instaurer la dictature d'un homme, et M. Bellan qui, quelle que soit sa personnalité, ne serait, s'il était élu, qu'une marionnette tenue de suivre aveuglément les instructions de Thorez et de Staline, en vue de faire subir à la France l'intolérable dictature que connaissent les pays de l'Europe de l'Est.

Dans l'ensemble du pays, comme au Parlement, d'ailleurs, le R.P.F. et les communistes sont, en fait, associés dans une véritable entreprise de démolition du régime républicain et des efforts de relèvement économique en cours. La tactique des staliniens et celle du R.P.F. est la même. Qu'importent les moyens : si, pour triompher, il faut duper le peuple, ils le duperont et ils ne cessent de le faire sans le moindre scrupule et sans le moindre souci du bien public.

Le Socialisme a toujours répudié ces procédés dégradants et bravé, quand il le fallait, l'impopularité pour préconiser ses solutions qui, quoique retenues souvent avec trop de réticence par les autres partis de la majorité, sont à la base du relèvement français en cours tant en ce qui concerne l'équilibre budgétaire que le relèvement économique et la baisse sérieusement amorcée des prix, qu'en ce qui concerne la restauration de l'autorité de l'Etat républicain et la sauvegarde des libertés démocratiques.

Le Parti Socialiste rejette aussi avec véhémence la malhonnêteté politique. C'est pourquoi, il demande à tous les électeurs du canton de signifier son congé à Zarifian qui aussitôt après avoir été élu en 1945, sous l'étiquette S.F.I.O., n'a plu songé qu'à se rallier ses adversaires de la veille et apparait aujourd'hui comme le candidat de la réaction traditionnelle et du R.P.F., qui se montrent vraiment fort peu difficiles sur le choix de leur représentant ! Le Parti Socialiste, lui, a exclu Zarifian qui, en « retournant sa veste », a, bien entendu, refusé de résilier son mandat de conseiller général.

C'est donc aux électeurs du canton de chasser le renégat, le mandataire déloyal qu'est Zarifian, en votant pour le candidat socialiste S.F.I.O.

Voter communiste équivaudrait, non seulement à accepter de soumettre la France au régime d'oppression sous lequel vivent les pays de l'Europe Orientale ; ce serait, au surplus, voter en réalité pour Zarifian, car en aucun cas le candidat communiste ne groupera sur son nom une majorité pour battre Zarifian.

Tous les démocrates, tous les travailleurs, voteront pour Gilbert STRAUSS, représentant du Parti Socialiste, qui ne se répand pas en promesses vides, démagogiques et sans lendemain : les réalisations des administrateurs départementaux et municipaux socialistes sur le plan de l'habitat, des constructions scolaires, de l'hygiène, des transports, sont suffisamment connues de tous, pour permettre de juger la valeur de l'administration socialiste sur ses réalisations.

Le candidat socialiste tient cependant à affirmer qu'il compte fermement faire rapidement résoudre les problèmes des transports publics, du reclassement des communes rurales, des constructions scolaires, si importants pour le canton, que toute sa sollicitude ira aux déshérités, que jamais il ne restera inactif devant un cas digne d'intérêt, qu'il se considérera enfin, au Conseil Général et dans ses rapports avec l'Administration comme le représentant permanent des vrais intérêts du département et plus spécialement du canton de Magny-en-Vexin.

Contre ZARIFIAN candidat de toute la réaction et renégat par excellence.

Contre le candidat communiste qui ne serait qu'un instrument docile du stalinisme.

VOUS VOTEREZ :

POUR LA RÉPUBLIQUE SOCIALE.

POUR LA LIBERTÉ ET LA PAIX.

POUR LA DÉFENSE DES VRAIS INTÉRÊTS DU CANTON DE MAGNY.

Vous voterez pour :

GILBERT STRAUSS

Candidat du Parti Socialiste S.F.I.O.

Gilbert STRAUSS est né à Paris, dans le 20e arrondissement, le 11 décembre 1918, d'un père d'origine alsacienne, dont le père avait après les douloureux événements de 1870, quitté l'Alsace, afin de pouvoir opter pour la France, et d'une mère issue d'une vieille famille lorraine des environs de Nancy.

Il a fait toutes ses études secondaires à Paris, tout en habitant depuis 1934 en Seine-et-Oise, et depuis 1937, à Limay. Après sa sortie du lycée, il occupa divers postes d'instituteur en Seine-et-Oise, et fut titularisé dans ses fonctions à l'école de Gassicourt, à Mantes.

Mobilisé en 1939, il fut nommé élève-officier de réserve d'artillerie et termina, après la défaite, son service actif dans l'armée d'armistice, puis reprit ses fonctions d'instituteur, tout en passant sa licence en droit.

Il appartint, dès 1942 (aussitôt après son service militaire), au mouvement de Résistance « Libé-Nord », et participa, les armes à la main, aux combats d'août 1944 pour la libération de Paris, puis fut nommé conseiller juridique de la presse socialiste, fonctions qu'il occupe toujours et au cours de l'exercice desquelles il donne chaque année plusieurs milliers de consultations écrites et orales sur les problèmes les plus divers intéressant les travailleurs, les artisans, les cultivateurs, les fonctionnaires... de l'ensemble du territoire et surtout de la Seine et de la Seine-et-Oise.

Gilbert STRAUSS, qui a 30 ans, est au Parti Socialiste S.F.I.O. depuis 14 ans déjà.

Son passé, sa droiture, la constance de ses convictions et de son action, sa compétence et son habitude professionnelle des rapports avec les administrations publiques, sont autant de garanties de l'action future de Gilbert STRAUSS pour la sauvegarde des intérêts du canton de Magny.

Comité de soutien de la Candidature de Gilbert STRAUSS :

A. DEGUIRY, maire, et Ch. VINCENT, adjoint au maire d'Aincourt ; M. FIOT, maire adjoint de Bray-Lû ; OZANNE, maire d'Omerville ; VERGNE, maire-adjoint de Villers-en-Arthies ; P. WATHIER, ancien maire de Charmont ; LE RALLIER, ancien maire de Blamécourt ; HERPE, ind., conseiller municipal de Saint-Gervais ; LE GRAS, conseiller municipal de Hodent ; PERSON, conseiller municipal et HERTZOG ind., secrétaire de mairie de Maudétour ; CAZENAVE, conseiller municipal, ind., et LORIENT, ancien conseiller municipal d'Arthies ; RENETEAU et ACART, anciens conseillers municipaux de Haute-Isle.

Le père de DSK, candidat socialiste malheureux aux élections cantonales de 1949. © Coll. privée

Gilbert Strauss en 1992. © Coll. privée

1964-1965. En classe de première à Monaco.
© Coll. privée.

Avec son ami Yves Magnan (à droite), en 1970, au cours d'un voyage en Amérique Latine.
© Coll. privée.

En 1975, année de la soutenance de sa thèse.
© Michel Antonietti

La famille Strauss-Kahn en 1982. Dominique, barbu, au centre, avec ses trois enfants. Derrière lui, de gauche à droite : son père, son épouse Hélène, son frère « Marco » et sa sœur Valérie. À sa droite Isabelle, l'épouse de Marco, et à sa gauche sa mère.
© Coll. privée.

Avec Anne Sinclair,
le jour de leur mariage,
le 26 novembre 1991 à Paris.
© Coll. privée.

Ministre de l'Économie et des Finances en 1999, avec son chef de cabinet Stéphane Keita.
© Coll. privée.

Directeur du FMI, saluant Bill Clinton en présence de Cristina Kirchner, présidente de l'Argentine, en septembre 2009 à New York. DR.

En mars 2010, en visite au club de football de Soweto (Afrique du Sud).
© Reuters/Siphiwe Sibeko.

Avec Barack Obama au sommet de Pittsburgh en septembre 2009.
© IMF Photograph/Stephen Jaffe.

En compagnie du chanteur irlandais Bob Geldof, militant humanitaire, en avril 2009 à Washington. DR.

Dans un centre médical à Kinshasa (RDC), lors de la remise d'un don du FMI, en mai 2009. © IMF Photograph/ Eugene Salazar.

En campagne pour les primaires du Parti socialiste, en juin 2006 à Paris. © Haley/Sipa.

Commerce et à l'Artisanat[1]. » Durant les dix mois et demi que dure le gouvernement Cresson, DSK ne pèse guère sur les événements. Il sous-traite quelques dossiers industriels tel celui des PME-PMI à Bordeaux ou celui des mines de Carmaux dans le Tarn, sous la surveillance étroite de sa tutelle. « *Je savais que Dominique Strauss-Kahn avait des difficultés*, dit Édith Cresson, *face à une administration qui n'en faisait qu'à sa tête. Je l'aidais comme je pouvais mais je devais rendre trente arbitrages par jour*[2]. » Après le remplacement de Cresson par Bérégovoy qui entre à Matignon en avril 1992, suite à la déroute de la gauche aux élections régionales, DSK devient pleinement ministre de l'Industrie et du Commerce extérieur, sans lien hiérarchique avec son nouveau collègue de l'Économie et des Finances Michel Sapin. Cette fois, il fait avancer deux grands dossiers : la restructuration du pôle électronique et la définition des normes environnementales pour l'industrie. Mais il rayonne plus à l'étranger qu'à l'intérieur de l'Hexagone. Sous le gouvernement précédent, en septembre 1991, DSK s'était rendu en Asie en compagnie de Martine Aubry, ministre du Travail et de l'Emploi, pour une mission de réconciliation avec les Japonais, comparés à des « *fourmis* » par le Premier ministre français. « *Cette formule est en fait un signe de l'admiration des Français pour les Japonais*[3] », déclara alors DSK, entre humour et diplomatie, à un ministre nippon.

Sous Bérégovoy, près de trente ans après le voyage avec son grand-père Marius, Dominique Strauss-Kahn retourne en Afrique du Sud. Il est le premier ministre français à s'y rendre depuis plus de dix ans. Accompagné d'une cohorte de journalistes et de chefs d'entreprise, il vient renouer les liens commerciaux entre les deux pays. L'apartheid n'est pas encore

1. Entretien avec l'auteur, 10 janvier 2011.
2. Entretien avec l'auteur, 19 novembre 2010.
3. *La Tribune*, 9 septembre 1991.

aboli mais Nelson Mandela vient d'être libéré. Le leader noir partage pendant deux heures une discussion intense avec DSK, accompagné de Stéphane Keita, de la conseillère internationale du ministère et de l'ambassadeur de France. Mais dans un contexte de lutte acharnée pour le pouvoir entre Blancs et Noirs, le secrétaire général de l'ANC lance sèchement au ministre français : « *Vous investirez quand nous vous en donnerons l'ordre !* » Pierre Bérégovoy confie également à DSK la délicate mission d'aller expliquer à la Chine populaire la décision française de vendre soixante avions Mirage 2000-5 à son ennemi Taiwan. Ce voyage fut une épopée. En route pour Pékin, l'avion a dû se ravitailler en Sibérie. Or on est en plein désordre post-communiste. Il n'y a plus d'État. Des individus menaçants et armés prennent l'appareil en otage, exigeant une rançon pour le ravitaillement. Le rusé Philippe Valachs, ancien assistant de DSK en Haute-Savoie, devenu adjoint de Stéphane Keita, chef de cabinet du ministre, réussit à soudoyer les bandits. L'avion arrive à Pékin où les autorités chinoises empêchent un long moment la délégation française de descendre en signe de protestation contre la vente des Mirage à Taiwan.

Les autres voyages sont plus classiques. En Israël, comme en Indonésie ou en Ukraine, le ministre visite des entreprises, rencontre les patrons ou les syndicalistes. Il est accompagné chaque fois d'une suite digne d'un chef d'État, composée principalement d'entrepreneurs français. « *Jusqu'alors*, se rappelle Paul Hermelin, *Dominique connaissait surtout la finance. Durant cette expérience ministérielle, il se prend de passion pour l'industrie et les industriels*[1]. » Dominique Strauss-Kahn noue de bonnes relations avec Lindsay Owen Jones, Pierre Suard, Francis Lorentz, Jacques Calvet, respectivement P-DG de L'Oréal, Alcaltel-Alsthom, Bull et Peugeot. Qu'on se le dise : DSK est un socialiste qui aime les

1. Entretien avec l'auteur, 10 janvier 2011.

patrons. Et les patrons l'apprécient. La rencontre avec les industriels influence sa réflexion théorique. Commençant à distinguer entre capitalisme financier et capitalisme industriel, il va progressivement élaborer le concept d'un « *socialisme de la production* » qui place au cœur du projet la création de richesses reposant sur une industrie forte. Sa première expérience gouvernementale lui permet d'élargir son influence dans une ambiance décontractée : « *DSK*, se rappelle l'économiste Élie Cohen, *m'avait associé avec Alain Minc à la préparation d'un colloque sur les grandes entreprises publiques de réseau. Le jour du colloque, il déjeune avec des participants et des journalistes, parle très librement de tous les sujets y compris les potins politiques, puis il aide à ranger les chaises et les tables. Pendant ses deux passages au gouvernement, je l'ai souvent critiqué à travers les tribunes que je tenais dans la presse économique. Parfois un de ses conseillers m'appelait en me disant : "Là, tu y es allé un peu fort." Mais on ne s'est jamais fâchés. DSK est un des rares hommes de pouvoir qui accepte la critique*[1]. »

Le père

Devenu ministre, Dominique Strauss-Kahn continue d'aimer le jeu et les défis. Décorant simultanément trois personnes de la Légion d'honneur, il s'amuse à leur rendre hommage sans la moindre note sous les yeux, passant de la vie de l'un à celle de l'autre, puis revenant du troisième au premier dans un tourbillon d'éloquence qui éblouit l'assemblée. « *Il faisait comme Mitterrand dans ses grands jours*[2] », se rappelle Paul Hermelin. Ah, Mitterrand ! « *Ai-je été fasciné par lui ? À cette époque, oui*, répond Dominique Strauss-Kahn qui, dans un autre style, a trouvé plus charmeur que lui. *J'ai voyagé avec Mitterrand, je me rappelle la visite d'anciennes synagogues transformées en églises à Vilnius où*

1. Entretien avec l'auteur, avril 2010.
2. Entretien avec l'auteur, 10 janvier 2011.

nous avions remarqué des étoiles de David. On a discuté, partagé des moments. C'était un homme de culture, d'une grande finesse, toujours très distant[1]. » Dominique Strauss-Khan n'a pas placé beaucoup d'affect dans sa relation avec François Mitterrand.

Contrairement à d'autres dirigeants socialistes de sa génération, il n'a jamais cherché un père de substitution. Le sien le satisfait amplement. Désormais septuagénaire, Gilbert – qui se fait appeler désormais Strauss-Kahn – vit heureux avec Jacqueline dans leur petit pavillon de Bagneux, en région parisienne. Il a vaincu la dépression et savoure pleinement la réussite de son fils. Jusqu'au bout, il reste un simple militant. « *Le père de DSK? C'était l'archétype du militant socialiste*[2] » se rappelle Jean-Michel Rosenfeld, ancien membre du cabinet de Michel Delebarre au ministère de la Fonction publique et de la Ville » : « *Un type impeccable qui a donné beaucoup au parti, et qui n'a rien reçu en échange. Une seule récompense, peu avant sa mort en 1992 : la Légion d'honneur qui lui a été remise par Michel Delebarre. En tant que membre du cabinet, j'avais organisé la cérémonie. C'était très émouvant. On voyait une grande complicité, beaucoup d'amour entre le père et le fils.* »

Gilbert disparaît peu après, le 8 décembre 1992, pris d'un malaise chez son coiffeur, rue Richepance, qui est aussi celui de Dominique. Il sera enterré le 11 décembre, jour de son soixante-quatorzième anniversaire. Aussitôt informé du décès de son père, le ministre de l'Industrie ne change rien à son programme. Il remet comme prévu la Légion d'honneur à un grand industriel. Dominique Strauss-Kahn vient de perdre son confident et son meilleur ami. Mais il ne laisse paraître aucune émotion. *The show must go on.*

1. Entretien avec l'auteur, 14 janvier 2011.
2. Entretien avec l'auteur, juin 2009.

Le Monde et le melon

Lionel Jospin a été écarté du gouvernement lors de la nomination de Pierre Bérégovoy. Profondément blessé par la rupture avec François Mitterrand, il laisse son courant sans véritable leadership. Parmi les jospinistes, deux sensibilités apparaissent : la première se réclame d'une gauche traditionnelle autour d'Henri Emmanuelli, et l'autre, rénovatrice, se reconnaît en Dominique Strauss-Kahn. Le ministre de l'Industrie reste, contre vents et marées, fidèle à Lionel Jospin. Mais il fait entendre sa petite musique. Dans *Le Monde* du 1er octobre 1992, il cosigne un article intitulé « La nouvelle gauche » avec ses trois Mousquetaires, autrement dit Jean-Christophe Cambadélis, Jean-Marie Le Guen et Pierre Moscovici. Ils se sont surnommés aussi « *la bande des p'tits loups* », expression figurant explicitement dans l'agenda du ministre, à l'initiative de sa secrétaire Évelyne Duval. À la première lecture, ce texte aligne des banalités sur la montée du populisme et la crise des gauches. Le plus significatif réside dans ce qu'il n'évoque pas : le nom de François Mitterrand et la moindre référence à un bilan positif de la gauche au pouvoir. Empêtrés dans un Parti socialiste qui avance vers le scrutin législatif comme on va à l'abattoir, les quatre Mousquetaires veulent tourner la page du mitterrandisme. « *(Notre) démarche ne saurait se contenter de l'espoir d'un retour à "l'âge d'or" d'Épinay*, écrivent-ils. *Elle implique un nouveau dessein collectif, l'émergence d'une gauche européenne qui affirme, à côté de la préoccupation sociale et de la justice, le droit d'ingérence et l'écologie*[1]. » À cette époque, Dominique Strauss-Kahn commence également à s'exprimer dans les médias audiovisuels. Son langage y est parfois aussi abscons que ses tribunes dans *Le Monde.* Sa sœur Valérie, éditrice de livres pratiques et spécialiste de vulgarisation grand public, s'en

1. *Le Monde*, 1er octobre 1992.

amuse encore. « *Un jour*, raconte-t-elle, *une de mes collègues éditrices qui l'avait entendu à la radio le matin me dit ironiquement : "Ton frère, on sent qu'il est vraiment super intelligent, mais pourquoi, quand il cause dans le poste pour dire que le melon est bon, ne dit-il pas tout simplement : 'Il est bon le melon ?'" J'avais raconté l'anecdote à Domi qui avait rigolé mais l'avait certainement prise au sérieux, car depuis il a vulgarisé ses discours et encore aujourd'hui, quand en famille la conversation devient par trop abstraite, l'un d'entre nous lui lance : "Il est bon, le melon* [1] *?"* » Outre sa sœur, Dominique Strauss-Kahn peut aussi compter sur les conseils avisés d'une professionnelle de l'audiovisuel. Elle est entrée dans sa vie en 1989. Elle n'en sortira plus. Au début, mariés tous les deux, ils gardent leur liaison très discrète. « *François Mitterrand*, raconte en souriant Jack Lang, *adorait les potins. Au cours d'un dîner, il me dit : "Jack, savez-vous pour Anne ?" C'est ainsi que j'appris l'idylle entre Anne Sinclair et Dominique Strauss-Kahn* [2]. » Le jeune ministre est très amoureux. Il téléphone à Anne Sinclair plusieurs fois par jour pour des conversations qu'ils peinent l'un et l'autre à interrompre. Il va bientôt épouser la femme dont rêvent une majorité de Français.

1. Entretien avec l'auteur, 20 décembre 2010.
2. Entretien avec l'auteur, 19 novembre 2010.

XVI

ANNE

Anne Sinclair n'avait que onze ans à la mort de son grand-père maternel. Elle le voyait chaque année plusieurs semaines pendant les vacances. Elle vivait à Paris, lui s'était installé à New York depuis la guerre. Elle se rappelle « *avoir visité des galeries d'art et beaucoup de musées* » avec cet homme « *au physique très maigre*[1] ». Il s'appelait Paul Rosenberg. Son nom reste connu parmi les amateurs d'art. Fils d'un antiquaire parisien, il ouvre sa première galerie dans la capitale en 1911, puis une autre à Londres dans les années 1930. Comment devient-on l'un des plus grands marchands d'art de son temps ? C'est un don inné chez les Rosenberg. Le frère et le fils de Paul pratiquèrent le même métier. Son père, Alexandre, était antiquaire. Paul Rosenberg a « l'œil ». Il sait évaluer la qualité d'une œuvre, l'acheter au bon prix, dénicher un talent prometteur. S'intéressant très tôt à la peinture contemporaine, il établit dès 1913 un contrat avec Marie Laurencin, un autre avec Braque en 1924. Suivront Léger et Matisse. Avec Picasso, il signe en 1918 un contrat tacite de « première vue » qui lui donne la priorité pour choisir dans la production du maître l'œuvre qui l'intéresse. Le grand peintre espagnol s'installe à Paris dans l'immeuble voisin de celui de Paul Rosenberg, rue La Boétie, et scelle leur amitié en peignant cette même année 1918 un *Portrait de Mme Rosenberg et sa fille*, représentant Marguerite, l'épouse du marchand d'art, tenant sur ses genoux la petite Micheline, âgée d'un an, future mère d'Anne Sinclair. Au début

1. Entretien avec l'auteur, 17 décembre 2010.

de sa carrière, Paul Rosenberg vend surtout des impressionnistes, ce qui lui permet de financer ses peintres modernes, lesquels ne font pas recette, y compris Picasso, avant 1925. Au milieu des années 1930, sa galerie parisienne rue La Boétie expose environ deux cents tableaux des plus grands maîtres : Gauguin, Van Gogh, Renoir, Degas, Toulouse-Lautrec, Cézanne…

Quand la guerre éclate en septembre 1939, Paul Rosenberg, le futur grand-père d'Anne Sinclair, ne se fait aucune illusion sur le sort que pourraient lui réserver les nazis en cas de victoire. Non seulement il est juif, mais il a dénoncé publiquement les campagnes menées en Allemagne contre « *l'art dégénéré* ». Le 17 juin 1940, alors que Philippe Pétain, à la radio, annonce « *le cœur serré (…) qu'il faut cesser le combat* » et que le sous-secrétaire d'État à la Guerre, Charles de Gaulle, s'envole pour Londres, Paul Rosenberg, sa femme et leur fille quittent Bordeaux en bateau pour rejoindre les États-Unis. Leur fils Alexandre, dix-sept ans seulement, prend la mer pour l'Angleterre deux jours plus tard et ne rentrera en France qu'en 1944 avec la 2e DB du général Leclerc, après avoir combattu sur tous les fronts, de l'Afrique du Nord au Moyen-Orient, dans les rangs de la France libre. En septembre 1941, les nazis volent les quatre cents tableaux environ que Paul Rosenberg avant son départ avait cachés en trois endroits : rue La Boétie, dans une maison louée à Floirac près de Bordeaux et dans un coffre-fort à Libourne. Après la guerre, Rosenberg récupère progressivement une grande partie de sa collection et ouvre une galerie à New York où il finira ses jours en 1959. C'est là que sa fille Micheline rencontre son mari, au lendemain du conflit mondial. Le futur père d'Anne Sinclair s'appelle Robert Schwartz. Il travaillait avant la guerre chez le grand couturier Lucien Lelong. Il poursuit sa carrière comme cadre supérieur dans les cosmétiques chez Elizabeth Arden, puis Caron et Revlon. Il approche de la quarantaine et sort de la guerre en héros. Juif, de gauche et patriote, il a lui aussi décidé dès 1940 de fuir la France occupée pour rejoindre la Résistance. Ne pouvant rallier Londres, il part en bateau pour New York où se trouvent des petits groupes français antinazis. Là, par souci d'épargner sa famille restée en France, il change de nom. En consultant l'annuaire téléphonique, il trouve un patronyme répandu aux États-Unis et à consonance française qui de plus commence par la même lettre que Schwartz. Il gardera ainsi les mêmes initiales. Robert Schwartz devient Robert Sinclair. En 1942, on le retrouve au Caire, à Beyrouth puis à Damas où il anime la radio gaulliste à destination du Moyen-Orient, cette fois sous le pseudonyme de « Jacques Breton ». Ses activités sont redoutées en Allemagne où Goebbels, le chef de la propagande du Reich, dénonce dans un discours le « *Juif Breton* » ! Marié à Micheline, la fille de Paul Rosenberg, Robert Schwartz conserve le nom de Sinclair. Née à New York le 15 juillet 1948, Anne bénéficiera donc de la double nationalité franco-américaine. Elle grandit à Paris où ses parents retournent définitivement en 1951. Enfant unique, choyée par sa famille, élevée dans les beaux quartiers, Anne pourrait se contenter d'attendre un beau mariage. Mais la « *rêveuse bourgeoisie* » n'est pas son genre. « *Je ne voulais pas être une héritière*, dit-elle, *je voulais gagner ma vie*[1]. »

Vocation et passion

À l'âge de dix ans, Anne se trouve une vocation, le journalisme. Le 13 mai 1958, le coup de force des militaires français en Algérie provoque le retour au pouvoir du général de Gaulle. Son père se trouvant à Alger en voyage professionnel, la petite Anne suit les événements à la radio avec une passion particulière : « *C'est à ce moment-là que j'ai décidé de devenir journaliste*[1]. » Cette vocation naissante se doublera bientôt d'une passion pour

1. Idem.

la politique. Son grand-père était radical-socialiste et son père socialiste modéré. Dès son plus jeune âge, Anne se sent de gauche : « *Je suis une privilégiée, c'est vrai, mais n'aurait-on pas le droit d'être de gauche parce qu'on a de l'argent ? Je trouve insupportable qu'on prenne sa carte à l'UMP juste pour défendre son patrimoine. J'ai toujours milité pour l'augmentation des impôts sur le revenu, sur les successions, je suis favorable à l'ISF*[1]. » En décembre 1965, à six mois du bac philo, Anne ne manque pas une miette, à la radio et à la télévision que viennent d'acheter ses parents, de la première campagne pour une élection présidentielle au suffrage universel. Face à de Gaulle, François Mitterrand, le favori d'Anne, est recalé à sa première tentative. La jeune fille, elle, réussit le bac philo et, après une année en hypokhâgne, entre à Sciences-Po en 1967, tout en s'inscrivant en droit à Nanterre où elle aurait pu croiser le jeune Dominique Strauss.

« *À cette époque*, dit-elle, *on se serait frités. Car moi j'étais gauchiste. J'adhérais à fond au mouvement, sans le moindre esprit critique*[1]. » Anne est aussi affective que Dominique est cérébral. Elle ne va pas cependant jusqu'à lancer des pavés. Son gauchisme est modéré. Le 27 mai 1968, lors du grand meeting au stade Charléty, organisé notamment par le PSU et la CFDT, elle aperçoit de loin la frêle silhouette de Pierre Mendès France avec son visage tout chiffonné. « *Ah, Mendès !* » Anne Sinclair considère toujours comme une référence l'éphémère président du Conseil, pendant seulement sept mois et demi en 1954. « *J'éprouvais une admiration folle pour lui et aussi beaucoup d'affection*, raconte-t-elle. *Mendès incarnait la morale, le refus du compromis, un homme d'État qui ne voulait pas le pouvoir à tout prix*[1]. » Opposé par principe à l'élection du président de la République au suffrage universel, Pierre Mendès France ne briguera jamais la magistrature suprême. Mais en 1969, Gaston Defferre, qui défend les

1. Idem.

couleurs socialistes dans la course à l'Élysée, s'est engagé, en cas de victoire, à le nommer à Matignon. Avec 5 % des voix seulement, le maire de Marseille réalisera le plus mauvais score de l'histoire du Parti socialiste, loin derrière le candidat communiste Jacques Duclos qui obtient 21,20 % des suffrages. Anne Sinclair a participé à la campagne catastrophique du ticket Defferre-Mendès en compagnie d'un autre étudiant en sciences politiques, le futur politologue Olivier Duhamel : « *Je nous revois,* dit-elle, *tendant un drap pour récolter un peu d'argent à la sortie d'un meeting où il n'y avait pas grand monde à la Mutualité. C'était assez pathétique*[1]. » Sortie de Sciences-Po en 1972, la même année que DSK, qu'elle ne connaît toujours pas, elle entre à Europe n° 1, la radio de ses rêves, comme stagiaire pour porter les cafés, bien qu'elle soit diplômée en droit et en sciences politiques. Le directeur de la rédaction, Jean Gorini, qui n'est pas un ardent féministe, lui lance : « *Vous êtes une femme, vous avez des diplômes, vous ne ferez jamais rien ici.* » Puis il l'avertit : « *Je vous interdis de perturber les journalistes*[2]. » Tenace, la jeune Anne finit par obtenir sa carte de presse en couvrant les élections de 1974.

Spectateurs engagés

À Europe n° 1, le chef du service politique s'appelle Ivan Levaï. Cet ancien instituteur devenu professeur de lettres a débuté dans le journalisme à France Inter au début des années 1960. Né en Hongrie en 1937, le petit orphelin juif confié à l'OSE, l'Organisation de secours aux enfants, a été baptisé catholique puis élevé dans le protestantisme. Anne Sinclair l'aide à renouer avec ses racines. Le couple se marie religieusement, leurs deux fils David et Élie, nés respectivement en 1979 et en 1983, portent des prénoms hébraïques et font leur bar-mitsva à la synagogue libérale

1. Idem.
2. *Le Monde,* 18 janvier 1987, sous la signature de Laurent Greilsamer.

de la rue Copernic à Paris. Au milieu des années 1970, Ivan Levaï anime la revue de presse matinale d'Europe n° 1 avec un brio qui lui permet de passer un disque voire de pousser la chansonnette. Personnalité de l'audiovisuel français au même titre que ses contemporains Jean-Pierre Elkabbach, Gérard Saint-Paul ou Alain Duhamel, l'ancien prof d'Anne à Sciences-Po, Ivan Levaï, incite sa jeune épouse à progresser dans la carrière. « *Quand Jean-Luc Lagardère, le patron d'Europe n° 1, lui a proposé de devenir son assistante, Anne a refusé. Elle voulait rester journaliste. Je lui ai dit : "Si tu refuses au patron, il va te virer. Ce n'est pas grave. Tu feras de la télé." Elle n'y croyait pas. Vous connaissez la suite*[1]... »

La jeune femme séduisante révèle à l'antenne un talent d'intervieweuse. Mais ses débuts à la télévision sont chaotiques. Évincée de FR3 où elle présente *L'Homme en question*, elle y revient avec une grande liberté de ton mais une minuscule audience en milieu d'après-midi. Tel est le sort des journalistes de gauche avant 1981. Car Anne Sinclair ne cache pas ses opinions. Elle invite par exemple le dessinateur Cabu et présente un extrait du film *Le Chagrin et la Pitié*, interdit à la télévision, qui aborde les ambiguïtés françaises sous l'Occupation. L'élection de François Mitterrand ne lui garantit pas pour autant l'impunité. En 1982, son émission quotidienne sur TF1, chaîne encore publique, est supprimée suite à une campagne du quotidien *France Soir* les dénonçant, elle et Michel Polac, comme symboles de la télévision socialiste. Après dix-huit mois de chômage, Anne Sinclair est réembauchée par TF1 où elle va connaître son âge d'or et obtenir aussi quatre 7 d'Or grâce à *7 sur 7*, qu'elle présente une semaine sur deux avec son collègue Jean Lanzi puis toute seule à partir de 1987. La formule est simplissime : chaque dimanche à 19 heures une personnalité de la politique ou de la culture vient *chez* Anne Sinclair commenter pendant cinquante minutes l'actualité de la

1. Entretien avec l'auteur, 17 décembre 2010.

semaine. Si ses questions sont rarement agressives, elles n'en sont pas moins tenaces, et, sous un sourire de velours, la journaliste cache une vraie connaissance des sujets traités. Ses yeux bleus et ses pulls mohair légendaires – bien qu'elle affirme n'en avoir porté que quatre ou cinq fois à l'antenne – suffisent à charmer les téléspectateurs qui se bousculeront dans les années 1990, entre 6 et 11 millions selon les semaines, pour assister au rendez-vous de *7 sur 7* où l'Histoire parfois s'écrit en direct, comme lorsque Jacques Delors, un dimanche de décembre 1994, à l'issue d'un suspense de quarante-cinq minutes, annonce sa non-candidature à l'élection présidentielle. En 1987, le couple Sinclair-Levaï incarne une *success story* de l'audiovisuel français où ils revendiquent un rôle de journalistes engagés. « *À chaque élection perdue avant 1981*, se souvient Anne Sinclair, *nous allions à Château-Chinon auprès de François Mitterrand dans son fief électoral. Après sa victoire, il nous a invités dans sa bergerie de Latche. Nous étions proches de lui. Je l'admirais beaucoup* [1]. » Alors que la rivalité s'intensifie entre PS et PCF, Ivan Levaï invite souvent au micro d'Europe 1 les amis du couple, Jorge Semprun, Philippe Robrieux et Yves Montand, respectivement écrivain, historien et chanteur, tous les trois anciens communistes convertis en pourfendeurs du totalitarisme soviétique. Et en 1987, Anne Sinclair, lors d'un *7 sur 7* ébouriffant, ne cache pas sa complicité avec Yves Montand, en frappant dans ses mains et en chantant en chœur avec lui. Les personnalités politiques de droite, qui, comme celles de gauche, hors antenne, l'appellent par son prénom, lui reprochent rarement ses opinions. Jacques Chirac, alors Premier ministre, fait exception, l'apostrophant en direct le 30 novembre 1986 : « *Pardon, madame Sinclair. Je vais vous donner un conseil : tournez-vous vers la droite, une fois n'est pas coutume…* » « *Je me tourne de tous les côtés, monsieur le Premier ministre* », répond la journaliste avec un sourire faussement candide.

1. Idem.

Anne Sinclair a aussi exaspéré François Mitterrand qui ne s'attendait pas à cela de sa part, en le mettant sur le gril lors d'un *7 sur 7* en 1989 à propos de Roger-Patrice Pelat, son ami de jeunesse impliqué dans une affaire de délit d'initiés. Un seul homme politique de premier plan n'a jamais été reçu par Anne Sinclair sur le plateau de *7 sur 7* : Jean-Marie Le Pen.

Questions à domicile

Dès la première percée électorale du Front national à l'élection municipale partielle de Dreux en 1983, Anne Sinclair s'engage contre l'extrême droite, qui ne le lui pardonnera pas. L'éditorialiste de *National Hebdo*, l'ancien milicien François Brigneau, la traite de « *pulpeuse charcutière cacher* ». Anne Sinclair n'a jamais cédé aux pressions l'incitant à inviter Jean-Marie Le Pen à *7 sur 7*. « *Étant démocrate*, explique-t-elle, *j'accepte la liberté d'expression pour tous, y compris le Front national. Mais je pensais qu'elle devait s'exercer dans le cadre d'un débat contradictoire face à un autre homme politique, et non dans le cadre d'une interview où le journaliste, sous peine de sortir de son rôle, doit laisser passer des énormités*[1]. » Anne Sinclair est arrivée à cette conclusion après deux expériences « *vécues douloureusement* » avec Jean-Marie Le Pen dans le cadre d'une autre émission, mensuelle, qu'elle anime en duo sur TF1 avec Pierre-Luc Séguillon puis Jean-Marie Colombani à partir de 1987, *Questions à domicile.* Il s'agit d'aller interviewer une personnalité dans son intimité. « *Nous avons filmé Le Pen dans sa propriété de Montretout en 1986 puis à La Trinité-sur-Mer en 1988. C'était vraiment trop pénible*[1] », dit-elle en soupirant. Heureusement *Questions à domicile* ne lui a pas laissé que de mauvais souvenirs… Un soir de 1989, Anne Sinclair et Jean-Marie Colombani se rendent chez Alain Juppé, alors secrétaire général du RPR. Vers la fin de l'émission, comme à

1. Entretien avec l'auteur, 14 janvier 2011.

l'accoutumée, un contradicteur en duplex, filmé de dos, pivote au dernier moment et fixe alors la caméra. Elle montre ce soir-là le visage du jeune président socialiste de la Commission des finances. Anne Sinclair est subjuguée par l'intelligence et le charme du quadragénaire aux tempes précocement argentées. « *Je ne l'avais jamais rencontré*, confie-t-elle. *Quand je lui ai téléphoné après l'émission pour le débriefing habituel, nous avons décidé de déjeuner ensemble*[1]. » Le reste leur appartient.... Dominique Strauss-Kahn doit alors affronter un divorce douloureux avec Brigitte Guillemette. La jeune femme ne lui pardonnera jamais sa « *trahison* ». L'ayant introduit dans le monde de la communication, aidé pour ses campagnes électorales, Brigitte Guillemette, persuadée d'avoir « *fait* » DSK, le trouve terriblement ingrat.

La situation d'Anne Sinclair est plus facile. Ivan Levaï, écarté d'Europe 1 en 1987, vit alors cinq jours sur sept à Marseille où il dirige le quotidien socialiste *Le Provençal*. « *Mon ami Élie Wiesel*, dit-il en souriant, *m'avait prévenu : "Quand on a une femme aussi belle qu'Anne, il faut rester près d'elle*[2]*."* » Ses relations avec Anne s'étaient distendues. « *Notre divorce par consentement mutuel a été facile*, ajoute-t-il, *sans crise ni drame. Comme on vit longtemps, il est normal d'aimer plusieurs femmes dans sa vie*[2]. » Aujourd'hui les deux anciens époux ne disent que du bien l'un de l'autre. « *Ivan et moi, nous nous appelons régulièrement. Je le considère un peu comme mon frère*[3] », assure Anne Sinclair. « *À propos de Dominique et moi, Anne parle de "ses maris" comme moi je dis "mes femmes*[4]" », s'amuse Ivan Levaï. En 1995 il s'est remarié à la mairie de Bègles avec Catherine Turmot, aujourd'hui chef de cabinet de Michel Boyon, président du Conseil supérieur de

1. Idem.
2. Entretien avec l'auteur, décembre 2010.
3. Entretien avec l'auteur, 17 décembre 2010.
4. Entretien avec l'auteur, décembre 2010.

l'audiovisuel. Anne Sinclair et Dominique Strauss-Kahn étaient présents. « *J'éprouve beaucoup d'amitié pour Dominique*, confie Ivan Levaï. *Il a fait en sorte que tout se passe bien. Il m'est apparu comme un excellent protecteur pour Anne et un formidable beau-père pour nos deux fils qui vivaient avec lui et leur mère pendant la semaine. C'est un type extra ! J'ai même adhéré pour la première fois de ma vie au PS afin de voter pour lui lors des primaires internes de 2006*[1]. »

Sous le buste de Marianne

La vedette de télévision et le ministre de l'Industrie se sont mariés le mardi 26 novembre 1991 à la mairie du XVIe arrondissement de Paris dans une intimité confinant à la clandestinité. Pour éviter toute indiscrétion, ils ont demandé une dispense de publication des bans au procureur de la République. Aucun journaliste n'a été prévenu, aucun cliché ne sera publié. Et les photos prises par la photographe Micheline Pelletier, une amie d'Anne, collaboratrice entre autres de *Paris Match*, ne seront données qu'aux mariés. La cérémonie se déroulant à l'heure du déjeuner, elle ne dure que le temps nécessaire, en présence d'une vingtaine d'invités : la famille des mariés, dont leurs six enfants et quelques amis, parmi lesquels le prix Nobel de la paix Élie Wiesel. DSK a choisi comme témoins son père Gilbert et son ami Lionel Jospin, alors ministre de l'Éducation nationale. Ceux d'Anne Sinclair sont deux amies très proches, la philosophe Élisabeth Badinter et la productrice Rachel Assouline, épouse du journaliste Jean-François Kahn. Ce mariage possède une caractéristique rarissime : il se déroule en présence du buste de la mariée qui vient d'être choisie par les maires de France pour incarner Marianne en cette année 1991. En épousant l'une des plus célèbres Françaises, DSK change de catégorie. Anne l'introduit dans le gotha médiatique

1. Idem.

où elle compte beaucoup d'amis : Alain Duhamel, Jean Daniel, Jean-François Kahn. Dans la politique et la culture, elle est liée au couple Badinter, à l'humoriste Guy Bedos, l'acteur Pierre Arditi, l'écrivain Dan Franck. Par son mariage avec Anne Sinclair, l'ancien responsable de la Commission économique du PS accède à la notoriété. Visitant leur appartement près du bois de Boulogne, l'hebdomadaire *Paris Match* montre DSK au piano, l'air canaille, un borsalino sur la tête et le cigare au bec, sous le regard enamouré de son épouse. Aux yeux du grand public, le jeune ministre est surtout connu à cette époque comme le mari d'Anne Sinclair. La journaliste apparaîtra un jour comme l'épouse de DSK. Lorsqu'il devient ministre de l'Économie et des Finances, en 1997, elle décide d'abandonner *7 sur 7* pour éviter tout soupçon de conflit d'intérêts. Pourtant cinq ans plus tôt, en compagnie de Christine Ockrent, épouse d'un autre ministre socialiste, Bernard Kouchner, elle avait trouvé normal d'interviewer le président Mitterrand qui était de fait le « patron » de leurs maris. Anne Sinclair se justifie en disant que DSK occupait à l'époque un poste mineur alors qu'en 1997, il est devenu un des piliers de la *dream team* de Jospin. « *Les décisions d'un ministre de l'Économie ont un impact sur toutes les questions. En plus, je me mettais dans la situation absurde de ne pas pouvoir inviter l'un des principaux membres du gouvernement*[1]. » Sa décision a surpris. « *Philippe Séguin m'a dit : "Anne, rien ne vous oblige*[1]*."* » Elle prétend ne l'avoir jamais regrettée. « *J'adorais* 7 sur 7 *mais j'avais aussi fait le tour d'une classe politique française qui, depuis 1997, s'est peu renouvelée*[1]. » À travers des activités moins en vue que *7 sur 7*, Anne Sinclair est restée journaliste. Mais cette intellectuelle séduisante et mondaine prend très au sérieux son rôle d'épouse, de mère et maintenant de grand-mère, pilier d'une importante famille recomposée. « *Je considère les quatre enfants de*

1. Entretien avec l'auteur, 14 janvier 2011.

Dominique et ses petits-enfants un peu comme les miens[1] », affirme-t-elle. Elle fut très proche de sa belle-mère Jacqueline, à laquelle elle ressemble étrangement sur certaines photos. « *Anne a joué un rôle très positif pour que les choses se passent bien*[2] », confie Hélène Dumas, la première épouse de DSK et mère de trois de ses enfants. Anne Sinclair, en quittant *7 sur 7* au sommet de sa gloire et alors que personne ne lui demandait rien, a choisi volontairement de sacrifier sa carrière à son couple.

Avec la bénédiction du rabbin

« *Dominique ne s'était jamais posé la question d'un mariage religieux*, explique Anne Sinclair, *ses deux premières femmes n'étant pas juives. Il a accepté pour me faire plaisir*[3]. » L'événement surprend un peu la famille Strauss-Kahn où la religion est depuis longtemps reléguée au rayon des antiquités. Les parents de Dominique ne se sont mariés que civilement, tout comme son frère et sa sœur qui ont épousé des non-Juifs. Anne Sinclair, sans être une pratiquante régulière, est attachée aux traditions. Elle réintroduit dans la famille les grandes fêtes juives que sa belle-mère Jacqueline a connues en Tunisie dans son enfance. Dominique Strauss-Kahn apprécie ce retour aux sources, qu'il a commencé avant sa rencontre avec Anne en jeûnant chaque année à l'occasion de Kippour, la principale fête juive. Avant de se remarier, Anne Sinclair a dû faire annuler son union religieuse avec Ivan Levaï. « *Nous nous sommes retrouvés tous les deux au Consistoire israélite et cela fut aussi paisible que le divorce civil*[3]. » Le remariage donne lieu à des négociations qu'Anne Sinclair mène avec fermeté : « *Le rabbin de Sarcelles, un orthodoxe*, dit-elle, *voulait bien pardonner à Dominique ses deux premiers*

1. Idem.
2. Entretien avec l'auteur, décembre 2010.
3. Entretien avec l'auteur, 17 décembre 2010.

mariages avec des non-Juives. Mais il était réticent devant la perspective de voir un Cohen épouser une divorcée[1]. » Le patronyme « Kahn » rattache DSK à la lignée des Cohen, les prêtres hébreux soumis à plus de devoirs que les Juifs ordinaires. « *Pour contourner l'obstacle, le rabbin voulait déclarer fictive l'union avec mon premier mari... ! Je ne pouvais quand même pas faire cela au père de mes deux enfants*, ajoute en riant Anne Sinclair, *alors j'ai menacé de partir*[1]. » La cérémonie religieuse se déroule au domicile du couple dans le XVIe arrondissement juste après le mariage civil, en présence de la famille, finalement ravie et émue. Pourquoi les mariés ont-ils fait appel au rabbin orthodoxe de Sarcelles alors qu'ils auraient pu solliciter un de ses collègues libéraux? Peut-être un signe de la volonté durable d'implantation du ministre de l'Industrie dans la commune du Val-d'Oise. Élu facilement député dans le flot de la vague rose des législatives de 1988, DSK rêve de conquérir la commune de Sarcelles. Une tout autre affaire. De défaite en défaite, il volera jusqu'à la victoire.

1. Idem.

XVII

JAMAIS DEUX SANS TROIS

Mars 1989. Moins d'un an après la réélection de François Mitterrand et alors que le gouvernement Rocard plaît aux Français, Dominique Strauss-Kahn, à la tête d'une liste socialiste, espère bien l'emporter dans l'ancien bastion communiste de Sarcelles passé à droite lors des municipales de 1983. Le fringant président de la Commission des finances en est persuadé : il ne fera qu'une bouchée du maire RPR, le débonnaire Raymond Lamontagne, soixante-six ans. « *Le "manager" contre le "papi"* ». Ce titre d'un article du quotidien *Le Monde*, daté du 10 mars 1989, décrit assez bien les deux candidats. Élégant, portant chapeau et lunettes de soleil, le play-boy DSK mène une campagne « à l'américaine », avec panneaux publicitaires, dont la communication est assurée par Brigitte Guillemette qui est encore son épouse. Dans cette tour de Babel très populaire de près de soixante mille habitants où une phrase commencée en arabe peut se terminer en hébreu, DSK parle la langue… d'HEC. « *Moi, je veux manager Sarcelles* [1] », déclare-t-il. Qu'on se le dise ! Il est le candidat du pouvoir en place et fait défiler dans « sa » ville ses collègues ministres François Doubin, Jacques Chérèque, Lionel Stoléru et le président de l'Assemblée nationale, Laurent Fabius. Super-DSK promet de favoriser l'implantation d'entreprises et annonce 150 millions de francs pour la réhabilitation de six mille appartements. Un œil fixé vers « *l'an 2000* » et l'autre vers « *le redéploiement industriel* », il sous-estime l'enracinement du maire sortant.

1. *Le Monde*, 10 mars 1989.

Première défaite

Raymond Lamontagne, vice-président du conseil général et conseiller régional, habite Sarcelles depuis vingt-trois ans. Cet ancien instituteur, avare en promesses, parle un langage simple et reconnaît les gens dans la rue, contrairement à son adversaire qui, arrivant de Paris en voiture, traverse le marché et les cités au pas de charge. Dans cette ville où François Mitterrand a recueilli 65,50 % des suffrages au second tour de l'élection présidentielle, l'ensemble de la gauche totalise au premier tour près de 53 % des voix. Avec 26,78 % des voix, les socialistes devancent de plus de six points la liste communiste conduite par Marie-Claude Beaudeau. Cette sénatrice et conseillère générale, qui espérait reconquérir la ville perdue par son parti en 1983, trouve DSK arrogant et méprisant. Malgré l'accord PS-PC au niveau national, elle maintient sa liste au second tour alors que, comble de malchance pour Dominique Strauss-Kahn, le Front national se retire en faveur de Raymond Lamontagne. Les communistes ayant déroulé un tapis rouge sous ses pieds, la droite l'emporte, mais avec seulement 281 voix d'avance sur la liste socialiste. « *Un tel écart ! C'était terriblement rageant*, s'exclame François Pupponi, actuel député-maire de Sarcelles. *Cela nous a traumatisés à jamais*[1]. » Durant cette première campagne municipale, Dominique Strauss-Kahn a été victime de son inexpérience du terrain. « *Dominique ne s'est pas préoccupé des négociations avec les communistes*, analyse François Pupponi. *Il aurait dû personnellement aller leur proposer un accord dès le soir du premier tour. Il a laissé les responsables de la section se débrouiller seuls. J'en faisais partie, nous étions jeunes et pas forcément acquis à la cause d'un candidat qui nous avait peu associés à sa campagne*[1]. » Alors jeune chef de file des socialistes de la commune voisine d'Argenteuil et

1. Entretien avec l'auteur, 11 janvier 2011.

membre du cabinet Rocard à Matignon, Manuel Valls témoigne : « *Dominique n'était absolument pas un chef de guerre*[1]. »

Deuxième défaite

Comme souvent en cas de score serré, l'élection est cassée à la demande du vaincu. DSK ayant invoqué un tract litigieux diffusé par la droite juste avant le deuxième tour, les Sarcellois sont appelés à voter de nouveau les dimanches 11 et 18 mars 1990. Cette fois, la gauche est unie dès le premier tour alors que le maire sortant est concurrencé par une liste centriste et deux autres d'extrême droite. Les candidats rivalisent d'efforts auprès des principales communautés dont la mosaïque constitue Sarcelles. Ainsi, le même samedi, Dominique Strauss-Kahn et Raymond Lamontagne organisent chacun de leur côté une soirée antillaise. Jouant aussi des coudes pour plaire à la communauté juive, tous deux sont interviewés dans l'hebdomadaire *Tribune juive* daté du 2 mars 1990. « *Mon engagement personnel en tant que juif l'emporte sur toute considération politique* », y proclame Dominique Strauss-Kahn. « *Je suis plus sioniste que certains Juifs* », surenchérit Raymond Lamontagne. Pour les Juifs comme pour les autres Sarcellois, Strauss-Kahn reste un « *parachuté* ». S'il loue d'abord un appartement près du centre commercial des Flanades puis dans le vieux village, chacun sait qu'il habite à Paris. Lui, répond à la manière, très strauss-kahnienne, d'un diplômé en statistiques : « *Je suis là depuis trois ans; comme le taux de rotation de la population est de 6 % par an, il y a déjà 18 % de Sarcellois qui sont arrivés après moi*[2]. » Autre handicap pour DSK, la campagne électorale coïncide avec la préparation du congrès de Rennes du Parti socialiste, prévu pour le week-end du second tour. Or DSK se retrouve minoritaire dans sa propre section où, avec 41 % des

1. Entretien avec l'auteur, 14 décembre 2010.
2. *Le Monde*, 10 mars 1990.

voix, la motion jospiniste qu'il défend est devancée de 3 % par celle des rocardiens. Quel camouflet ! L'information est aussitôt rendue publique par une dépêche de l'Agence France-Presse puis relayée par un article de *Libération*. Elle est désastreuse pour l'image de DSK. Le funeste congrès de Rennes lui porte le coup de grâce. Combien de Sarcellois de gauche se sont abstenus au second tour après avoir vu à la télévision les socialistes s'invectiver pendant trois jours ? Malgré le maintien du candidat du Front national, DSK échoue encore d'un cheveu, avec seulement 276 voix de retard sur Raymond Lamontagne. Il n'est pas au bout de ses peines.

Troisième défaite

1993. Malgré les sondages qui annoncent une déroute de la gauche au plan national, le candidat Strauss-Kahn croit en ses chances de l'emporter lors des législatives prévues les 21 et 28 mars. Concrétisant localement le rapprochement entre Jospin et Rocard, il a fait la paix avec Manuel Valls devenu premier secrétaire fédéral en mars 1990, et le député Alain Richard, homme fort du Val-d'Oise, qu'il a connu comme rapporteur général au sein de la Commission des finances de l'Assemblée nationale. DSK, ministre de l'Industrie et du Commerce extérieur, affiche comme un trophée son bilan personnel au gouvernement, les « *meilleurs chiffres* », répète-t-il, jamais connus « *pour le commerce extérieur* ». Cela importe peu aux électeurs. L'heure est à la sanction contre les socialistes sur fond de chômage en hausse et de scandales financiers. « *C'était le pire moment pour nous*, se souvient Manuel Valls, *les élus socialistes, en sortant dans la rue, pouvaient se faire insulter*[1]. » Dans la huitième circonscription du Val-d'Oise, qui englobe une partie de Sarcelles, mais aussi de Garges-lès-Gonesse et Villiers-le-Bel, le RPR présente un de ses plus brillants espoirs, un Strauss-Kahn de droite, diplômé

1. Entretien avec l'auteur, 14 décembre 2010.

de Sciences-Po et de la prestigieuse université américaine de Harvard, qui prend la gauche à contre-pied en se faisant le porte-parole des « *prolos* » contre les « *riches* ». Pierre Lellouche, quarante-deux ans, conseiller diplomatique de Jacques Chirac à la direction du RPR, veut incarner une sorte de « *droite couscous* » contre la « *gauche caviar* ». Ce fils de Juifs tunisiens très modestes, venus en France lorsqu'il avait cinq ans, parle souvent de son père OS, ouvrier spécialisé, chez Renault, puis gérant d'un restaurant rue du Faubourg-Montmartre où, adolescent, le jeune Pierre servait les clients. Quand il déambule sur les marchés de Sarcelles ou dans les cités de Garges-lès-Gonesse, il la joue « popu », arguant de ses origines nord-africaines. « *Ici beaucoup de gens de la communauté tunisienne connaissent mes parents* », dit-il. Un mot en arabe, un autre en hébreu, une tape sur l'épaule, une poignée de main, il pique une olive, ici, et, là, respire la menthe fraîche. « *Comment tu vas, fils? Comment vont les affaires? Pas terrible? Encore une agression? Attends un peu, on va vite s'attaquer au problème*[1]. »

Face à l'enfant des quartiers pauvres de Tunis, Dominique Strauss-Kahn se fait fort de rappeler que sa mère, Jacqueline, est aussi une « *Tune* ». On discute ferme dans les synagogues de Sarcelles où la balance penche en faveur du « *petit Lellouche* » plutôt que du candidat socialiste affublé d'un patronyme très ashkénaze[2]. « *On avait un peu oublié les non-Juifs*[3] », raconte aujourd'hui en souriant Nelly Olin. Cette ancienne caissière de superette, gaulliste de longue date, était alors la suppléante de Pierre Lellouche. « *La campagne fut un peu dure*, ajoute-t-elle. *Les socialistes avaient posté des "espions" devant notre permanence. En réalité, les coups bas volaient des deux côtés*[3]. » Alors que Lellouche

1. *Le Monde*, 26 mars 1993.
2. « Ashkénaze » désigne les Juifs originaires d'Europe centrale et orientale, alors que les Sépharades viennent d'Afrique du Nord et du Moyen-Orient. Les Ashkénazes, qui représentaient 90 % de la population juive avant la Shoah, parlaient le yiddish.
3. Entretien avec l'auteur, octobre 2010.

joue la proximité, Strauss-Kahn mise sur la notoriété. Il reçoit Bernard Tapie qui, acclamé par des nuées de jeunes, fait son show à ses côtés dans les cités. Il possède, surtout, un joker : sa nouvelle épouse, qui vient à plusieurs reprises le soutenir. Anne Sinclair est alors au sommet de sa gloire et sa seule apparition déclenche un attroupement. De vieux militants socialistes tordent le nez en la voyant distribuer aux gamins des badges et pin's de la chaîne privée TF1. Pierre Lellouche hurle à la concurrence déloyale. Le 16 mars, il écrit à Jacques Boutet, président du CSA, le Conseil supérieur de l'audiovisuel, pour dénoncer son adversaire socialiste qui « *utilise sans vergogne la notoriété de son épouse dans toutes les manifestations publiques, et ce depuis plusieurs semaines et au mépris de la plus élémentaire déontologie* ». Les deux candidats s'envoient leurs épouses à la figure. « *Qu'y puis-je*, répond DSK à un journaliste, *si Mme Lellouche, elle, est strictement inconnue*[1] *!* » Anne Sinclair ne fera pas de miracles. Le premier tour est catastrophique pour le candidat socialiste qui recueille seulement 21,50 % des voix, soit 15 % de moins qu'en 1988. Après une mobilisation sans précédent entre les deux tours, DSK obtient le score très honorable de 48,76 % des voix. Mais, une fois de plus, il échoue pour quelques centaines de voix. DSK tombe de haut. Au niveau national, l'addition est salée pour la gauche. Les socialistes, avec 57 sièges seulement, face à 480 députés de droite, paraissent condamnés à une très longue cure d'opposition. Pour la première fois depuis sept ans, Dominique Strauss-Kahn n'est plus ni député ni ministre. Il ne lui reste qu'un mandat de conseiller municipal.

Objectif : la mairie

Beaucoup à Sarcelles pensent qu'il va jeter l'éponge, envoyer promener cette ville qui a eu l'insolence de se refuser à lui. À la surprise générale, DSK s'accroche. Cette troisième défaite lui

1. *Le Monde*, 26 mars 1993.

semble la plus prometteuse. « *Il n'a pas été beaucoup critiqué dans la fédération*, affirme Manuel Valls, *car face au raz de marée de la droite et alors que nos cinq députés dans le département ont été battus, Dominique a plutôt bien résisté*[1]. » L'analyse des résultats recèle, pour DSK, une pépite d'espoir. Sur la ville de Sarcelles, il est majoritaire au second tour. Dès lors il se fixe un objectif : la municipale de 1995. « *Dominique*, selon François Pupponi, *ne se résigne jamais. Il ne croit pas aux problèmes sans solution. Après avoir beaucoup réfléchi à ses trois échecs, il a décidé d'agir en patron et de labourer le terrain*[2]. » Dominique le magnifique apprend l'humilité. Simple élu d'opposition, il assiste stoïquement au conseil municipal. Il semble somnoler parfois quand, en fin de soirée, on évoque un problème de voirie ou de cantine scolaire. Et les longs exposés de Raymond Lamontagne ne le passionnent guère. « *Ah ! Monsieur Strauss-Kahn, je ne peux pas vous en dire du mal*, concède l'ancien maire. *Il était extrêmement bien élevé, très courtois. Ancien ministre de l'Industrie, il proposait de faire venir des entreprises sur la commune. Ses promesses ne débouchaient pas toujours concrètement mais il mettait en avant, au moins en paroles, l'intérêt général*[3]. »

Pendant sa traversée du désert, DSK s'enracine. Il fait du porte-à-porte avec les militants dans les cages d'escaliers où il rencontre la misère, la souffrance des chômeurs, des salariés pauvres, des handicapés et retraités aux faibles allocations. François Pupponi, l'enfant de Sarcelles, commence à l'apprécier : « *Je le découvre très à l'aise avec les gens modestes et très sensible à leur situation. "Il faut que je fasse beaucoup pour eux", me dit-il un jour*[4]. » Pour devenir un « chef de guerre » et conquérir Sarcelles, DSK doit aussi se doter d'une équipe qui lui soit dévouée. La

1. Entretien avec l'auteur, 14décembre 2010.
2. Entretien avec l'auteur, 11 janvier 2011.
3. Entretien avec l'auteur, 12 octobre 2010.
4. Entretien avec l'auteur, 11 janvier 2011.

section de la ville, minée par les querelles internes et les défaites, a perdu les trois quarts de ses adhérents en quelques années. Pour la faire renaître, DSK a trouvé son homme, François Pupponi, qui devient secrétaire de section. Avec lui, ce sera désormais à la vie, à la mort : « *Je considère Dominique comme un grand frère*, affirme l'actuel député-maire de Sarcelles. *Et lui me considère comme son petit frère. Il me fait une confiance totale. Il sait que je ne le trahirai jamais*[1]. » Pendant la campagne des législatives de 1993, François Pupponi a constitué un noyau de jeunes militants qu'il transforme en inconditionnels de DSK. À côté du cercle des « *technos* » issus des grandes écoles et de sa « *bande des p'tits loups* » au sein du PS, la section de Sarcelles, comportant aussi des gens plus âgés, tels les couples Haddad et Boubli, forme une des « familles » de DSK qui lui restera fidèle contre vents et marées. Dès l'automne 1993, cette section prépare les municipales. Véronique Bensaïd, alors âgée de vingt-sept ans, fille d'un ouvrier et d'une vendeuse rapatriés d'Algérie, est une enfant de Sarcelles. Jeune militante, elle se consacre totalement à la campagne électorale : « *Nous avons quadrillé scientifiquement la ville, par quartier et cage d'escalier, organisant des réunions d'appartement, déposant des tracts dans chaque boîte aux lettres*[1]. »

Maire de Sarcelles

« *Nous avons perdu trois batailles mais nous avons gagné Sarcelles* », pourrait lancer le général Strauss-Kahn qui conduit enfin ses troupes à la victoire… le 18 juin 1995. Offrant le champagne aux militants qui l'ont aidé à conquérir pour la première fois un exécutif local, il est impatient ce dimanche soir de « *manager Sarcelles* ». En « patron » qui se respecte, il s'entoure de fidèles, prêts à mourir pour lui, la fleur au fusil. C'est le B.A.-BA du pouvoir. Comme secrétaire général de la mairie, DSK nomme

1. Entretien avec l'auteur, 28 septembre 2010.

Stéphane Keita. Il fut son chef de cabinet au ministère de l'Industrie. Proche parmi les proches, il est le fils de Paulette Kahn, la veuve de Marius, le grand-père de DSK. Indispensable Keita, toujours là où il faut. Avant de se trouver dans la Nièvre, proche de Bérégovoy, il fut, dans le Val-d'Oise, directeur de cabinet du préfet. Surnommé par certains « *le grand chambellan* », Stéphane Keita sera les yeux et les oreilles de DSK. Il le connaît par cœur. Il le protégera toujours. « *Je suis une tombe*[1] », répond-il au journaliste un peu curieux. De son côté, Véronique Bensaïd, la militante de Sarcelles, veille au groupe des élus PS et apparentés. Quant à François Pupponi, le secrétaire de section, intronisé premier adjoint, les employés municipaux voient déjà en lui le futur maire pour le jour où l'alternance politique ramènera au gouvernement Dominique Strauss-Kahn qu'ils nomment entre eux « *le ministre* ». Pupponi, l'enfant de Sarcelles, fils d'un ancien adjoint au maire, se dépense sans compter autant pour « Dominique » que pour la ville. « *Les deux premières années*, se souvient Pupponi, *on a vraiment vécu la galère*[2]. » La gestion municipale n'est pas un long fleuve tranquille. À peine installé dans le bureau du maire donnant sur le centre administratif des Flanades, DSK découvre la situation désastreuse des finances locales. La ville est menacée de mise sous tutelle administrative. Un audit commandé par le nouveau maire révélera un déficit de 111 millions de francs dû à une mauvaise gestion. Candidat, DSK avait promis à Sarcelles d'ambitieux projets d'aménagement. Élu, il doit colmater les brèches d'un bateau qui prend l'eau. Alors il ne fait pas dans la dentelle et emploie les grands moyens. Une priorité : réduire le gigantesque déficit municipal. Un cap : la rigueur budgétaire. Un moyen : le serrage de vis. Pour commencer, il augmente de 24 % les impôts locaux des 50 % d'habitants qui les paient, les autres,

1. Entretien avec l'auteur, 7 janvier 2011.
2. Entretien avec l'auteur, 11 janvier 2011.

défavorisés, en sont exonérés. Puis il supprime les notes de restaurants des élus et les oblige à payer eux-mêmes leurs agendas. À côté de ces économies symboliques, la nouvelle équipe réduit drastiquement les dépenses en renégociant les contrats avec ses prestataires en eau, transports, cantines scolaires, etc. Afin de mettre en commun les dépenses lourdes d'aménagement, Sarcelles et Villiers-le-Bel, villes de gauche, s'alliant à Garges-lès-Gonesse, dirigée par la droite, fondent une communauté de communes qui voit le jour le 1er janvier 1997 sous le nom de Val de France [1]. « *Nous avons travaillé main dans la main pour régler les problèmes quotidiens de nos deux communes*, dit Nelly Olin, ancienne suppléante de Pierre Lellouche aux législatives, devenue sénatrice-maire RPR de Garges-lès-Gonesse en 1995. *Il m'a fâchée une fois en écrivant que s'il avait été maire de Garges-lès-Gonesse, l'escalator du centre commercial aurait été remis en marche. Mais nous avons fini par devenir de vrais amis. J'ai été très touchée qu'il m'appelle juste après la mort de mon mari en 2003* [2]. »

Supermarché et zones franches

Pendant la campagne électorale pour les municipales de 1995, DSK, ancien ministre de l'Industrie, avait promis d'attirer à Sarcelles des entreprises créatrices d'emplois. Sur ce plan, le bilan est plutôt maigre. En septembre 1996 le nouveau maire accueille en ami l'homme d'affaires Michel-Édouard Leclerc, venu inaugurer un supermarché dans le centre commercial des Flanades. Les gens se pressent pour écouter DSK se lancer dans une improvisation brillante comme à son habitude, mais aussi pour approcher Anne Sinclair qui accompagne son mari. Redevenu ministre en 1997, DSK obtiendra le transfert à Sarcelles de la sous-préfecture de

1. La communauté des communes s'élargit en 2000 à Arnouville-lès-Gonesse et Montmagny qui s'en retire en 2001. Elle se transforme en communauté d'agglomérations en 2002.
2. Entretien avec l'auteur, 16 octobre 2010.

Montmorency et de ses sept cents employés. Dépendant de la tutelle du ministère des Finances et de celui du Tourisme, l'Association nationale pour les Chèques-Vacances viendra aussi s'installer dans la ville. En 1996, sous le gouvernement Juppé, Dominique Strauss-Kahn, aidé par Nelly Olin, réussit à faire classer un tiers de la ville de Sarcelles parmi les quarante-quatre « zones franches », ces quartiers difficiles où les entreprises bénéficient d'importants avantages fiscaux. Cette zone franche attirera principalement des petites entreprises. Deux ans après l'élection de Dominique Strauss-Kahn à la mairie, si l'emploi privé n'a pas décollé, les emplois publics se portent bien. Avec plus de mille employés municipaux, un sur cinquante-cinq habitants, les effectifs de la ville sont jugés pléthoriques par des opposants de droite qui reprochent à DSK une gestion « *ultra-socialiste* ». Se glorifiant d'avoir sauvé Sarcelles de la faillite, la nouvelle équipe s'attribue tous les succès et impute à ses prédécesseurs toutes les difficultés. DSK n'est pas tendre avec les représentants de la droite au conseil municipal. « *Il a souvent été odieux, il nous a humiliés*[1] », remâche Maurice Allain, conseiller municipal d'opposition. « *Au conseil municipal, il était largement au-dessus du lot*, témoigne un ancien employé de Sarcelles. *Seul le chef du Front national lui tenait tête. Un jour, pour une vétille, je l'ai vu écraser un élu de l'opposition. C'était assez cruel et disproportionné*[2]. » Cet ancien employé ajoute que « *DSK était très pointilleux. Je l'ai vu relire un projet de lettre à ses administrés portant sur les impôts locaux. Avec son stylo, il corrigeait la moindre faute d'orthographe ou de syntaxe. Il ne venait pas tous les jours en mairie mais quand il y était, il abattait en peu de temps un travail énorme*[2]... » L'ancien employé se montre aussi assez sévère : « *J'ai le souvenir d'un dîner après un conseil municipal. DSK était sympa, jovial, blagueur. Sa chaleur humaine nous*

1. Cité par Vincent Giret et Véronique Le Billon, *Les Vies cachées de DSK*, *op. cit.*
2. Entretien avec l'auteur, novembre 2009.

donnait l'impression que nous étions ses copains. Mais était-il sincère ? Avec le recul, je le vois comme un cynique, un chef de bande qui roulait des mécaniques pour en mettre plein la vue aux autres. Dans son staff, il régnait une ambiance quasi mystique autour de sa personne. Les femmes étaient béates d'admiration. Excepté Keita, son grand chambellan, qui lui parlait d'égal à égal, tous les hommes étaient serviles. Quelques-uns le critiquaient dans son dos mais en sa présence, ils s'écrasaient tous. S'il n'était que le maire d'une ville de soixante mille habitants, tout le monde le traitait comme un ministre[1]. » Une seule personne trouve grâce aux yeux de ce témoin : « *Anne Sinclair était d'une très grande simplicité. Elle ne jouait pas les vedettes. Quand elle venait le voir en mairie, elle attendait gentiment dans l'antichambre qu'il ait fini ses rendez-vous. Je n'ai jamais vu une femme aussi amoureuse*[1]. »

Les électeurs, eux, apprécient DSK. Le 25 mai 1997, au premier tour des élections législatives consécutives à la dissolution de l'Assemblée nationale par Jacques Chirac, le maire de Sarcelles, avec 36 % des voix sur la huitième circonscription, retrouve son score de 1988. Il le pulvérise le dimanche suivant, 1er juin, en frôlant les 60 % de suffrages au second tour. Quelques jours plus tard, DSK est nommé par Lionel Jospin ministre de l'Économie, des Finances et de l'Industrie. Le Premier ministre imposant le non-cumul des mandats, DSK laisse à François Pupponi la mairie de Sarcelles. S'il reste premier adjoint et redeviendra député de la circonscription, il n'aura été que deux ans maire de la commune. Il s'est trouvé un ancrage et Sarcelles un héros. Mais son destin l'appelle ailleurs. En attendant de redevenir ministre, DSK a joué les premiers rôles au Parti socialiste entre 1993 et 1997.

1. Idem.

XVIII

NAISSANCE D'UN CHEF

Samedi 3 avril 1993. Malgré un timide soleil printanier sur Paris, la matinée s'annonce fraîche. La journée sera pourtant brûlante pour les socialistes qui réunissent leur premier Comité directeur depuis le choc des législatives du dimanche précédent. Désastre, déroute, débâcle, catastrophe ? Les mots manquent. La nouvelle Assemblée nationale élue le 28 mars est la plus à droite depuis la Chambre bleu horizon de 1919 ! Les 57 socialistes, sur 577 députés, se sentent bien seuls dans l'hémicycle comme dans les couloirs du Palais-Bourbon. Dominique Strauss-Kahn vit mal la situation, d'autant qu'il a échoué de justesse face à Pierre Lellouche. Des parlementaires plus chevronnés que lui ont été complètement balayés, tels Lionel Jospin, Michel Delebarre, Michel Sapin, Roland Dumas et la majorité des ministres sortants. Michel Rocard, battu par un inconnu dans les Yvelines, fait partie des grandes victimes du suffrage universel. Il sortira pourtant vainqueur de la journée du 3 avril qui conduit les socialistes au bord de la scission. « *Dès le dimanche soir de la défaite, les complots ont commencé dans tous les coins*[1] », raconte Pierre Moscovici. Le lundi, il déjeune avec Jean-Paul Huchon, l'ancien directeur de cabinet de Michel Rocard à Matignon. Il voit aussi le jeune Manuel Valls qui, avec Alain Bergounioux, Guy Carcassonne et d'autres rocardiens, veut pousser leur chef, d'abord réticent, à se présenter à la tête du parti. « *Nous voulions*, poursuit Pierre Moscovici, *tourner la page du mitterrandisme, donner un*

1. Entretien avec l'auteur, 15 juillet 2010.

cœur social-démocrate au parti[1]. » Dominique Strauss-Kahn se tient légèrement en retrait des tractations. « *Dominique est un prince de la politique,* confie Jean-Christophe Cambadélis, *il déteste les manœuvres d'appareil, les cris et les hurlements des comités directeurs*[2]. » Il suit cependant de près les efforts de ses « *p'tits loups* », Cambadélis, Le Guen et Moscovici. Pendant toute la semaine, les manœuvres s'intensifient afin de préparer la grande coalition qui, lors du prochain Comité directeur, s'opposera au Premier secrétaire Laurent Fabius.

Exit Fabius

Rien n'est joué le samedi matin à l'ouverture de la séance. Rocard hésite encore. Avec Pierre Mauroy, il propose, dans un texte plutôt modéré, d'en appeler rapidement aux militants sans demander explicitement la tête du Premier secrétaire. « *Silence ! Écoutez l'orateur !* » s'égosille le sénateur Claude Estier, qui préside mais a du mal à se faire entendre dans ce climat délétère. Jean-Pierre Chevènement, le tonitruant fondateur du Cérés, annonce son départ du PS. Lionel Jospin, lui, renonce à toute responsabilité. Il veut se « *tenir éloigné, pour un temps, de l'action politique directe* ». Quant à Pierre Bérégovoy, Premier ministre encore quelques jours plus tôt, il est isolé, dans un coin, et fume cigarillo sur cigarillo, livide dans son imperméable. La salle se vide quand il prend la parole. Rocard et Mauroy hésitent encore à réclamer la tête de Fabius. Le texte qu'ils présentent ensemble se contente de préconiser des changements à la direction et la convocation d'états généraux destinés à refonder le Parti socialiste. Mais Fabius précipite sa perte. Se vantant de sa réélection dans son bastion imprenable de Seine-Maritime, il se met à dos l'immense armée des députés battus, présents dans la salle. En refusant le texte de compromis Mauroy-Rocard, il suscite

1. Idem.
2. Entretien avec l'auteur, 30 septembre 2010.

une bronca parmi l'assistance. À l'heure du déjeuner, dans un bistrot près de l'Assemblée nationale, les trois jospinistes André Laignel, Daniel Vaillant et Pierre Moscovici s'entretiennent à voix basse avec les deux rocardiens Jean-Paul Huchon et Alain Bergounioux. Moscovici tient la plume, Bergounioux relit et corrige. Ils élaborent un texte par lequel ils demandent la suspension immédiate de la direction du parti. Pour le présenter devant le Comité directeur, ils vont chercher Dominique Strauss-Kahn qui se trouve dans un café du quartier. « *En réalité*, assure Jean-Marie Le Guen, *DSK est l'organisateur du rapprochement Jospin-Rocard. Il s'agit d'un acte strictement politique dénué de tout enjeu passionnel car, contrairement à Jospin ou Emmanuelli à cette époque, il n'éprouve aucune animosité envers Fabius*[1]. »

Pour la première fois de sa vie militante, DSK monte au filet dans une bataille de pouvoir à l'intérieur du PS. Le texte qu'il lit à la tribune implique clairement la démission de Laurent Fabius : « *Dès aujourd'hui, une direction provisoire du PS représentative de notre diversité et à laquelle seront associés les anciens Premiers secrétaires du PS aura pour tâche de préparer des États généraux du PS*[2]. » Sentant le danger, Fabius approuve le texte de compromis présenté par Rocard et Mauroy. Mais il est trop tard. Cambadélis et Le Guen, dans les couloirs, ont rallié de nouveaux partisans, y compris les deux chefs de la Gauche socialiste, Julien Dray et Jean-Luc Mélenchon. On passe au vote. Le texte de DSK devance celui du tandem Mauroy-Rocard, soutenu par Fabius, avec 62 voix contre 49. Il sert donc de base aux travaux de la Commission des résolutions[3]. La nouvelle direction de vingt et un membres qui se met en place regroupe une vaste coalition, allant d'Emmanuelli à

1. Entretien avec l'auteur, octobre 2010.

2. Robert Chapuis, *Si Rocard avait su… Témoignage sur la deuxième gauche*, Paris, L'Harmattan, 2007.

3. Par ailleurs le texte présenté par Jean Poperen obtient sept voix, celui de Jean-Paul Planchou cinq et celui de Jean-Pierre Chevènement six voix alors qu'il a annoncé son départ du Parti socialiste.

Valls en passant par Mauroy, Poperen et Mélenchon. Fabiusien à l'époque, Jack Lang confesse aujourd'hui : « *J'ai très mal vécu le lynchage de Laurent. Quel manque de classe ! C'était trop injuste de lui faire porter la responsabilité de la défaite. Avant que DSK monte à la tribune, je lui ai glissé : "Avec tes amis, essayez d'éviter la cassure." Il ne m'a pas écouté*[1]. » Ce soir-là, Rocard plane sur un nuage. « *Devenir Premier secrétaire du PS*, dit son ancien conseiller Guy Carcassonne, *c'était son rêve, plus encore que la présidence de la République*[2]. » En attendant, Rocard est nommé à l'unanimité président de la direction provisoire du Parti socialiste.

Les strauss-kahniens y sont bien représentés. L'ancien ministre de l'Industrie reprend le secrétariat aux Études et la présidence du Groupe des experts. Pierre Moscovici conserve la trésorerie. Jean-Christophe Cambadélis est chargé des Assises de la transformation sociale avec les futurs partenaires de la gauche plurielle. Manuel Valls organise les États généraux du PS. Le jeune rocardien a rejoint la « *bande des p'tits loups* » qui s'est également élargie à deux intellos trentenaires : Gilles Finchelstein, diplômé de Sciences-Po et de l'Ena, et Vincent Peillon, un fils de communistes devenu prof de philo. Tous deux viennent d'entrer au Groupe des experts où Peillon, nommé secrétaire, seconde DSK. Dotés d'un talent de plume, ils vont rédiger de nombreux textes du PS dans les années suivantes.

Les « *p'tits loups* » se retrouvent régulièrement dans de bons restaurants parisiens comme Le Télégraphe ou Les Fins Gourmets. Ils sont parfois rejoints par l'ancien ministre Jean Le Garrec et Bernard Roman, alors premier secrétaire de la fédération socialiste du Nord. Les cerveaux phosphorent, les débats passent des hautes sphères aux petits potins politiques, les plaisanteries fusent. Mais pas question de s'organiser en courant. Ce n'est pas le genre de la maison DSK. Ici, on soutient Rocard.

1. Entretien avec l'auteur, 19 novembre 2010.
2. Entretien avec l'auteur, octobre 2010.

Du *big bang* au *big crash*

On croit le PS en route vers la rénovation. Mais la machine Rocard ne tarde pas à s'enrayer. « *Nous, les amis de Dominique, voyons bien que quelque chose ne marche pas*, raconte Pierre Moscovici. *La nouvelle équipe de direction, née du rejet de Fabius, est trop hétéroclite*[1]. » Lionel Jospin étant en retrait de la politique pour cause d'hospitalisation, son courant se fissure publiquement les 26 et 27 février 1994 à l'occasion de la Convention sur l'emploi, organisée par les socialistes à Cergy-Pontoise.

Henri Emmanuelli préconise alors une réduction générale du temps de travail sans diminution de salaires, conforme au slogan « *35 heures payées 39* ». DSK, lui, argumente au contraire que la réduction du temps de travail n'est pas valable « *pour tous les emplois, dans toutes les entreprises, dans tous les secteurs* ». Il propose « *une réduction du temps de travail progressive* », sans maintien intégral du salaire et « *à discuter par les partenaires sociaux* ». La divergence est de taille. Dans les coulisses du PS se prépare un nouveau retournement d'alliance dont Rocard fera les frais. En vue des élections européennes prévues le 12 juin 1994, le Premier secrétaire prend le pari risqué de mener la liste socialiste dans un scrutin rarement favorable aux grands partis. « *Il lui fallait*, selon Guy Carcassonne, *asseoir son autorité sur le parti. Rocard a réalisé tardivement le double jeu de Mitterrand*[2] ». Pendant la campagne électorale, le vieux président et ses fidèles encouragent discrètement la liste conduite par Bernard Tapie – ancien ministre de la Ville et soutenu par les radicaux de gauche – dont le talent et la verve font recette notamment auprès de la jeunesse populaire. « *Le 10 juin 1994, deux jours avant l'élection européenne*, raconte Alain Rodet, député-maire de Limoges,

1. Entretien avec l'auteur, juillet 2010.
2. Entretien avec l'auteur, octobre 2010.

François Mitterrand vient présider dans mon département les cérémonies du cinquantième anniversaire du massacre d'Oradour-sur-Glane. En l'accueillant à l'aéroport je lui dis : "Notre score risque d'être lamentable." Il me répond, avec un sourire malicieux : "Ne vous en faites pas." Je comprends alors que la défaite du PS ne le chagrine guère[1]. » Avec seulement 14,49 % des voix, la liste socialiste touche le fond. Celle de Tapie la talonne, avec 12,03 % des suffrages. Michel Rocard, qui avait préconisé dix-huit mois plus tôt un « *big bang* » destiné à refonder la gauche, s'effondre politiquement, victime d'un *big crash*. Au sein du PS, la mécanique du complot se remet en marche mais en sens inverse. Henri Emmanuelli s'est réconcilié avec l'ennemi d'hier, Laurent Fabius. Il veut succéder à Michel Rocard. Cette fois le Conseil national se déroule un dimanche, le 19 juin 1994, une semaine tout juste après les élections européennes, dans la salle Laser de la Cité des sciences de La Villette.

L'offensive Emmanuelli

Henri Emmanuelli commence à sortir son jeu pendant la réunion du courant Jospin, qui se tient tôt le matin, avant l'ouverture du Conseil national, à la permanence parlementaire de Daniel Vaillant, député du XVIIIe arrondissement. Le député des Landes se montre particulièrement offensif à l'encontre de Michel Rocard qui, dit-il en substance, « *nous a envoyés dans le mur* ». Michèle Sabban, jospiniste inconditionnelle, sent alors le sol se dérober sous ses pieds : « *Tout se joue en quelques minutes. Emmanuelli propose que notre courant présente un candidat contre Rocard, puis suggère qu'il pourrait être ce candidat et enfin nous fait comprendre qu'il a passé un accord avec Fabius*[2]. » Dans une atmosphère houleuse et enfumée, Lionel Jospin, sans dire un mot, laisse son

1. Entretien avec l'auteur, octobre 2010.
2. Entretien avec l'auteur, juin 2010.

courant se déchirer entre trois fractions d'importance inégale : la « *gauche mitterrandiste* » d'Henri Emmanuelli, les « *rénovateurs* » de Strauss-Kahn et le « *centre* », réduit à Lionel Jospin et ses fidèles, tels Daniel Vaillant et Bertrand Delanoë et son ami de jeunesse Claude Allègre. Il est 10 heures, la séance plénière va commencer. Les jospinistes rejoignent La Villette sans avoir entériné la candidature d'Henri Emmanuelli. Prenant la parole devant les trois cent cinq membres du Conseil national [1], Michel Rocard reconnaît ses erreurs et met son mandat en jeu. « *Il faut virer Rocard* », déclare dans les couloirs Marie-Noëlle Lienemann qui résume crûment la tonalité majoritaire. Henri Emmanuelli, avec sa verve, son humour et son accent rocailleux, dresse un réquisitoire implacable de son adversaire, au nom de l'ancrage à gauche du Parti socialiste. On passe au scrutin : 88 voix en faveur de Rocard, 129 contre, 48 abstentions et deux refus de vote dont Ségolène Royal. Dominique Strauss-Kahn, Jean-Marie Le Guen, Jean-Christophe Cambadélis et Pierre Moscovici votent la confiance à Michel Rocard. Lionel Jospin figure parmi les abstentionnistes. Il refuse de prendre parti dans une querelle qui divise ses partisans.

L'appel du 19 juin

Le Premier secrétaire démissionne. Reste à désigner son successeur. Il est environ 17 h 30, la séance plénière est suspendue. Les jospinistes se réunissent dans une petite salle. Sans surprise, Henri Emmanuelli annonce sa candidature. Lionel Jospin, attendu à RTL pour une émission prévue de longue date, laisse les siens se débrouiller entre eux. C'est alors qu'intervient un coup de théâtre. Dominique Strauss-Kahn lève la main. « *Je suis candidat* », dit-il.

1. Depuis le congrès du Parti socialiste en octobre 1993, les instances nationales ont changé de nom. Le Bureau exécutif est devenu Bureau national et le Comité directeur a cédé la place au Conseil national.

André Laignel, qui préside la séance, lui coupe la parole. Invoquant la procédure, il refuse que le courant choisisse entre deux candidats. DSK n'a pas le temps de s'expliquer devant les jospinistes. Mais sa décision est prise. Elle a été discutée quelques minutes seulement avec ses plus proches lieutenants. Jean-Marie Le Guen surtout est chauffé à blanc. Cet enfant du sérail mitterrandiste est très déçu par Lionel Jospin. « *Fonce, c'est ton heure* », souffle-t-il à Strauss-Kahn. Cambadélis est plus réservé. Toujours soucieux des équilibres au sein de l'appareil socialiste, il craint que DSK, face à Emmanuelli, ne se marque trop à droite. Tout va très vite. La séance plénière reprend après 19 heures. Revenu de son émission à RTL, Lionel Jospin retrouve sa place à côté de Daniel Vaillant. Se présentant comme candidat officiel du courant Jospin, Henri Emmanuelli fait vibrer la fibre de gauche de l'assistance avec l'assurance du vainqueur. DSK, le prudent, le modéré, le diplomate, se lance cette fois dans un combat perdu d'avance. En marchant vers la tribune, il cherche dans les travées un regard approbateur de son mentor Lionel Jospin. Il ne voit qu'un visage fermé. Interrompu par des hurlements et des sifflets, il s'exprime pour l'honneur, sans espoir de convaincre. Il improvise, cherche ses mots, parle de morale et de politique, de solidarité avec Michel Rocard, de rénovation de la gauche, de réalisme économique. Vincent Peillon se rappelle : « *On était tout chose. Son discours était plan-plan. On se regardait en pensant qu'il aurait pu être meilleur*[1]. » Comme prévu, la défaite est écrasante : 64 voix pour DSK, 140 en faveur d'Emmanuelli. Jospin est suivi dans l'abstention par son carré de fidèles. DSK, quand il descend de la tribune, est aussitôt entouré par sa bande. Michèle Sabban : « *Le soir du Conseil national, il ne dit rien, ou presque, sans doute est-il*

1. Entretien avec l'auteur, novembre 2010.

en train de chercher à comprendre la portée de ses actes[1]. » Vincent Peillon : « *Je nous revois à la sortie de La Villette avec DSK et quelques autres. Nous sommes dans la file avec nos tickets de parking. Les gens nous regardent comme des perdants*[2]. » Pierre Moscovici : « *À court terme, on est complètement perdants. On a froissé Jospin, qui se retrouve isolé avec quinze partisans seulement au Conseil national. On est très minoritaires, coupés de notre courant d'origine et pas forcément acceptés par les rocardiens. À long terme, c'est une autre affaire : on pose les jalons pour promouvoir un nouveau courant moderniste rocardo-jospiniste*[3]. »

Ce 19 juin 1994, pour le meilleur et pour le pire, le strauss-kahnisme est né. Son chef change d'image. Président de la Commission des finances, il incarnait une ligne « *de gauche* » face au « *franc fort* » de Pierre Bérégovoy. Adversaire d'Emmanuelli et opposé aux 35 heures payées 39, DSK se « recentre ». « *Rocard quittant l'avant-scène*, explique Jean-Marie Le Guen, *Dominique est apparu un peu comme son héritier. C'est vrai pour le réalisme en économie et l'inventivité au niveau social. Cependant nous sommes différents des rocardiens. Écrasés sous le joug de Mitterrand, ils ont cultivé un sentiment minoritaire. Nous, au contraire, venant du mitterrandisme, nous entretenons un rapport décomplexé au pouvoir*[4]. »

Les fantômes de Vichy

Comme les rocardiens, les strauss-kahniens sont pressés de tourner la page Mitterrand. Une occasion leur est donnée en septembre 1994 avec la parution du livre de Pierre Péan sur la

---

1. Entretien avec l'auteur, juin 2010.
2. Entretien avec l'auteur, novembre 2010.
3. Entretien avec l'auteur, juillet 2010.
4. Entretien avec l'auteur, 25 mai 2010.

jeunesse du président de la République[1]. Il évoque entre autres les opinions très à droite de l'étudiant Mitterrand dans les années 1930 et son activité à Vichy, en 1942, où il reçut la Francisque des mains du maréchal Pétain avant de rejoindre la Résistance. Ce passé mitterrandien, que découvre le grand public, était connu de ceux qui avaient lu *Le Noir et le Rouge* publié en 1984 par la journaliste Catherine Nay[2]. Le livre de Péan se distingue en révélant les liens amicaux maintenus par François Mitterrand, jusque dans les années 1980, avec René Bousquet, le chef de la police de Vichy et à ce titre organisateur de la déportation des Juifs de France. « *On voudrait rêver d'un itinéraire plus simple et plus clair pour celui qui fut le leader de la gauche française dans les années 1970 et 1980* », déplore publiquement Lionel Jospin. Les plus virulents parmi les socialistes se retrouvent dans l'entourage de DSK. Manuel Valls et Pierre Moscovici dégainent les premiers, suivis de Cambadélis, Le Guen et Peillon. Laurent Azoulai se rapproche de DSK à ce moment-là. Longtemps chargé de l'intendance en tant que délégué général, il compte beaucoup dans l'appareil du PS : « *Adhérent à dix-neuf ans en 1974, je nourrissais une admiration démesurée pour Mitterrand. En apprenant ses relations avec Bousquet, j'ai pris une claque dans la figure. Au lendemain de son émission sur France 2 avec Elkabbach, j'ai porté à son secrétariat particulier une lettre dans laquelle j'exprimais mon désarroi et mon indignation. Il était "outré", m'a-t-on dit, mais il ne m'a jamais répondu. Ayant photocopié cette lettre à une dizaine d'exemplaires, je l'ai donnée à Lionel, dont j'étais très proche, et à Dominique qui l'a transmise à Anne Sinclair*[3]. » La présentatrice de *7 sur 7*, qui entretenait des relations amicales depuis longtemps avec François Mitterrand, est très affectée par le livre de Pierre

1. Pierre Péan, *Une jeunesse française, François Mitterrand, 1934-1947*, Paris, Fayard, 1994.
2. Catherine Nay, *Le Noir et le Rouge*, Paris, Grasset, 1984.
3. Entretien avec l'auteur, 30 novembre 2009.

Péan : « *Ayant lu l'ouvrage de Catherine Nay, je connaissais le passé de Mitterrand. C'était plutôt à son honneur d'avoir changé. Ce qui m'a stupéfiée en lisant Péan, c'est la découverte de la constance des amitiés de Mitterrand. Et pas seulement avec Bousquet ! Quand Jean-Paul Martin meurt en 1986, Mitterrand se rend à son enterrement. Vous savez qui était Martin ? Un des plus proches collaborateurs de Bousquet, à Vichy, radié de la fonction publique à la Libération ! Mitterrand, qui le considérait vraiment comme un ami, l'a reçu dans sa bergerie de Latche. Vraiment, le plafond m'est tombé sur la tête, l'impression qu'on s'était fait avoir pendant des années et des années par Mitterrand. Il a été un grand président. Il a conduit la gauche au pouvoir et fait progresser l'Europe. Je peux donc lui garder de l'admiration mais aucune affection, contrairement à Mendès France*[1]. » Anne Sinclair n'est pas du genre à masquer ses indignations. Jack Lang en fait les frais à l'occasion d'un *7 sur 7* où elle l'invite à l'époque : « *Le dialogue entre nous*, dit-il, *fut très tendu. Anne était très sensible sur cette question, je peux le comprendre. Mais la campagne contre Mitterrand, malade et en fin de mandat, était indigne. Lui reprocher la fréquentation de Bousquet, c'était honteux ! Après la guerre, beaucoup de gens fréquentaient Bousquet. Il était le directeur de* La Dépêche du Midi, *un journal qui soutenait la gauche. De Gaulle, lui, a nommé Papon préfet de police. Qui le lui a reproché*[2] *?* » Et DSK ? Dans le huis clos du Bureau national, il réplique vertement à Henri Emmanuelli qui dénonce en substance « *ceux qui font des procès historiques pour éviter de parler de la politique du gouvernement* ». Si Dominique Strauss-Kahn partage le point de vue de son épouse et de ses amis, il ne s'exprime pas publiquement à propos de « *l'affaire Mitterrand* ». Peut-être ne trouve-t-il pas utile d'en rajouter face au vieux président malade. DSK garde ses

1. Entretien avec l'auteur, 17 décembre 2010.
2. Entretien avec l'auteur, 19 novembre 2010.

indignations pour lui. Et si sa discrétion s'expliquait aussi par son rapport au judaïsme ? Contrairement à beaucoup de Juifs de sa génération, sa famille a été épargnée par la Shoah. Le judaïsme qu'on lui a transmis est une culture, une pensée, pas une posture victimaire. Un culte de la vie qui l'amène toujours à privilégier le futur par rapport au passé. Son indulgence à l'égard des autres le distingue fondamentalement de son ami, le moraliste Jospin. Ah ! Jospin, justement. On le croyait en préretraite politique. Il ne faisait que préparer son retour.

XIX

AVANT BERCY

30 juin 1994. Une belle soirée d'été sur la terrasse de l'Institut du monde arabe à Paris. Quelques jours après le dramatique Conseil national de La Villette, Dominique Strauss-Kahn, Anne Sinclair, Pierre Moscovici et beaucoup d'autres entourent Lionel Jospin à l'occasion de son mariage avec la philosophe Sylviane Agacinski. Excepté Michel Rocard, sans doute abattu par sa défaite, la grande famille politique de « Lionel » se retrouve, y compris François Mitterrand qui reste tard, partageant avec les autres convives le repas sur la terrasse. Après ses échecs politiques, son divorce, sa maladie, le bonheur de Lionel ravit ses amis. Alain Juppé, ministre des Affaires étrangères, ne lui ayant pas accordé le poste qu'il demandait dans la diplomatie, son corps d'origine, Jospin a renoué avec la politique. Mais, n'étant plus que simple conseiller général du canton de Cintegabelle, en Haute-Garonne, son avenir semble s'écrire en minuscules. Dans un parti dirigé « *à gauche toute* » par son ancien lieutenant Emmanuelli, il est marginalisé. Pourtant, au fond de lui-même, Jospin n'a sans doute renoncé à rien. Tombé très bas, il prend de la hauteur. En vue du congrès du parti, prévu à Liévin dans le Pas-de-Calais du 18 au 20 novembre, il rédige une contribution qu'il signera seul. « *Un jour de juillet 1994*, raconte Michèle Sabban, *Lionel me téléphone. N'ayant plus ni fonction ni secrétariat, il me demande d'imprimer le texte de sa contribution à trois mille exemplaires et de les envoyer. Je m'y suis collée avec Christophe Caresche et quelques autres camarades. Après avoir lu le texte, j'ai*

dit en riant à Lionel : "C'est un vrai programme présidentiel[1]*."* »
Réflexion prémonitoire !

À Liévin, plus seul que jamais, Jospin prend la parole devant une salle clairsemée et indifférente. Les acclamations sont réservées au Premier secrétaire Henri Emmanuelli, « *héros plébéien* », selon l'expression d'Henri Weber, qui, tout en défendant une ligne aux accents anticapitalistes, implore le modéré Jacques Delors, absent du congrès, de « *faire son devoir* ». Le président de la Commission européenne semble être le seul à gauche qui soit capable de gagner la présidentielle après deux septennats mitterrandiens. Dominique Strauss-Kahn se montre très discret lors de ce congrès. Mal à l'aise avec la ligne protestataire d'Emmanuelli, il n'attend qu'une chose : se mettre au service du candidat Delors. Le « sauveur », qui n'a rien laissé filtrer de sa décision, entretiendra le suspense jusqu'aux dernières minutes de l'émission *7 sur 7* du dimanche 11 décembre 1994. Assis chez lui devant son téléviseur, Dominique Strauss-Kahn est logé à la même enseigne que les onze millions de téléspectateurs réduits à attendre la parole de l'oracle de Bruxelles.

Anne Sinclair introduit l'émission : « *Jacques Delors sera-t-il candidat ? Voilà la question !* » Le « *voilà* » est d'importance. Il résulte d'un code confidentiel destiné à prévenir son mari en cas de non-candidature de leur champion. La présentatrice de *7 sur 7* a été mise dans la confidence par Jacques Delors cinq minutes plus tôt, en salle de maquillage. Si la décision avait été positive, Anne Sinclair aurait remplacé le « *voilà* » par un « *voici* » ! Pendant quarante minutes pourtant, Dominique Strauss-Kahn se demande si son épouse ne s'est pas trompée. Intarissable, Jacques Delors explique par le menu ce qu'il faudrait faire à la tête de la France avant d'annoncer… qu'il ne le fera pas lui-même. Le choc est terrible pour les socialistes qui, à cinq mois de la présidentielle, se retrouvent sans candidat.

---

1. Entretien avec l'auteur, juin 2010.

Campagne éclair

Et si c'était Lionel ? L'idée germe immédiatement dans l'esprit des amis de l'ex-Premier secrétaire. Laurent Azoulai, qui lui téléphone juste après *7 sur 7*, tombe sur un Jospin prudent mais ouvert à cette perspective. De son côté, DSK ne perd pas une seconde. Le lendemain matin, à la Fondation Jean-Jaurès, présidée par Pierre Mauroy et située dans le vieil immeuble de la ravissante cité Malesherbes à Paris, DSK réunit en urgence plusieurs rénovateurs : Pierre Moscovici, Gilles Finchelstein, Michèle Sabban, Martine Aubry, Élisabeth Guigou, Pierre Mauroy bien sûr et Jean-Michel Rosenfeld. Le hasard fait bien les choses : Mauroy doit déjeuner avec Jospin, ce jour-là. On le mandate pour lui demander de se porter candidat. Lionel, qui ne dit toujours rien publiquement, réunit à son domicile de la rue du Regard quelques jours plus tard son cercle de fidèles, dont Daniel Vaillant, Gérard Le Gall, Claude Allègre, Bertrand Delanoë et Laurent Azoulai. De son côté, Laurent Fabius, empêché de se présenter à cause de l'affaire du sang contaminé, fera entériner par son courant le soutien à Henri Emmanuelli. Dominique Strauss-Kahn, rentré de vacances familiales aux sports d'hiver, téléphone à son ami Lionel au lendemain du Jour de l'an et lui conseille : « *Sois le premier à déclarer ta candidature.* » Message reçu cinq sur cinq. Le 4 janvier, Jospin, sorti peu de temps avant d'une librairie voisine avec un sac en plastique plein de livres à la main, annonce sa candidature devant le Bureau national. Henri Emmanuelli sera son adversaire. Pour la première fois les adhérents socialistes désignent directement leur candidat à l'élection présidentielle. Le vote se déroule le 5 février et Lionel Jospin, en obtenant 65 % des voix, terrasse le Premier secrétaire. La situation est compliquée. À deux mois et demi du premier tour, le candidat socialiste doit improviser une campagne électorale sans pouvoir compter vraiment sur l'appui de la direction du parti. Qu'à cela ne tienne! Lionel Jospin, se passant des éléphants, constitue l'embryon de sa future *dream team* autour des « *p'tits loups* » de DSK et autres lionceaux quadragénaires, tels Aubry et Hollande, qui s'ajoutent aux fidèles jospinistes Vaillant, Allègre, Delanoë, mais aussi Jean-Marc Ayrault ou Catherine Tasca, sans oublier les « consciences » du parti, Delors, Rocard et Badinter.

On pourrait passer au scanner l'équipe de campagne, on n'y trouverait guère de mitterrandistes du sérail. Plusieurs proches du Président, d'ailleurs, son beau-frère Roger Hanin, son neveu Frédéric Mitterrand, ses amis Pierre Bergé et Pascal Sevran, s'affichent en faveur de Jacques Chirac. Avec humour, l'acteur Pierre Arditi les qualifie de « *chiraco-marxistes* ». La situation, au fond, ne déplaît pas à Jospin qui ne cherche aucunement le soutien du président sortant. Reprenant une expression de Pierre Moscovici, il revendique un « *droit d'inventaire* » à l'égard de l'héritage mitterrandien. C'est d'ailleurs à ce même Moscovici, virulent détracteur du vieux président, que le candidat a demandé une note confidentielle sur les cent premiers jours du nouveau pouvoir en cas de victoire. Comme porte-parole de sa campagne, Lionel Jospin choisit son ami Dominique Strauss-Kahn et Martine Aubry qu'il connaît moins bien. Elle est alors réputée plus « *droitière* » que DSK. Elle a occupé de hautes fonctions auprès de Jean Gandois chez Pechiney et lancé la Face, Fondation agir contre l'exclusion, en liaison avec de grandes entreprises. Jean-Luc Mélenchon l'a surnommée « *la Madone des patrons* ».

Martine et Dominique ne s'entendent guère. Les deux étoiles montantes de leur génération sont forcément rivales. Modernistes et pragmatiques, les « *ailiers de Jospin* » vont produire en quelques semaines un programme économiquement réaliste et socialement attractif. Un exemple : la réduction du temps de travail. Martine et Dominique, jetant ensemble à la corbeille la position officielle du parti, « *35 heures payées 39* », reviennent à leur idée commune d'une diminution négociée et progressive : 37 heures en deux ans, puis 35 heures en cinq ans. En plus du programme, DSK offre aussi à Lionel une théorie : la « *rénovation* ». Il veut dessiner pour Jospin une « *troisième gauche* », empruntant à la première l'ambition sociale et à la deuxième le réalisme gestionnaire. Pendant cette campagne de 1995, Jospin donne à la gauche un nouveau visage, plus moral et moins monarchique. Parti de rien, le conseiller général de Cintegabelle atteint 23,40 % au soir du premier tour. Il devance Chirac et Balladur. Dans les derniers jours précédant le second tour, on se prend à croire au miracle dans une équipe de campagne où DSK, selon son expression, « *bosse de 7 heures à minuit* ». Recueillant 47,30 % des suffrages au second tour, Jospin offre au PS et à lui-même « *une défaite d'avenir* », selon l'expression de Laurent Fabius. Sur sa lancée, à l'automne 1995, Jospin redevient Premier secrétaire mais avec un statut de présidentiable qui fait de lui cette fois le patron incontesté du PS. Dans l'année qui suit, il lance « *un grand chantier programmatique* ». La créativité de son ami Dominique est mise à contribution. Lionel veut des idées sociales ? DSK invente les emplois-jeunes, 350 000 dans le public et autant dans le privé, subventionnés par des fonds publics. C'est contraire à la rigueur budgétaire dont il se prévaut ? DSK est pragmatique. Alors qu'Henri Emmanuelli et Julien Dray, défavorables à la monnaie unique européenne, rencontrent un grand écho dans la base socialiste, DSK et « Mosco » envisagent une parade habile. Avec Jospin, qu'ils retrouvent un soir de 1996 à son domicile, ils décident de poser des « *conditions* » à la mise en œuvre de la monnaie unique. La gauche prépare à son rythme l'échéance des élections législatives de 1998. Mais le président de la République, Jacques Chirac, sur les conseils du secrétaire général de l'Élysée Dominique de Villepin, dissout l'Assemblée nationale. Cette fois, le miracle se produit.

Le lundi 2 juin, pendant le journal de 13 heures, les Français se frottent les yeux en voyant Lionel Jospin annoncer sur le perron de l'Élysée sa nomination à Matignon. Branle-bas de combat, la gauche est de retour !

XX

LE « MANAGER » DE LA FRANCE

Ce lundi 2 juin 1997, Dominique Strauss-Kahn avait prévu de longue date un déjeuner. Il doit le décommander. Dans la matinée, Lionel Jospin lui a proposé le ministère de l'Économie et des Finances. Dans l'ordre protocolaire, DSK doit se contenter de la septième place au sein du gouvernement, la deuxième étant attribuée à sa rivale, Martine Aubry, ministre de l'Emploi et de la Solidarité. Histoire de marquer la priorité des affaires sociales. Manière également de ménager l'ombrageuse Martine qui voulait absolument Bercy. DSK n'est pas à plaindre. Lionel lui accorde enfin ce que François Mitterrand lui avait refusé quelques années auparavant, un méga-ministère à la japonaise comprenant, outre l'économie et les finances, quatre secrétariats d'État placés sous son autorité : le budget, l'industrie, le commerce extérieur, les PME et l'artisanat. À vingt ans, DSK se demandait s'il deviendrait prix Nobel d'économie ou ministre des Finances, à quarante-huit ans, il connaît la réponse. Il va pouvoir enfin « *manager* » l'économie française.

Ce 2 juin, il le passe en partie dans le bureau de Paul Hermelin, son ancien directeur de cabinet au ministère de l'Industrie devenu directeur général adjoint de la grande entreprise d'informatique Cap Gemini, installée rue de Tilsitt, à deux pas de la place de l'Étoile. Hermelin exclut de quitter son poste dans le privé mais il veut bien aider son ami à trouver un directeur de cabinet. Il lui prête même son bureau où DSK reçoit d'éventuels futurs collaborateurs. Ensemble, les deux hommes passent en revue les diverses options. « *Et Jean-Pierre Jouyet ?* » suggère Hermelin.

Jospin l'a déjà « *préempté* » comme directeur adjoint de son cabinet à Matignon. Jouyet recommande à DSK un ancien conseiller de Pierre Bérégovoy, François Villeroy de Galhau. Ce catholique pratiquant issu d'une famille conservatrice de Strasbourg connaît parfaitement les questions européennes. Il est conseiller financier à la représentation permanente de la France à Bruxelles. C'est là qu'il reçoit un appel de DSK. « *Je lui dis : "Bravo, monsieur le ministre !"* raconte le haut fonctionnaire. *Une voix joyeuse, gouailleuse me répond : "Arrête tes salamalecs ! J'aimerais bien te voir. Viens à Paris*[1]*."* » Le lendemain matin, François Villeroy de Galhau débarque au domicile de Strauss-Kahn près du bois de Boulogne. « *DSK me pose des questions et m'avoue honnêtement qu'il a d'autres pistes. Je le tutoie assez vite mais je suis un peu intimidé par la présence d'Anne Sinclair qui à l'époque est une star. "Alors, comment est-elle ?"me demanderont les enfants à mon retour*[1]. » Le profil très européen de cet Alsacien d'origine et de culture franco-allemandes se révélera déterminant dans son recrutement par DSK. Car la France se trouve prise à la gorge par l'échéance de la monnaie unique européenne. Pour obtenir sa qualification dans l'euro, le déficit budgétaire ne doit pas dépasser les 3 % de la richesse nationale. Or, en juin 1997, il s'élève à 3,7 % ! Pendant la campagne électorale, pour calmer les ardeurs de l'aile gauche du PS, Jospin, Strauss-Kahn et Moscovici ont inventé des « *conditions* » au passage à l'euro. Une fois au pouvoir, la réalité les rappelle à l'ordre. Le chancelier allemand Helmut Kohl ne badine pas avec le calendrier ni avec les critères de l'euro. « *Ils devraient être respectés avant la fin de l'année* », affirme-t-il le vendredi 27 juin. Comment y parvenir sans abandonner la « *priorité à l'emploi* » promise par Lionel Jospin pendant la campagne électorale ? Cela paraît impossible alors que le gouvernement d'Alain Juppé laisse un taux de chômage record

1. Entretien avec l'auteur, 28 octobre 2010.

de 12,7 %. DSK le joueur d'échecs adore ces situations où il faut se creuser les méninges : « *Il n'est pas un intellectuel qui se complaît dans la théorie pure. Il est fondamentalement un ingénieur, qui aime la réflexion appliquée à l'action*, explique François Villeroy de Galhau. *Vous arrivez devant lui en disant : "Il y a trois options : A, B, C." Un politique normal répondrait : "Je choisis A ou B ou C." Dominique vous demande de démonter chacune des options, comme un réveil dont on mettrait toutes les pièces sur la table. À la fin de la réunion il remonte le réveil en prenant une pièce ici et une autre là. C'est ce qu'il a fait pour l'euro*[1]. » DSK le pragmatique va mettre la barre à gauche… tout en enjôlant les patrons. Invité du *Forum de L'Expansion* en juin 1997, le tout nouveau ministre socialiste de l'Économie séduit un public composé d'hommes d'affaires en suggérant sur un ton blagueur de combler les déficits publics par une augmentation considérable de l'impôt sur la fortune. « *Il inspirait confiance aux patrons. Ils étaient fascinés de voir un homme de gauche qui connaissait et aimait l'entreprise*[1] », affirme son ancien directeur de cabinet.

« On est les champions ! »

Le charmeur de patrons leur fait avaler la couleuvre d'une forte augmentation de l'impôt sur les sociétés. Négociée dans la coulisse avec son ancien collègue de Nanterre Denis Kessler devenu vice-président du CNPF, le Conseil national du patronat français, cette augmentation a été assez facilement acceptée car elle est temporaire et sera compensée par les bénéfices attendus de l'entrée dans l'euro. Le ministre s'est engagé à mettre un terme à cette augmentation en trois ans. Une promesse qui sera tenue. Autre mesure de gauche, l'annulation de la baisse de l'impôt sur les hauts revenus annoncée par le gouvernement Juppé. S'il alourdit d'une main la facture des plus riches, DSK allège de

1. Idem.

l'autre celle de l'ensemble des ménages grâce à une baisse de la TVA, appliquée à certains services tels l'entretien et la réparation des logements, et à de nouveaux crédits d'impôts, par exemple pour les frais de scolarité. « *Nous avons redonné confiance à la fois aux investisseurs et aux consommateurs*, explique Dominique Strauss-Kahn. *Pour faire revenir la croissance, la dimension psychologique est aussi importante que les mesures techniques*[1]. » Abracadabra. En quelques mois, le magicien de l'économie parvient à faire disparaître les 48 milliards de francs de déficit tout en relançant la consommation des ménages avec des mesures fiscales socialement justes. DSK a aussi été servi par la baraka. Car le retour de la gauche au pouvoir coïncide avec celui de la croissance dans toute l'Europe. « *On est les champions* », reprennent en chœur les Français après la victoire des Bleus en finale du Mondial de football le 12 juillet 1998 au Stade de France. « *Et 1, et 2 et 3 %!* » pourrait répondre en écho la *dream team* rose de Lionel Jospin qui en quelques mois a qualifié la France pour l'euro. En mars 1998, le Zidane de l'équipe socialiste refait le match pour le journal *Le Monde* : « *La demande intérieure est particulièrement bien soutenue*, explique DSK. *(...) La consommation est présente, l'investissement est annoncé, le chômage décroît, les comptes publics sont équilibrés, l'inflation est terrassée, les taux d'intérêt sont faibles : cela fait peut-être trente ans que personne n'avait pu, en France, réunir autant de facteurs positifs pour la croissance*[2]. » La croissance à 3 % est la plus élevée de tous les grands pays industrialisés. Elle permet d'amortir le coût des emplois-jeunes, l'idée la moins libérale de DSK, mal vue au début par Martine Aubry qui, devenue ministre de l'Emploi et de la Solidarité, finit par la mettre en œuvre. Elle s'est ralliée aussi aux « *35 heures payés 39* » dans l'euphorie de la campagne des législa-

1. Entretien avec l'auteur, 20 mars 2011.
2. *Le Monde*, 3 mars 1998.

tives. Elle veut une loi-cadre sur la réduction du temps de travail. Dominique Strauss-Kahn pense que l'application à toutes les entreprises posera problème. « *En septembre 1997*, raconte-t-il, *j'ai déclaré à* Libération *qu'il fallait une négociation et non une loi. Jospin, furieux, m'a dit que je n'étais pas le ministre en charge de ce dossier et que l'on devait laisser Martine agir*[1]. » La ministre de l'Emploi et de la Solidarité transforme les négociations sur les 35 heures en affrontement de classes avec le CNPF. Jean Gandois, alors président de cette organisation, son ancien patron chez Pechiney, se sent « *trahi* ». Par leur statut respectif, la ministre de l'Emploi et celui de l'Économie incarnent bientôt les ailes gauche et droite du gouvernement Jospin. Malgré son amitié personnelle avec Dominique, qui dispose même d'un bureau à Matignon, Lionel arbitre parfois en faveur de Martine lorsqu'elle s'oppose par exemple à une augmentation de la cotisation vieillesse souhaitée par DSK pour tempérer l'impôt sur les sociétés. Au cabinet de Martine Aubry, on reproche souvent à DSK sa complaisance envers le patronat.

Vive le marché...

C'est vrai qu'il évite de « *désespérer l'avenue Pierre-Ier-de-Serbie* », siège du CNPF, futur Medef. Après avoir tapé fort sur les entreprises, pour cause d'euro, il devient leur principal défenseur au sein du gouvernement. En trente mois passés à Bercy, DSK contribue bien plus que tous ses prédécesseurs de droite comme de gauche à l'extension du marché. Sous le terme pudique d'« *ouverture de capital* », il privatise totalement ou partiellement de nombreuses entreprises publiques telles que France Télécom, Air France, Thomson, la Seita et Usinor dont l'État ne possède plus que 7 % du capital. « *Pour France Télécom, l'ouverture du capital était inévitable*, assure Dominique Strauss-Kahn, *si on voulait que*

1. Entretien avec l'auteur, 20 mars 2011.

l'entreprise ne reste pas un opérateur du téléphone fixe. Pour l'aider à développer le mobile, il aurait fallu piocher dans le budget, ce qui signifie moins d'écoles[1] *!* »

Ces privatisations qui rapportent 150 milliards de francs à l'État facilitent les investissements publics et la redistribution, indispensables à toute politique de gauche. Elles ont aussi le mérite de doter des entreprises en difficulté d'un actionnariat solide et contribuent à la restructuration de l'économie française par le renforcement de certains secteurs. « *Je revendique sur toutes ces opérations une rupture politique : on est passé des privatisations purement financières d'avant 1997 à de vraies restructurations stratégiques avec un partenariat industriel solide*[2]. » DSK n'est pas seulement le ministre des comptes. Dans une chambre d'hôtel à Moscou, il convainc Jospin de laisser Desmarest, le patron de Total, entreprise privée, racheter Elf, entreprise publique, afin de créer un groupe français de taille internationale. Avec Christian Pierret, son secrétaire d'État à l'Industrie, il lance EADS (European Aeronautic Defence and Space Company), qui regroupe le français Aérospatiale Matra, l'allemand DASA et l'espagnol CASA. Ce grand pôle européen ambitionne de concurrencer l'américain Boeing. Mais les conditions de cette fusion emblématique sont contestées, notamment par l'économiste Élie Cohen : « *J'ai regretté que pour permettre la création d'EADS le gouvernement ait bradé une entreprise publique, Aérospatiale, lors de son achat par Matra, propriété du groupe Lagardère. Le déséquilibre du partenariat avec l'Allemagne portait les germes de futurs conflits. Des amis qui travaillaient au cabinet m'ont rétorqué que j'avais raison techniquement mais tort politiquement, au regard du grand*

1. Idem.
2. *Le Nouvel Observateur*, 7-13 octobre 1999.

dessein de l'amitié franco-allemande[1]. » Élie Cohen critique également *« l'impossibilité politique dans laquelle il* (Dominique Strauss-Kahn) *se trouvait d'assumer pleinement les privatisations dans le cadre de la gauche plurielle alors que dans la plupart des cas le maintien de l'actionnariat de l'État ne se justifiait pas économiquement*[1] ». « *À la différence d'Élie*, répond Strauss-Kahn, *je ne suis pas un partisan* a priori *de la privatisation en soi ni de la nationalisation. Tout dépend des circonstances*[2]. »

... et sa régulation

Dans le mensuel de gauche *Alternatives économiques*, le ministre DSK publie le 1er septembre 1998 un article intitulé « Le parti du mouvement » dans lequel il théorise son action gouvernementale « *réaliste et de gauche* ». « *La gauche*, écrit-il, *ne se définit pas en référence à la croissance de la dépense publique, au volume de la réglementation ou à l'étendue du secteur d'État. Elle se définit par son attachement au producteur plutôt qu'au rentier, par sa volonté d'une régulation de l'activité économique, par son aspiration à la justice sociale et par l'ambition qu'elle a d'étendre le champ d'application de la méthode démocratique (...) Les mutations exigent de nous des réactions rapides : en l'espace d'une ou deux décennies, un ensemble d'innovations techniques peut priver de tout fondement économique la perpétuation d'un monopole public, hier pourtant parfaitement justifié (...) La rupture des équilibres démographiques peut exiger de réexaminer la solidarité entre les générations; la mondialisation financière peut nous convier à réaliser des progrès décisifs dans l'intégration européenne*[3]. » Dans cet article, DSK réaffirme ce qui le différencie des libéraux : « *Personne ne peut, sans rire, compter sur le marché pour nous*

1. Entretien avec l'auteur, avril 2010.
2. Entretien avec l'auteur, 20 mars 2011.
3. *Alternatives économiques*, 1er septembre 1998.

adapter dans la justice à un monde qui bouge. (...) L'enjeu des discussions (internationales) actuelles est donc d'inventer de nouvelles formes de régulation pour une économie mondialisée[1]. » Dans ses interventions publiques à cette époque, Dominique Strauss-Kahn prend bien soin de se démarquer de Tony Blair, le Premier ministre britannique, incarnation du libéralisme économique dans la gauche européenne, jugé « *droitier* » par Lionel Jospin et applaudi du bout des doigts par les députés socialistes français lors de sa visite à l'Assemblée nationale. Un seul d'entre eux se déclare ouvertement « *blairiste* » et « *social-libéral* », le maire de Mulhouse Jean-Marie Bockel, futur secrétaire d'État dans les gouvernements d'ouverture de Nicolas Sarkozy entre 2007 et 2010. « *Je me suis rendu en compagnie de Dominique Strauss-Kahn en Grande-Bretagne afin d'assister à des colloques blairistes organisés entre autres par le* think tank *Policy Network*, explique-t-il. *Tout en manifestant une vraie sympathie pour nos interlocuteurs, DSK n'oubliait jamais les réserves d'usage sur le thème : l'Angleterre n'est pas la France. Il me confia aussi qu'en s'affirmant "blairiste", il risquait de se brûler les ailes. Il se moquait gentiment de la ringardise de Jospin mais une part de lui-même l'attachait à la gauche traditionnelle. S'il était parfois agacé par la construction politique de la gauche plurielle, obligeant à des concessions fréquentes aux alliés du PS, la présence des communistes au gouvernement ne lui posait pas de problème*[2]. » Critique intransigeant de Dominique Strauss-Kahn sur certains dossiers industriels, l'économiste Élie Cohen lui reconnaît par ailleurs une « *pensée personnelle, incontestable et originale* » : « *Dans les années 1980 et 1990 où le libéralisme économique emportait tout sur son passage, il est resté profondément keynésien, c'est son côté "première gauche", tout en étant attaché au dialogue avec la société civile, comme les rocardiens. Depuis vingt-*

1. Idem.
2. Entretien avec l'auteur, avril 2010.

cinq ans que je le connais, j'ai vu se former une pensée strauss-kahnienne qui se rattache à la tradition saint-simonienne par son attachement à la production et à l'industrie et par l'idée d'un nouveau compromis social[1]. »

Dream team

Le saint-simonisme ! Qui en 1997 s'intéresse encore à l'œuvre du comte de Saint-Simon, socialiste utopique mort en 1825 ? Qui consacre du temps à comparer sa pensée à celle de Karl Marx, de Jean Jaurès, de Jules Guesde ? Un petit groupe d'anarchistes ? Une obscure société d'historiens à la retraite ? Pas du tout. L'orateur qui jongle avec les citations des pères fondateurs du socialisme n'est autre que le ministre de l'Économie et des Finances de la quatrième puissance industrielle mondiale lors du premier séminaire de son cabinet ministériel réuni au grand complet début septembre 1997 au château-hôtel de Montvillargenne, près de Chantilly dans l'Oise. Le jeune Dominique, organisateur d'un « club de débats » au lycée de Monaco, point toujours sous DSK. Tous les deux mois, le ministre emmène son cabinet au grand complet, une trentaine de personnes, se creuser les méninges pendant un week-end entier à la campagne dans son département du Val-d'Oise ou dans celui, voisin, de l'Oise. « *Dominique introduit toujours les débats de manière très ouverte sans trop dévoiler son opinion afin de ne pas influencer ses collaborateurs*[2] », témoigne Gilles Finchelstein, le jeune conseiller politique, devenu un ami très proche et qui, entre autres, écrit les discours du ministre. « *Chaque membre du cabinet,* poursuit-il, *prépare une note sur le sujet de son choix. Dans un climat alternant le tu et le vous avec le ministre, on discute de tout et pas toujours dans son domaine de*

1. Entretien avec l'auteur, mai 2010.
2. Entretien avec l'auteur, 25 mai 2010.

compétence[1]. » Chaque mercredi, pendant que DSK assiste au Conseil des ministres, le cabinet se réunit autour de Villeroy. « *Malgré une faible expérience antérieure*, assure l'ancien directeur de cabinet, *DSK conjuguait à Bercy les deux recettes d'un bon management : clarté dans la vision et confiance dans l'exécution. Mon job consistait à prendre quinze décisions par jour au nom du ministre. Quand il n'était pas d'accord, il me disait tranquillement : "François, je n'aurais pas fait comme toi." Mais il ne m'a jamais engueulé*[2]. » En 1997, François Villeroy de Galhau a trente-huit ans, soit exactement l'âge moyen de son équipe. Si le directeur de cabinet a recruté les conseillers techniques, DSK s'est réservé le choix des politiques : l'incontournable Stéphane Keita, chef de cabinet, et Gilles Finchelstein, autre homme de confiance, mais aussi l'économiste Jean Pisani-Ferry, l'avocat Stéphane Boujnah, sans oublier Véronique Bensaïd, la militante de Sarcelles devenue attachée parlementaire du ministre. « *Au premier déjeuner de cabinet*, raconte-t-elle, *quand chacun s'est présenté, on m'a demandé : "Tu es de quelle promotion de l'Ena ?" J'ai répondu : "La promotion de la débrouille !" Dominique vous juge moins sur vos diplômes que sur vos capacités*[3]. » Le cabinet ministériel, où l'on trouve aussi l'attachée de presse Véronique Brachet, les socialistes Jean-Paul Planchou et Michèle Sabban, le syndicaliste CFDT Philippe Grangeon, constitue un assemblage hétérogène. Il forme néanmoins, de l'avis général, une *dream team* rarement vue dans l'austère ministère des Finances. François Villeroy de Galhau, engagé dans le christianisme social et auteur entre autres d'un livre sur la finance publié aux Éditions vaticanes, n'avait jamais auparavant « *autant discuté religion avec des athées ou des juifs dans un respect réciproque absolu. Beaucoup de mes collègues en me*

1. Idem.
2. Entretien avec l'auteur, 28 octobre 2010.
3. Entretien avec l'auteur, 28 septembre 2010.

connaissant ont mieux compris le catholicisme alors que moi j'ai fêté Pessah, la Pâque juive, pour la première fois de ma vie avec un membre du cabinet à Jérusalem[1]. » « *On bossait comme des malades*, se rappelle Véronique Bensaïd. *De douze à quinze heures par jour. Mais Dominique essayait de préserver les week-ends et la vie privée. Il était anti-stress, pour lui comme pour les autres*[2]. »

Octobre 1999. En trente mois, l'économie française a créé un million de nouveaux emplois. Le pays, morose en 1997, a repris des couleurs. Dominique Strauss-Kahn est apprécié de toutes parts. Le président du Medef, Ernest-Antoine Seillière, habituellement très sévère à l'égard de la gauche, reconnaît : « *Nous avons un très bon ministre des Finances, peut-être pas le meilleur de l'univers (...) mais il fait de son mieux pour ne pas ajouter aux handicaps des entrepreneurs.* » Le ministre des Finances entretient aussi de bonnes relations avec Marc Blondel de Force ouvrière, Nicole Notat de la CFDT, Bernard Thibault de la CGT et Robert Hue, le secrétaire national du Parti communiste français. Les députés communistes l'ont rarement contesté, votant constamment le volet fiscal de ses projets de loi de finances. Dominique Strauss-Kahn pendant deux ans vole de succès en succès. Mais en quelques jours d'octobre 1999, il se retrouve dans le décor après une embardée brutale. « *Il est tombé sur une connerie, c'est rageant mais il n'y a pas d'autre mot, c'est une connerie*[3]. » C'est en ces termes que Gilles Finchelstein parle des « affaires » ayant entraîné la démission de l'un des meilleurs grands argentiers que la France ait connus. Que s'est-il passé ? Flash-back.

---

1. Entretien avec l'auteur, 28 octobre 2010.
2. Entretien avec l'auteur, 28 septembre 2010.
3. Entretien avec l'auteur, 25 mai 2010.

XXI

BORDER LINE

L'histoire débute en février 1993. Dominique Strauss-Kahn est alors ministre de l'Industrie. Les élections législatives, prévues le mois suivant, s'annoncent perdues pour la gauche. Il espère encore redevenir député. Mais il sait qu'il ne siégera plus, les prochaines années, au gouvernement. Quitter le ministère, il s'y résout, telle est la loi de la démocratie. Mais abandonner l'industrie et ses chers industriels ? Rien ne l'y oblige. En quelques années, il s'est constitué un copieux carnet d'adresses parmi les grands patrons. Certains sont devenus des amis personnels, notamment les deux Lévy, Raymond, P-DG de Renault tout juste retraité, et Maurice, le patron de Publicis. Dans les bureaux de ce dernier, en haut des Champs-Élysées, ce matin de février 1993, DSK rencontre au petit déjeuner le gratin de l'économie française : Lindsay Owen Jones (L'Oréal), Didier Pineau-Valencienne (Schneider), Jean Gandois (Pechiney), Louis Gallois (Aérospatiale), Vincent Bolloré, François Michelin, etc. Au total, trente-cinq grands patrons du public et du privé. Le ministre leur explique sa réflexion. Lors des négociations du Gatt pour fixer les règles du commerce international, il a constaté à quel point l'industrie française, en ordre dispersé, à l'inverse du lobby agricole, peinait à se faire entendre. La fréquentation des grands patrons lui a également révélé leur ignorance du fonctionnement extrêmement complexe de l'Union européenne. DSK veut créer un cercle qui défende les intérêts de l'industrie tricolore dans la compétition internationale où les industriels américains, britanniques et allemands sont organisés en puissants lobbies. Un ministre qui veut s'ériger en porte-parole d'un groupe de pression ? Il le fera seulement après son départ du gouvernement. Cette pratique n'est pas illégale mais semble *border line* si l'on se réfère aux critères traditionnels de la gauche française. Quoi qu'il en soit, le *border line* est une notion subjective qui n'arrête pas Strauss-Kahn. L'efficacité, la guerre économique, les intérêts de l'industrie française ? Il connaît. Les jugements moraux de ceux qui n'agissent pas ? Il les ignore royalement. Qu'il papillonne au milieu des patrons dans une soirée mondaine ou discute avec des ouvriers sur le marché de Sarcelles, il reste le même homme. S'arrange-t-il parfois avec sa conscience ? Sans doute. Mais il est étranger à tout conflit de loyauté, au sentiment de « trahir ». Son Cercle de l'Industrie rejoint donc totalement sa conception du socialisme : favoriser la production créatrice d'emplois face à la finance dont les maîtres s'enrichissent en dormant. Il est officiellement fondé en juin 1993. Raymond Lévy, ex-P-DG de Renault, en est le président et Michel Colin, ancien membre du cabinet de DSK, le délégué général. Dominique Strauss-Kahn occupe l'une des deux vice-présidences aux côtés de Ladislas Poniatowski. La présence d'un homme politique de droite assure au Cercle un caractère bi-partisan. Le budget annuel de 4 millions de francs est assuré par une vingtaine d'entreprises cotisant chacune environ 200 000 francs. Avec à peine plus de 300 000 francs par mois, le Cercle rémunère « à la pige » des jeunes fonctionnaires du Conseil d'État qui fournissent des notes techniques sur le droit européen. Il paie aussi des experts chargés, depuis Bruxelles, de rédiger une lettre d'information expliquant aux industriels les directives européennes et les activités de la Commission européenne. Tous les deux mois, une vingtaine de patrons participent à un dîner-débat dans un grand restaurant parisien. Après une introduction de DSK, ils peuvent interroger un ou plusieurs invités prestigieux :

Leon Brittan, qui brigue la succession de Jacques Delors à la présidence de la Commission européenne, Édith Cresson et Yves-Thibault de Silguy, les deux commissaires français à Bruxelles, Renato Ruggiero, président de l'Organisation mondiale du commerce, Jacques Santer, qui succède à Jacques Delors à la tête de la Commission européenne, Alain Juppé et Franck Borotra, ministres français respectivement des Affaires étrangères et de l'Industrie. « *Le Cercle de l'Industrie joue un rôle très utile*, constate Paul Hermelin. *La preuve ? Il a survécu au départ de DSK en 1997 et continue d'exister en 2011* [1]. »

DSK Consultants

Le Cercle consacre le moins d'argent possible à son fonctionnement. Il s'est installé au 171 avenue Charles-de-Gaulle à Neuilly dans un petit local prêté par un chef d'entreprise membre du Cercle. Son personnel, réduit au minimum, compte un retraité de Renault qui sert d'homme à tout faire ainsi qu'une secrétaire, la dévouée Évelyne Duval, qui travaille avec les moyens du bord. « *C'était très bizarre*, dit-elle, *du jour au lendemain les gens ne s'aplatissaient plus devant le "boss" comme des limaces, il n'avait plus de chauffeur et quand il se rendait à un rendez-vous, je devais insister pour qu'on lui offre une place de parking. Quand il recevait un chef d'entreprise pour un petit déjeuner, je me pliais en quatre pour que tout soit au top* [2]. » Évelyne Duval n'est occupée qu'à mi-temps par le Cercle de l'Industrie : « *Je dactylographiais des notes sur Bruxelles pour les entreprises du CAC 40, je faisais la comptabilité et je tenais l'agenda du "boss* [2]*".* » Pour le deuxième mi-temps, elle est payée par La Colombe, société présidée par Jacqueline Franjou, une amie du couple Strauss-Kahn qui gère le Festival de théâtre de Ramatuelle fondé par Jean-Claude Brialy.

1. Entretien avec l'auteur, 10 janvier 2011.
2. Entretien avec l'auteur, décembre 2010.

Évelyne Duval, pour son mi-temps au Cercle, percevra 192 000 francs d'un coup, l'équivalent de son salaire annuel, réglés par une filiale d'Elf, entreprise adhérente du Cercle qui paie ainsi en nature sa cotisation. Évelyne Duval ne s'en soucie pas. Elle fonctionne à la confiance. Et Dominique Strauss-Kahn ? Apparemment il ne se préoccupe pas de l'intendance. Son activité de vice-président du Cercle est entièrement bénévole.

Alors, de quoi vit-il ? Après son échec aux législatives, Dominique Strauss-Kahn, simple conseiller municipal d'opposition à Sarcelles, ne possède aucune position de repli. N'étant pas énarque, il ne peut pas aller pantoufler, comme beaucoup d'hommes politiques, au Conseil d'État ou dans la haute fonction publique. Il est père de quatre enfants dont l'aînée a entamé des études supérieures, il a des pensions alimentaires à payer, un train de vie à assurer. Il pourrait évidemment retrouver un poste d'enseignant en économie à Nanterre. Il gagnerait dans ce cas 22 000 francs par mois qu'il pourrait cumuler avec des cours à Sciences-Po ou des conférences. Mais ce n'est pas seulement un problème d'argent. L'ancien ministre a besoin d'action. Après avoir pesé sur l'industrie française, il ne peut plus se contenter de discuter théorie à la Commission économique avec des camarades souvent ignorants des réalités de l'entreprise. Il veut encore se trouver là où l'on discute des fusions et des OPA, là où l'on sauve des entreprises en faillite. Et s'il peut en plus gagner de l'argent, il ne s'en privera pas. En septembre 1993 il monte DSK Consultants. Cette société anonyme hébergée dans les locaux du Cercle de l'Industrie a pour objet notamment « *le conseil en stratégie et ingénierie en matière économique, commerciale et en communication* ». Grâce à l'équivalence que lui vaut son agrégation de sciences économiques, Dominique Strauss-Kahn se réinscrira au barreau de Paris en novembre 1994, juste après avoir liquidé sa société DSK Consultants. Par un clin d'œil du destin, il va exercer le même type de travail que son père et son grand-père. Mais à une tout autre échelle.

Funambule

Avocat, consultant, vice-président du Cercle de l'Industrie, ancien ministre, secrétaire national du Parti socialiste, DSK est *border line*. On peut l'accuser de mélanger les genres. Cependant le funambule est habile. Il n'est pas non plus, loin de là, l'homme sans principes qu'on dépeint parfois. Il s'impose à lui-même des lignes à ne pas franchir, des intérêts à ne pas mélanger. S'il défend à Bruxelles, auprès des institutions européennes, les dossiers d'entreprises françaises, il ne prendra jamais le parti d'une firme étrangère concurrente d'une société bleu-blanc-rouge. Il n'intervient jamais non plus dans un conflit opposant deux entreprises françaises. Le consultant DSK travaille à visage découvert. Il est envoyé en mission en Corée du Sud par l'Union européenne pour améliorer les relations avec ce pays. Il représente l'entreprise franco-allemande Metaleurop devant la Direction générale de la concurrence à Bruxelles. Il conseille Alcatel-Alsthom dans son combat contre une directive européenne visant à libéraliser le marché des télécommunications. Engagé comme « conseil international » par EDF et la Cogema, DSK défend le dossier très complexe du réacteur EPR auprès des socialistes allemands soumis à une forte pression antinucléaire. Ici, le mélange des genres saute aux yeux. Si Strauss-Kahn n'était pas un dirigeant socialiste, il n'aurait sans doute pas eu accès aux dirigeants du SPD ni au futur chancelier Schröder, pas plus qu'au leader des Grünen, les Verts allemands, Joschka Fischer. Mais n'est-ce pas justement le propre d'un bon consultant ou d'un bon avocat que de posséder des relations politiques, bien utiles à la défense d'une cause ? En quatre ans DSK a négocié d'importants contrats avec la Cogema, EDF, la Sofres et bien d'autres entreprises. Ses revenus ont tous été déclarés au fisc. Après déductions de la TVA, des cotisations maladie et retraite, les frais de gestion et autres, il lui restait en moyenne, a-t-il dit à l'auteur, environ 100 000 francs nets par mois, soit 15 000 euros. Travailler dans le privé n'est pas scandaleux. Martine Aubry à la même époque cumule une fonction de conseil auprès de Jean Gandois, patron de Pechiney, avec ses indemnités de première adjointe de la ville de Lille et de vice-présidente de la communauté urbaine. Nombreux sont à l'époque, comme aujourd'hui, les parlementaires, de droite et de gauche, qui cumulent des indemnités avec leurs honoraires de la très rémunératrice profession d'avocat. Tel n'est pas le cas de Dominique Strauss-Kahn. Redevenu ministre en 1997, il quitte aussitôt la vice-présidence de Cercle de l'Industrie et le barreau de Paris. Il devra traiter quelques cas d'entreprises ayant été ses clientes avant son retour au gouvernement. Néanmoins, malgré des soupçons parfois dans la presse, jamais le moindre conflit d'intérêts ne lui a été reproché.

La Mnef

C'est pour un autre motif qu'il doit démissionner du gouvernement le 2 novembre 1999 : l'affaire de la Mnef. De quoi s'agit-il ? Fondée au lendemain de la Seconde Guerre mondiale, la Mutuelle nationale des étudiants de France, ayant le monopole de la Sécurité sociale des 800 000 étudiants du pays, gère un trésor de plus d'un milliard de francs par an. Les socialistes, parfois anciens trotskistes, qui dirigent la Mnef à travers l'Unef, s'en servent depuis longtemps comme pompes à finance pour leurs activités politiques. Saisis par le démon des affaires, ils ont monté une holding, RPD, Raspail Participation Développement, qui offre aux étudiants différents services : gestion de leurs résidences, centres de vacances, restauration, cafétérias. Le syndicalisme étudiant et la lecture de Léon Trotski ou de François Mitterrand ne formant pas nécessairement de bons gestionnaires, la holding se trouve bientôt au bord du gouffre. Il faut trouver un nouvel actionnaire, une grosse entreprise de préférence, capable de sauver RPD. Le député de Paris Jean-Marie Le Guen, proche des dirigeants de la Mnef, demande à son ami DSK de contacter la CGE, Compagnie générale des eaux. L'ancien ministre devenu avocat d'affaires en connaît bien le président, Henri Proglio, son condisciple à HEC. Après deux années de négociations, il conclut début 1997 un accord avec Jean-Marie Messier, le nouveau président de la CGE, qui, via une de ses filiales, la Snig, entre à hauteur de 35 % dans le capital de RPD. Pour cet investissement de 21 millions de francs qui sauve la holding de la Mnef, Strauss-Kahn touche 603 000 francs d'honoraires de la Mnef dont 103 000 francs de TVA, ces honoraires équivalant à 2,5 % de la somme investie. Ils sont loin d'être excessifs dans ce genre d'affaires où sont rémunérés le crédit et l'entregent de l'avocat plus que le temps passé. La facture acquittée en février 1997 est déclarée au fisc la même année. Cette prestation, tout à fait légale, va pourtant valoir les pires ennuis à Dominique Strauss-Kahn. Car, entre-temps, a éclaté « *l'affaire de la Mnef* ». Après des années de soupçons et plusieurs rapports de la Cour des comptes, la justice a décidé d'enquêter sur les importantes dérives financières d'Olivier Spithakis, le directeur général de la Mnef, et quelques-uns de ses amis socialistes. Salaires excessifs, emplois fictifs, détournements de fonds. Le 22 septembre 1998, perquisitionnant dans les locaux de la Mnef, la Brigade financière découvre au milieu d'innombrables pièces d'archives une lettre de mission adressée par les dirigeants de la mutuelle à Dominique Strauss-Kahn. Elle est datée du 13 décembre 1994. Cette goutte d'eau dans l'océan d'une très vaste affaire n'intéresse pas les enquêteurs à ce moment. Néanmoins, fin août 1999, ils se rendent compte que le numéro de téléphone figurant sur la lettre de mission… n'existait pas encore le 13 décembre 1994. Ils en concluent logiquement que cette lettre a été antidatée, tout comme la réponse de DSK datée du 19 décembre 1994. L'écriture d'un « faux » n'est répréhensible qu'en cas de conséquence nuisible envers une personne physique ou morale. DSK a-t-il cherché à dissimuler un travail fictif payé par la Mnef ? Ce soupçon pèse sur lui. Dès lors, les événements s'accélèrent. Le 14 octobre 1999, entendu comme témoin au Pôle financier, l'ex-directeur général adjoint de la Mnef, Philippe Plantagenest, affirme avoir lui-même antidaté la lettre de mission à Dominique Strauss-Kahn rédigée en… 1996. Dans les jours qui suivent, la garde des Sceaux Élisabeth Guigou est informée des charges pesant sur son collègue de l'Économie et des Finances. Le Parquet s'interroge sur l'attitude à adopter. Trois solutions sont possibles : classer l'affaire, ouvrir un réquisitoire supplétif contre X ou l'ouvrir nominativement contre Dominique Strauss-Kahn. Conformément aux nouvelles pratiques morales revendiquées par Lionel Jospin, la ministre de la Justice ne peut bien évidemment étouffer l'affaire pour protéger un collègue, comme le faisaient jadis certains de ses prédécesseurs. Elle pourrait cependant aller dans le sens du procureur de la République qui préconise l'ouverture d'un réquisitoire non nominatif. Elle pousse semble-t-il en faveur de la troisième solution, celle qui aboutit à la mise en cause directe et publique de Dominique Strauss-Kahn.

Le cauchemar

Le jeudi 28 octobre au soir, le parquet de Paris délivre donc un réquisitoire supplétif nominatif contre Dominique Strauss-Kahn et certains dirigeants de la Mnef « *pour faux et usage de faux* ». À ce moment, le ministre se trouve depuis trois jours en voyage officiel, en compagnie de son épouse, au Japon et au Vietnam. Il n'est toujours pas au courant de son implication dans l'affaire.

Étant donné le décalage horaire de huit heures, il est très tard à Tokyo lorsqu'il reçoit un appel d'Élisabeth Guigou qui l'informe brièvement et sèchement d'un « *problème judiciaire qui (te) concerne* ». Un peu plus tard, François Villeroy de Galhau, son directeur de cabinet, réveille le ministre. Villeroy parle au téléphone avec à ses côtés Stéphane Keita, Gilles Finchelstein et Philippe Grangeon. La discussion à distance se poursuit le lendemain matin. *Le Parisien* et *Libération* ont évoqué pour la première fois la fameuse lettre antidatée. On faxe les journaux au ministre qui tombe des nues. En début d'après-midi à Paris, l'Agence France-Presse révèle la délivrance du réquisitoire supplétif contre Dominique Strauss-Kahn. Il est près de minuit à Hanoï où le ministre est arrivé entre-temps. Discutant à distance avec ses conseillers, il décide d'abréger son voyage et envisage pour la première fois sa démission du gouvernement. « *Les conseillers sont divisés*, témoigne Gilles Finchelstein. *Deux d'entre nous préconisent sa démission. Les deux autres pensent que l'affaire n'étant pas grave, il faut rester et se battre*[1]. » DSK, lui, a déjà pris sa décision, en concertation avec Anne Sinclair, comme toujours dans les moments importants. En joueur d'échecs averti, il anticipe le coup suivant. Convaincu de son innocence, il ne doute pas que la justice le blanchira rapidement. Il a tout à perdre à s'accrocher. Paralysé par ses problèmes judiciaires, il deviendrait un problème pour le gouvernement. S'il veut sauver sa carrière, il doit en démissionner dans les plus brefs délais. Le dimanche 31 à l'aube, son avion atterrit à Roissy. Quelques heures plus tard, accompagné d'Anne Sinclair, il rencontre Lionel Jospin au pavillon de la Lanterne, la résidence autrefois dévolue au Premier ministre dans le parc du château de Versailles. Le Premier ministre cherche à le retenir. Il évoque la présomption d'innocence. Mais DSK est déterminé à quitter le gouvernement. Le lendemain lundi, jour de

1. Entretien avec l'auteur, 24 juin 2010.

la Toussaint, il retrouve ses principaux conseillers chez son avocat, maître Jean Veil. Le moment est dramatique. DSK reconnaît avoir menti par omission, y compris à ses plus proches amis. La lettre de mission de la Mnef a bel et bien été antidatée pour régulariser *a posteriori* un acte administratif oublié par pure négligence. DSK, tous ses proches le savent, est incroyablement « bordélique ». Mais il les rassure : ce « faux », s'il est *« une connerie »*, ne dissimule aucune prestation fictive : le travail pour la Mnef a bel et bien été réalisé. Quand DSK, seul, rencontre de nouveau Lionel Jospin, à Matignon cette fois, dans l'après-midi du 1er novembre, il le trouve moins convaincu que la veille de son innocence. Entre-temps, le Premier ministre a rencontré la garde des Sceaux qui lui a présenté le dossier judiciaire du ministre des Finances sous un jour peu favorable.

À l'époque elle fait figure, au même titre que DSK et Martine Aubry, de Premier ministre potentiel en cas de victoire de Lionel Jospin à l'élection présidentielle de 2002. On subodore alors qu'elle ne serait pas mécontente de voir disparaître un rival dangereux. Élisabeth Guigou de son côté a toujours nié toute intervention défavorable à Dominique Strauss-Kahn. Néanmoins, le tribunal correctionnel qui jugera l'affaire en novembre 2001 considérera que la procédure engagée contre DSK était « *infondée* ».

XXII

LA CHUTE

Le mardi 2 novembre 1999 au matin, Dominique Strauss-Kahn, accompagné d'Anne Sinclair, réunit pour la dernière fois son cabinet dans le salon d'honneur de l'hôtel des ministres au septième étage de Bercy. Devant une foule de journalistes, il lit un texte d'une page et demie : « *Si je démissionne – je le dis avec force –, ce n'est en aucune manière parce que je me sens coupable; j'ai accompli, lorsque j'étais avocat, le travail que je devais accomplir et qui a donné lieu à la seule rémunération que j'ai indiquée et déclarée. J'ai pris cette décision parce que je considère que la morale et le sens des responsabilités l'exigent. (...) Comme citoyen, je souhaite désormais pouvoir rapidement m'expliquer devant la justice (...) je continuerai demain à me battre pour les valeurs de la gauche qui sont les miennes depuis toujours. Comme homme, en ce moment douloureux, je veux dire aussi à mon épouse, à ma famille, à mes amis à quel point leur soutien m'est précieux.* » DSK et Anne Sinclair quittent la salle sous les applaudissements du personnel qui forme une haie d'honneur. Les anciens collaborateurs de Strauss-Kahn lui resteront très attachés. Ils formeront une association, dsk.fr, qui se réunira régulièrement pendant plusieurs années. Après sa démission, DSK reçoit de nombreux messages d'amitié. Cette affaire renforce sa popularité. Se promenant dans Sarcelles, le jeudi suivant, il est chaleureusement entouré par des centaines de personnes. Le coup reste cependant dur à encaisser. « *Je l'ai vu comme un albatros blessé, frappé en plein vol*[1] », témoigne son ami de jeunesse Yves Magnan. Le dimanche suivant la démission, DSK et son épouse déjeunent rue de Rome chez leur ami Gilles Finchelstein. Des motos les ont suivis depuis leur appartement près du bois de Boulogne. Au pied de l'immeuble, stationnent des dizaines de journalistes, de cameramen, de photographes. Pour s'abriter des paparazzi, Finchelstein ferme les rideaux. Anne Sinclair est révoltée par ce harcèlement médiatique. « *C'est une période douloureuse pour Dominique*, raconte Gilles Finchelstein. *Mais Anne le soutient énormément et à aucun moment ses amis ne doutent de son innocence. On répétait simplement : "Quelle connerie !" Et lui s'en voulait beaucoup de sa légèreté. Mais il avait peu de doutes sur l'issue judiciaire. La seule incertitude portait sur le calendrier. Trois mois ? Six mois ? On pensait qu'il reviendrait vite au gouvernement*[2]. » Mais le temps de la justice ne coïncide pas avec celui de la politique.

La cassette Méry

Le 14 décembre suivant, après avoir été entendu pendant huit heures par les juges Armand Riberolles et Françoise Néher, DSK est mis en examen pour « *faux et usage de faux* ». Mais entre-temps une deuxième affaire a éclaté. Dénoncée avec d'autres personnes par une lettre anonyme, sa secrétaire Évelyne Duval est mise en examen le 16 novembre 1999 pour « *recel d'abus de biens sociaux* ». Que lui reproche-t-on ? Le salaire de sa première année au Cercle de l'Industrie, 192 000 francs au total, soit 16 000 francs par mois, soit environ 2 400 euros, a été réglé par une filiale suisse d'Elf, qui s'est ainsi acquittée en nature de sa cotisation au Cercle. Or, cette filiale, nommée Elf-Aquitaine-International, était dirigée par le sulfureux Alfred Sirven qui, en 1999, se trouve en

1. Entretien avec l'auteur, 30 novembre 2010.
2. Entretien avec l'auteur, 24 juin 2010.

fuite après son implication dans une gigantesque affaire où sont en jeu des milliards de francs. « *Les policiers*, raconte Évelyne Duval, *pensaient que je cachais de grands secrets. Ils m'ont interrogée sur mes relations avec le "boss", sur des avances en liquide que je lui avais faites avec ma Carte bleue pour acheter des billets de train, ils ont passé tous mes comptes bancaires au crible pour voir si je m'étais enrichie. J'ai été entendue trois fois par la juge Eva Joly. Très rigoureuse et honnête, elle a conclu que mon emploi au Cercle n'était pas fictif et que je n'avais rien à voir avec l'affaire Elf*[1]. » En attendant, en tant que patron d'Évelyne Duval, DSK est mis à son tour en examen le 28 janvier 2000 pour « *complicité par instruction donnée et recel d'abus de biens sociaux* ». Et de deux ! Le printemps 2000 est rythmé pour DSK par ses rendez-vous judiciaires. L'automne lui réserve la pire des surprises. L'affaire Méry. Et de trois ! De quoi s'agit-il ? En avril 1999, Alain Belot, ancien chargé de mission de Dominique Strauss-Kahn à la Commission des finances, devenu avocat fiscaliste, rencontre DSK à son bureau du ministère de l'Industrie, rue de Grenelle, à propos du dossier fiscal du couturier Karl Lagerfeld. Avant de partir, il dépose sur le bureau de DSK une cassette vidéo appartenant à un autre de ses clients, Jean-Claude Méry. Dans cet enregistrement, l'homme d'affaires soupçonné d'être l'un des financiers occultes du RPR porte de graves accusations à l'encontre du président de la République, Jacques Chirac. Le 22 septembre 2000, Alain Belot est entendu par la police à propos de Jean-Claude Méry, décédé entre-temps. Il révèle alors avoir laissé l'original dans le bureau de l'ancien ministre des Finances !

Quelques jours plus tard, la mise en cause de DSK commence à « fuiter » parmi les journalistes. « *Un dimanche soir*, précise Anne Sinclair, *revenant de la fête des écoles à Sarcelles, nous trouvons une trentaine de messages sur notre répondeur téléphonique.*

1. Entretien avec l'auteur, décembre 2010.

C'étaient des journalistes qui voulaient nous parler de "la" cassette. Cela disait vaguement quelque chose à Dominique. Mais il ne l'avait pas regardée[1]. » Le 25 septembre, le domicile de Dominique Strauss-Kahn et son bureau au conseil régional d'Ile-de-France sont perquisitionnés. Aucune trace de la cassette Méry ! Le lendemain, le parquet de Paris ouvre une information judiciaire contre « *DSK et tous autres* » pour « *dissimulation de preuves* » et une enquête pour savoir si la remise de la vidéo était liée à un « *trafic d'influences* ». En clair, DSK se voit soupçonné d'avoir obtenu de l'avocat Alain Belot la « cassette Méry » en échange d'une réduction d'impôt pour son client Karl Lagerfeld. Cette fois, DSK touche le fond. Lionel Jospin n'a pas un mot pour le défendre. Et les Journées parlementaires du Parti socialiste qui se déroulent la même semaine tournent à la curée contre l'ancien ministre. Quelques camarades courageux montent au créneau pour le défendre : ses fidèles Jean-Christophe Cambadélis, Pierre Moscovici, Bernard Roman mais aussi Éric Besson et André Vallini. Le Premier secrétaire François Hollande parle en termes très durs de son ancien camarade de la Commission des finances. De son côté, Ségolène Royal déclare devant les caméras : « *On doit faire de la politique pour servir le pays et non pour se servir.* » La députée de l'Aisne Odette Grzegrzulka demande carrément « *l'exclusion* » de DSK. À l'époque député européen socialiste, François Zimeray garde un souvenir douloureux des Journées parlementaires de septembre 2000 : « *Certains camarades avaient les dents serrées de rage, ils suintaient la haine. Ce qui m'a frappé, c'est l'absence totale de présomption d'innocence, le manque d'intérêt pour les faits, l'obsession autour du goût supposé de DSK pour l'argent. Cela m'a fait penser aux attaques contre Léon Blum et sa vaisselle en or*[2]. »

1. Entretien avec l'auteur, 17 décembre 2010.
2. Entretien avec l'auteur, novembre 2010.

La solitude

Les mois qui suivent s'avèrent très difficiles pour le couple Strauss-Kahn. Anne Sinclair, directrice générale adjointe de TF1, est virée du jour au lendemain. Elle devra saisir les prud'hommes pour voir reconnaître le caractère abusif du licenciement et obtenir des indemnités. L'aurait-on traitée de cette manière quand elle était l'épouse du grand argentier de la France ? C'est peu probable. Dominique Strauss-Kahn n'a plus beaucoup de relations. Il lui reste ses amis. Ils sont rares mais fidèles. Philippe Valachs, qui l'a accompagné jadis en Haute-Savoie, se rappelle : lors d'« *un colloque où nous sommes allés ensemble à cette époque, des gens passaient devant lui sans même le saluer. C'était vraiment très triste*[1]. » Durant l'année 2001, tous les dossiers judicaires vont se dégonfler l'un après l'autre. Dans l'affaire Elf, Évelyne Duval et Dominique Strauss-Kahn obtiennent chacun un non-lieu, après avoir prouvé que l'emploi de la secrétaire du Cercle de l'Industrie n'était nullement fictif. Dans l'affaire Lagerfeld, l'enquête établit sans le moindre doute que la réduction d'impôts obtenue par le grand couturier avait été décidée dans les règles par la Direction générale des impôts, sans intervention en sa faveur de la part du ministre et donc sans la moindre contrepartie. Quant à la minuscule cassette Méry, de format Betamax, longue de dix centimètres et large de moitié, l'auteur de ce livre a reconstitué son parcours. Première étape : Alain Belot la pose sur le bureau du ministre qui « *n'y prête pas attention* ». « *C'est un coup de folie de ma part*, dit aujourd'hui l'avocat fiscaliste. *Je ne voulais pas garder cette cassette. Et je me suis dit que Strauss-Kahn en ferait peut-être quelque chose. Mais comme nous étions absorbés par un autre sujet, je suis parti sans*

1. Entretien avec l'auteur, novembre 2010.

lui avoir parlé du contenu, lui disant juste : "Jette un œil, c'est intéressant[1]*."* » Deuxième étape : Dominique Strauss-Kahn quitte son bureau de passage, rue de Grenelle, où il a reçu Alain Belot pour retourner à Bercy. Comme toujours, il emporte toutes ses affaires qu'il jette en vrac dans la voiture. Arrivée à Bercy, Évelyne Duval, sa secrétaire, fait du ménage. Parmi les objets qu'elle jette : des tas de journaux et cette minuscule cassette sans étiquette. Cela paraît invraisemblable ? C'est pourtant vrai. Reste la « mère de toutes les affaires » : la Mnef. Elle est jugée le 7 novembre 2001 par la 7e chambre du tribunal de grande instance de Paris. Dominique Strauss-Kahn, présent à l'audience, est relaxé. Voici les conclusions du jugement : « *Les anomalies relevées dans la facture émise par Dominique STRAUSS-KAHN et dans la lettre d'accompagnement résultent d'erreurs, qui n'ont eu aucune incidence sur le montant même de la rémunération et sa comptabilisation (...) ; le motif invoqué dans l'ordonnance de renvoi, selon lequel la facturation aurait été antidatée pour justifier "a posteriori" d'honoraires versés précédemment, confine à l'absurde puisqu'il n'est pas démontré, ni même clairement suggéré que Dominique STRAUSS-KAHN aurait pu percevoir d'autres honoraires, et que selon les éléments de la procédure, il n'a été réglé qu'une seule fois en février 1997, soit après l'émission de toute facturation.* » Remettant en cause le fondement même des poursuites, « *le tribunal observe qu'il aurait été préférable, avant que d'engager le débat judiciaire public, de s'interroger sur les limites de l'application de la règle de droit* ». Dominique Strauss-Kahn peut désormais tourner la page de son cauchemar judiciaire. Réélu député de sa huitième circonscription du Val-d'Oise en avril 2001, il reprend sa place aux côtés de Lionel Jospin pendant la campagne électorale de 2002. Le 21 avril, à la stupéfaction générale, le candidat socialiste est

1. Entretien avec l'auteur, avril 2010.

éliminé dès le premier tour. Il annonce aussitôt son retrait de la vie politique. Le Parti socialiste se retrouve orphelin. « *Ce jour-là*, dit Stéphane Keita, *j'ai pensé pour la première fois que Dominique pourrait un jour représenter la gauche à la présidentielle*[1]. »

1. Entretien avec l'auteur, 7 janvier 2011.

XXIII

DU FOND DE LA PISCINE

Avant de briller de mille feux au firmament des sondages, DSK a connu la solitude et la galère. C'était il y a cinq ans à peine. Une éternité. Qui s'en souvient ? 14 octobre 2006. Le député du Val-d'Oise prend le TGV gare de Lyon. Direction : Valence dans la Drôme. Dans un mois, les adhérents socialistes vont désigner leur candidat à l'élection présidentielle. Dominique Strauss-Kahn est accompagné d'Anne Hommel, son attachée de presse, et d'une poignée de journalistes. Rien à voir avec la meute de reporters et de photographes qui depuis plusieurs mois fait cortège à chaque déplacement de Ségolène Royal. Assis dans un compartiment de première classe, Dominique Strauss-Kahn discute avec les journalistes. « *Rien n'est encore gagné* », assure-t-il. Bel euphémisme ! Tous les sondages le donnent perdant. Dominique Strauss-Kahn tente de se rassurer. Les sondeurs interrogent la masse des sympathisants, dit-il en substance, mais seuls les adhérents voteront. Plus politisés, ils seront plus sensibles à ses arguments, rationnels, là où Ségolène joue sur l'émotionnel. « *Tout se jouera dans les deux dernières semaines* », dit-il à l'auteur de ce livre, présent parmi les journalistes. Y croit-il vraiment ? Petits calculs, pour une petite campagne, pour un petit enjeu. Aucun observateur sérieux ne le pense, à ce stade, capable de renverser la vapeur. À Valence, DSK visite l'usine de stylos Reynolds, menacée de fermeture. Ses trois cents salariés risquent de perdre leur emploi pour cause de délocalisation. Dans la cour de l'usine, le « candidat à la candidature » est accueilli par les délégués syndicaux et quelques centaines de salariés. La visite a été bien préparée par les militants strauss-kahniens locaux. L'ambiance est chaleureuse. Au milieu des ouvriers, DSK se sent aussi à l'aise qu'avec les patrons. Vêtu d'un blouson de cuir, très élégant, sous lequel il porte une cravate, DSK ne joue pas au « prolo ». Il serre des mains, échange quelques mots mais ne perd pas de temps en amabilités. DSK n'est pas Chirac. Il ne demande pas à des ouvriers qu'il ne connaît pas des nouvelles de leurs enfants. Au-delà des gens, il s'intéresse surtout au dossier. Il veut aller à l'essentiel, être efficace, tenter de résoudre le problème. « *Démonter le réveil* », selon l'expression de son directeur de cabinet à Bercy. « *Je suis venu vous écouter et voir comment vous aider* », lance-t-il aux salariés en lutte. Il entre dans le local du comité d'entreprise et s'installe autour d'une table avec les militants syndicaux. Pendant plus d'une demi-heure, il les écoute, les interrompt parfois. Avec lui, tout va très vite. Il pense aux solutions, passe des coups de fil auprès d'un ami haut fonctionnaire, d'un autre chef d'entreprise. Sortant du local syndical, il s'adresse aux ouvriers réunis dans la cour. Juché sur une estrade, face à ces victimes d'une délocalisation, DSK vante les mérites de la mondialisation. Il rappelle qu'on ne peut maintenir à tout prix une production devenue non rentable. Il faut au contraire, dit-il, travailler sur un projet de reconversion qui permettrait de créer de nouveaux emplois autour de nouvelles activités. Il ne manque pas de culot. Acculé dans les cordes par Ségolène Royal, réduit au rôle de « petit candidat » dans la primaire interne au PS, il ne cède pas à la démagogie. En soirée, Dominique Strauss-Kahn développe ses thèses dans une salle remplie de quelques centaines de sympathisants socialistes. Pendant une heure, il joue son meilleur rôle, celui du prof. On se croirait à Sciences-Po, où il a repris l'enseignement depuis sa démission forcée du gouvernement sept ans plus tôt. Ce soir-là, à Valence, il accentue sa différence avec l'expérience passée de la gauche plurielle, le gouvernement Jospin, dont il fut pourtant l'un des piliers. « *La gauche ne doit pas refaire ce qu'elle a fait pendant cinq ans. Nous ne sommes plus en 1997 et les Français ont donné leur jugement sur notre action passée* », affirme-t-il. DSK plaide en faveur d'une « *social-démocratie* », un modèle qui ne soit « *ni complètement économique ni complètement social* ». Il parle de protection du salarié, de droit à la formation et d'augmentation du pouvoir d'achat. Mais il affirme que rien ne peut être accordé si les finances publiques ne sont pas respectées. La petite histoire retiendra la présence dans la salle d'un proche de Lionel Jospin qui a espéré jusqu'au bout sa candidature, le député de la Drôme Éric Besson. Quelques mois plus tard, il rejoindra le staff de campagne de Nicolas Sarkozy. Mais cela est une autre histoire… « *On s'est fait des illusions*, déclare à l'auteur trois ans plus tard un ancien syndicaliste de Reynolds. *Malgré ses promesses, la visite de Strauss-Kahn n'a rien changé pour nous. C'est vrai aussi qu'il n'a pas eu de pouvoir*[1]… »

Le 16 novembre 2006, Dominique Strauss-Kahn n'obtient que 20,69 % des suffrages des adhérents de son parti. Quelle déception ! Deux points de plus que Laurent Fabius, qui se préparait depuis vingt ans. Piètre consolation. Mais tellement loin derrière Ségolène Royal, triomphalement élue dès le premier tour avec plus de 60 % des voix. Humiliation. Strauss-Kahn et Fabius, les super-champions du PS, sont battus à plate couture par une concurrente qu'ils ont sous-estimée. Depuis dix jours DSK s'attendait à la défaite. Elle ne le surprend pas. Elle ne l'attriste pas non plus. Son chagrin, il le réserve à un événement d'ordre privé. En ce triste mois de novembre, sa mère, Jacqueline, meurt à quatre-vingt-sept ans, deux jours avant le scrutin. L'éloignant des projecteurs, sa défaite le rend à lui-même, aux siens et à ses souvenirs. Son avenir politique ? Il semble alors se conjuguer au passé.

1. Entretien avec l'auteur, juin 2010.

Comment un homme qui n'a pas réussi à convaincre plus de 37 000 adhérents socialistes, juste un cinquième de son propre parti, pourrait-il un jour briguer la magistrature suprême? DSK touche alors le fond de la piscine. Il frôle la noyade. Mais la campagne des primaires porte l'espoir d'un rebond. Pour la première fois, et dans les pires conditions, ses partisans se sont comptés à l'intérieur du Parti socialiste. Leur chef a affirmé sa singularité sociale-démocrate, entre la gauche traditionnelle de Laurent Fabius et « *l'ordre juste* » aux accents droitiers de Ségolène Royal. DSK s'est surtout affranchi de la tutelle de Lionel Jospin. Le 21 avril 2002, dès l'annonce des résultats qui le placent en troisième position à l'issue du premier tour de l'élection présidentielle, Lionel Jospin annonce son retrait de la vie politique. À 20 heures pile à la télévision, DSK, le premier, appelle à voter Chirac au second tour. En 2004, en marge de l'université d'été du PS, à La Rochelle, dans une salle de l'Oratoire pleine à craquer, il réunit des centaines de partisans du courant jospino-rocardien. De Michel Rocard à Bernard Kouchner, d'Alain Richard à Gérard Collomb, une grande partie des modernistes du PS se retrouvent autour de DSK. Mais ils sont divisés sur la tactique interne. Les uns, comme Jean-Marie Le Guen, veulent déposer une motion en vue du prochain congrès. D'autres, comme Jean-Christophe Cambadélis, refusent tout ce qui pourrait marquer les strauss-kahniens à la droite du parti. Donnant raison à ces derniers, DSK laisse vacant le créneau de la modernité. Ségolène Royal s'empresse de l'occuper. Mais DSK est aussi entravé par sa loyauté à l'égard d'un Lionel Jospin très déconcertant. L'ancien Premier ministre ne sait pas trouver la juste mesure face à la défaite. Dans son livre d'entretiens, *Lionel raconte Jospin* [1], publié en 2010, il assure n'avoir jamais envisagé un retour en politique après le 21 avril 2002.

1. Lionel Jospin, *Lionel raconte Jospin*, Paris, Éditions du Seuil, 2010.

Un ami compliqué

À l'image du personnage, la vérité est plus complexe. « *Dans la période 2002-2005 : on s'est vus souvent, avec Lionel,* raconte Dominique Strauss-Kahn. *Mais on n'a jamais parlé de l'élection présidentielle.* » Jamais ? « *Non, jamais* », confirme Anne Sinclair. « *Nous étions très amis,* dit-elle, *j'aimais beaucoup Sylviane et nous passions de très bonnes soirées ensemble. À l'époque, nous leur avons fait connaître* 24 Heures chrono. *Au début, Lionel était réticent, hostile par principe aux séries américaines, en particulier celle-ci qui, lui avait-on dit, était un peu "bushiste". Nous leur avons quand même passé les DVD et le lendemain Lionel nous a appelés pour dire en riant qu'ils s'étaient couchés très tard tant ils avaient adoré*[1]. » À l'été 2005, Dominique Strauss-Kahn commence à songer sérieusement aux primaires internes au PS prévues pour l'année suivante. Dans les tout derniers jours d'août, profitant de l'université estivale de La Rochelle, il se rend chez son ami Jospin sur l'île de Ré : « *Nous étions tous les trois, Lionel, Sylviane et moi, autour d'une table dans la courette à l'extérieur de leur maison. Je lui ai dit : "Si tu veux te présenter à la présidentielle, dis-le-moi maintenant afin que je m'organise. Si pour l'instant tu ne veux pas que cela se sache, tu peux me faire confiance, je sais garder un secret. Si tu es candidat, je suis ton homme et je te soutiendrai totalement. Mais tu dois au moins me donner un indice."* » Jospin aurait alors répondu : « *Je ne me suis pas posé la question.* » Dominique Strauss-Kahn : « *Il a mal pris ma visite et m'a reproché "d'être venu lui tâter le pouls". C'était un peu dommage car j'avais juste voulu être honnête avec lui*[1]. » L'ancien ministre de l'Économie rentre de l'île de Ré avec le sentiment que Jospin ne sera pas candidat. « *Je le connais bien, il déteste l'improvisation. S'il avait choisi d'être candidat, il devait se mettre progressivement dans le circuit et au*

1. Entretien avec l'auteur, 14 janvier 2011.

moins commencer à prévenir ses amis. Si j'avais eu le sentiment qu'il voulait y aller, je n'aurais jamais été candidat contre lui. Et même s'il m'avait dit : "Je ne sais pas encore", j'aurais attendu jusqu'en avril-mai 2006[1]. »

Durant l'hiver 2005-2006, marqué par l'envolée sondagière de Ségolène Royal, certains au PS espèrent le retour de Lionel Jospin. Mais le principal intéressé ne bouge pas d'un pouce. Le temps passe... Ségolène Royal installe irréversiblement sa candidature. Dominique Strauss-Kahn se sent libre d'avancer la sienne. Début septembre 2006, à quelques semaines de la date officielle de dépôt des candidatures, il rend visite à Lionel Jospin dans son appartement parisien de la rue du Regard. Les deux hommes ne se sont pas vus depuis un an : « *Je lui annonce mon intention d'être candidat à la primaire. Il me dit alors : "Je pourrais l'être, moi aussi." Je lui réponds : "Lionel, ton temps est passé. Il fallait le décider il y a un an. Une équipe s'est mobilisée sur mon nom, des gens travaillent pour moi. Je crois en mes chances. Il n'est pas question que je me retire en ta faveur." Notre échange est glacial. C'est très dur pour moi. Car je tiens beaucoup à notre amitié. Mais je devais lui parler en face*[1]. » À l'approche du 29 septembre, date d'ouverture du dépôt des candidatures, Lionel Jospin se montre fébrile. Quelques jours après avoir reçu Dominique Strauss-Kahn, il invite, rue du Regard, Pierre Moscovici : « *Lionel me demande de dire à DSK de se retirer. Je lui réponds que s'il s'était décidé un an auparavant, nous l'aurions suivi. "Ce n'est pas un choix de personne entre vous deux", lui dis-je. "Tu n'es plus en situation, tout simplement*[2]*."* » Le moment est difficile pour Pierre Moscovici qui se définit comme « *un fils de Lionel et un frère de Dominique*[2] ».

Le 16 septembre, soit deux semaines avant le dépôt des candidatures, se déroule une scène irréelle. Lionel Jospin participe au

1. Idem.
2. Entretien avec l'auteur, 15 juillet 2010.

« grand oral » organisé par la section socialiste de Lens, au cœur du Pas-de-Calais, une des plus grosses fédérations du parti. À ses côtés, le Premier secrétaire François Hollande et cinq autres candidats potentiels, alignés en rang d'oignons : Martine Aubry, qui ne se déclarera jamais, Jack Lang qui se retirera en faveur de Ségolène Royal, et les trois qui confirmeront leur candidature, DSK, Fabius et Royal. « *C'était une guignolerie*, affirme Dominique Strauss-Kahn. *Jospin n'aurait pas dû se trouver là, en compétition avec les autres. Ce n'était pas sa place*[1]. » Invité, le 17 septembre 2006, du *Grand Jury RTL-Le Figaro-LCI*, l'ancien Premier ministre accomplit un pas timide vers une éventuelle candidature présidentielle. « *Je suis apte à exercer cette responsabilité. Pour autant, j'aurai à examiner la possibilité d'un rassemblement* », déclare-t-il après avoir confirmé que des « *camarades du parti* » et « *des Français* » l'encouragent à se présenter. En réalité, ses soutiens internes ont fondu comme neige au soleil. Interviewé à son sujet par France 2 lors d'un voyage en Bretagne, Dominique Strauss-Kahn répond par une formule cruelle : « *Je trouve sa candidature inutile*[1]. » Le 28 septembre au matin, au micro de RTL, Jospin jette officiellement l'éponge : « *Faute de pouvoir rassembler, je ne veux pas diviser et donc je ne serai pas candidat à la candidature.* » « *Avec le recul*, analyse Dominique Strauss-Kahn, *je suis persuadé que Lionel n'a jamais cru sérieusement à sa candidature au fond de lui-même. Il voulait juste dire : "Vous voyez, j'en suis capable", ce qui était incontestable. C'était trop douloureux pour lui de ne jamais obtenir de revanche sur la défaite du 21 avril 2002*[1]. » Pendant la campagne des primaires, les proches de Lionel Jospin, tels Claude Allègre, Marylise Lebranchu ou Anne Hidalgo, rallient le camp de Strauss-Kahn. Mais lui-même se garde bien de la moindre déclaration en faveur de son ancien ministre des Finances. Quelque chose se casse alors entre Lionel Jospin et son ami de cinquante

1. Entretien avec l'auteur, 14 janvier 2011.

ans Claude Allègre : « *Je me suis battu jusqu'au bout pour qu'il revienne. Avec le recul, je regrette vraiment de l'avoir soutenu. On aurait dû se rallier tout de suite à Dominique. Cela n'aurait peut-être pas empêché la candidature de Ségolène Royal, mais cela aurait incontestablement boosté celle de Dominique*[1]. »

Après l'hiver, le printemps

Depuis leur rencontre de septembre 2006, Lionel Jospin et Dominique Strauss-Kahn ne se sont plus revus. Leur amitié de vingt-cinq ans s'est fracassée sur le mur des primaires. Anne Sinclair a croisé une fois Lionel Jospin lors d'une cérémonie de remise de la Légion d'honneur à une amie commune. Ils se sont froidement serré la main. Quelques mois après l'élection présidentielle de 2007, l'ancien Premier ministre a publié un livre, *L'Impasse*[2], qui met hors d'elle Anne Sinclair. Il y décrit en termes très sévères l'action et la personne de Ségolène Royal. Anne Sinclair envoie aussitôt à l'ancien ami une lettre pleine de dépit qui se résume ainsi : « *Si tu pensais que Ségolène Royal représentait un grand danger pour la gauche, tu aurais dû soutenir Dominique, voire Fabius. Mais tu n'as pas prononcé un seul mot en sa faveur. Cela m'a blessée, choquée. Dominique était ton ami, ton fils spirituel, ton frère. Dès lors que tu ne pouvais pas être candidat, tu préférais au fond ta pire adversaire à ton frère*[3]. » Dominique Strauss-Kahn, lui, ne fait aucun reproche à Lionel Jospin. Souci tactique d'un possible candidat à la présidentielle ? Sans doute. Mais aussi le caractère d'un homme qui, n'aimant pas être jugé, se garde de juger les autres. « *J'ai considéré que c'était son choix* », dit-il sobrement à propos de Lionel Jospin. Reste pourtant une blessure intime que DSK garde pour lui. Lors du décès de sa mère,

1. Entretien avec l'auteur, 5 mai 2010.
2. Lionel Jospin, *L'Impasse*, Paris, Flammarion, 2007.
3. Entretien avec l'auteur, 14 janvier 2011.

le 14 novembre 2006, l'avant-veille des primaires, il a reçu de nombreux messages d'amitié, y compris de ses adversaires, Fabius et Royal. Aucun signe n'est venu de Lionel Jospin. Comment l'interpréter ? Un oubli ? Une négligence ? La volonté à deux jours des primaires de n'accomplir aucun geste même personnel pouvant être interprété comme un soutien politique ? Jospin seul le sait.

Dominique Strauss-Kahn a mal vécu la campagne présidentielle de 2007. Pour la première fois depuis celle de 1981, il ne joue quasiment aucun rôle. Excepté quelques réunions ici ou là, l'hiver est dominé par un grand sentiment d'inutilité. Selon Vincent Peillon, très proche alors de la candidate Ségolène Royal, « *Strauss-Kahn était un des rares qu'elle estimait*[1] ». Peut-être. Mais son estime reste discrète. Elle inflige même, fût-ce involontairement, à DSK une petite humiliation la seule fois où il participe à un meeting en sa compagnie. La scène se déroule à Charleville-Mézières. DSK arrive très en avance, la candidate très en retard. Jouant le Monsieur Loyal, il fait patienter le public. La candidate, qui ne lui a pas prêté attention, oublie de le saluer dans son discours. DSK, qui ne s'attarde pas, rentre en voiture avec Claude Bartolone. Il reçoit alors un coup de fil embarrassé de Ségolène Royal qui lui présente ses excuses. Pas rancunier, Strauss-Kahn prend le parti d'en rire avec son compagnon de voyage. Une deuxième fois, en fin de campagne, Ségolène Royal sollicite DSK pour contrer François Hollande. Le Premier secrétaire, sans prévenir le staff de la candidate, a publié un article sur le financement des retraites. Jean-Louis Bianco, le directeur de campagne de Ségolène Royal, lui suggère de confier une mission à DSK sur les réformes fiscales à mettre en œuvre en cas de victoire. « *C'est dommage*, déplore Jean-Louis Bianco, *le rapport était excellent. Mais on ne s'en est pas servis. Il y avait trop d'amertume*

1. Entretien avec l'auteur, novembre 2010.

entre les deux équipes[1]. » Il reste de cet épisode l'image furtive d'un DSK remettant à la candidate socialiste une mystérieuse clef USB. Entre les deux tours, Ségolène Royal se rappelle l'existence de Dominique Strauss-Kahn. Déjeunant ostensiblement en sa compagnie, elle fait savoir qu'elle pourrait le nommer à Matignon si elle était élue. Largement devancée par Nicolas Sarkozy, Ségolène « célèbre » dans l'allégresse sa défaite au balcon de la rue de Solferino. Dominique Strauss-Kahn, lui, sur les plateaux des télévisions, appelle à la rénovation de la gauche. Pendant le mois qui suit, tout en menant campagne pour sa propre réélection dans le Val-d'Oise, il se démène pour soutenir d'autres candidats dans toute la France. Sa cote de popularité grimpe dans les sondages. Dominique Strauss-Kahn, candidat de la gauche en 2012 ? Des instituts de sondage testent cette hypothèse complètement irréelle à cinq ans de la présidentielle. DSK, lui, n'exclut rien. Mais il sait une chose : il ne passera pas cinq ans à faire tapisserie dans les instances du PS.

1. Entretien avec l'auteur, juin 2009.

XIV

AU FONDS MONÉTAIRE INTERNATIONAL

Ce 29 juin 2007, place Léon-Blum, sur le parvis de la mairie du XIe arrondissement de Paris, Dominique Strauss-Kahn et sa famille sont en train d'attendre les derniers invités. Marine, trente et un ans, sa deuxième fille, va se marier. Les convives voient Dominique s'éloigner un moment, l'oreille collée à son téléphone. Il écoute attentivement Jean-Claude Juncker, le Premier ministre du Luxembourg : l'Espagnol Rodrigo Rato a démissionné la veille de la direction générale du Fonds monétaire international. Cette institution installée à Washington a été fondée en 1944 afin d'aider à la reconstruction de l'économie mondiale au lendemain de la guerre mondiale. Elle regroupe aujourd'hui 187 pays, soit l'essentiel de la planète « *Pourquoi pas toi ?* » Jean-Claude Juncker suggère à DSK de briguer le poste devenu vacant. « *Tu pourrais être le candidat commun des vingt-cinq pays de l'Union européenne.* » Dominique Strauss-Kahn est séduit. Emballé ? Le mot est faible. Il en parle à son épouse, Anne Sinclair, et soupèse avec elle les avantages et les inconvénients d'un tel choix. Il ne fera rien sans son accord. Le lendemain, après le mariage, DSK s'envole pour Yalta, sur les bords de la mer Noire, accompagné de son ami Stéphane Fouks, patron du groupe de communication Euro RSCG. Dans la station balnéaire de Crimée, théâtre d'un sommet historique entre Staline, Roosevelt et Churchill en février 1945, se tient désormais chaque année le YES, Yalta European Seminar, un *think tank* de très haut niveau. DSK y croise Bill Clinton, Gerhard Schröder, des hommes d'affaires ukrainiens et des économistes de divers pays d'Europe. Pendant son séjour à Yalta, Strauss-Kahn appelle Romano Prodi, alors président du Conseil italien, qui l'assure de son soutien. De son côté, le Premier ministre luxembourgeois a sondé la chancelière allemande, Angela Merkel, son collègue néerlandais et l'Espagnol José Luis Zapatero. Le climat semble plutôt favorable. Mais pour devenir le candidat des Européens, Dominique Strauss-Kahn a besoin évidemment du soutien de son propre pays. C'est délicat pour lui d'appeler Nicolas Sarkozy. Juncker s'en charge. La première réaction est encourageante. DSK est reçu à l'Élysée quelques jours plus tard. Le président français n'est pas obligé de soutenir comme il le fait, avec enthousiasme, la candidature du socialiste. Mais il flaire le « bon coup ». Il a déjà pris Kouchner, Bockel et Besson dans les filets de l'ouverture. DSK, bien sûr, n'entre pas au gouvernement. Mais le soutien du Président fait nager ce gros poisson socialiste dans les eaux territoriales d'un sarkozysme consensuel. Poignées de main échangées, sourires complices, tutoiement assumé en public. Les deux hommes jouent gagnant-gagnant. Sarkozy se donne le beau rôle tout en éloignant à Washington un possible candidat de la gauche à la présidentielle de 2012. Et DSK jubile car il va enfin trouver un poste à sa mesure. L'affaire est rondement menée. Le 2 juillet, les ministres des Finances de l'Union européenne réunis à Bruxelles entérinent la candidature du socialiste français malgré quelques réticences britanniques. Les États-Unis soutiendront le choix européen en vertu d'un accord qui leur assure la direction de la Banque mondiale. Le directeur général du FMI est désigné dans le cadre d'un scrutin où les États-Unis et l'Europe, représentés proportionnellement à leur poids économique, possèdent chacun 16,79 % et 32,10 % des mandats. Avec le Japon et le Canada, la majorité est assurée. Mais l'hégémonie occidentale sur les institutions financières est de plus en plus mal supportée par le reste du monde.

Dominique Strauss-Kahn ne veut pas être le candidat des seuls pays riches. Une obligation politique plus qu'arithmétique.

Campagne planétaire

Le candidat entre en campagne. Il ne s'agit plus de serrer les mains sur les marchés de Sarcelles, ni de convaincre les sections socialistes comme lors des primaires de l'année précédente. Son champ d'action cette fois s'étend à l'ensemble de la planète. La République française prend en charge tous les frais de DSK et de son équipe, comme c'est l'usage lorsqu'un compatriote brigue la direction d'une institution internationale. Sarkozy s'implique sans réserve mais c'est Strauss-Kahn qui mène campagne. Et il doit mouiller sa chemise. En quelques semaines il parcourt plusieurs dizaines de milliers de kilomètres, accompagné d'Ambroise Fayolle, un haut fonctionnaire du Trésor qui prendra bientôt un poste d'administrateur au FMI. S'exprimant parfaitement en anglais et en allemand, ayant de solides notions d'espagnol et comprenant un peu l'arabe, DSK séduit des auditoires parfois rétifs. En Afrique, il admet l'injustice du mode de désignation à la tête du FMI et promet une réforme de l'institution. Les quarante-trois pays du Continent noir ne détiennent que 4,4 % des votes au sein du FMI. Sans prendre d'engagement formel, DSK fait comprendre qu'il souhaite être le dernier dirigeant occidental du Fonds monétaire international. Il est aidé par le président sénégalais, Abdoulaye Wade, qui convainc un à un ses collègues africains. Dominique Strauss-Kahn part ensuite pour l'Amérique du Sud où le FMI n'a pas bonne réputation. Il rallie sans difficulté les présidents sociaux-démocrates chilien et brésilien, Michelle Bachelet et Lula. En Argentine, la tâche est plus ardue. Le pays demeure traumatisé par la thérapie de choc que DSK lui-même nomme « *l'intervention catastrophique* » du FMI, quelques années auparavant. Le président argentin Nestor Kirchner accepte cependant de le soutenir. Au cours de son périple, Dominique Strauss-Kahn visite aussi la Chine, l'Arabie Saoudite et l'Inde. Partout où il va, le courant passe plutôt bien. Le 29 août, Jean-Claude Juncker assure que Strauss-Kahn sera « *probablement le dernier Européen à devenir directeur du FMI* », et Nicolas Sarkozy téléphone à Gordon Brown. Le 4 septembre, le Royaume-Uni annonce enfin son soutien à DSK. L'élection est acquise, malgré la concurrence de Joseph Tosovsky, l'ancien responsable de la banque centrale de Tchécoslovaquie au temps de l'Union soviétique. Son propre pays refusant de le soutenir, sa candidature est portée à bout de bras par la Russie. Lors des auditions qui se déroulent du 18 au 20 septembre devant le conseil d'administration du FMI, l'ancien apparatchik communiste fait pâle figure, parlant en technicien. À l'inverse, Dominique Strauss-Kahn, très politique, développe une rhétorique critique à l'égard de l'institution qu'il entend diriger. Il ne ménage pas non plus les pays qui le soutiennent. Les Américains refusent l'utilisation de l'or du FMI pour faire baisser le coût des prêts aux pays pauvres? DSK au contraire y est favorable, à condition que les dépenses du Fonds soient maîtrisées. « *Je ne veux pas être le candidat du Nord contre le Sud* », déclare-t-il. Il affirme que l'accord tacite réservant à un Européen la direction du Fonds et à un Américain celle de la Banque mondiale « *est de moins en moins défendable* » et que le directeur du FMI doit être choisi au mérite et « *sans référence à une nationalité* ». À Bercy ou à Sarcelles, DSK était keynésien. Il l'est encore plus au FMI, une institution fondée par Keynes lui-même. Dans son grand oral devant le conseil d'administration du FMI, DSK ne man[illegible] pas de citer son maître à penser qui préconisait « *une f[illegible] brutalité* » à l'égard des États en difficulté.

[illegible]uestion de taille : DSK est-il prêt à accomplir un [illegible] ans s'achevant donc à l'automne 2012, soit six [illegible]ochaine élection présidentielle française? Les membres du FMI ont été échaudés par les deux précédents directeurs généraux, l'Allemand Horst Köhler et l'Espagnol Rodrigo Rato, qui abandonnèrent leurs fonctions, respectivement au bout de quatre ans et de trois ans de mandat. DSK les rassure : « *Donner au FMI toute sa place requiert au moins un mandat de cinq ans vers lequel je m'engage.* » Par cette déclaration, il semble renoncer à l'élection présidentielle de 2012. Mais une fois élu, il en donnera une tout autre lecture…

DG

Le 28 septembre, DSK est désigné directeur général du FMI par les vingt-quatre administrateurs réunis à Washington autour du doyen du conseil du Fonds. Il a été élu par l'immense majorité des états, excepté la Russie et un petit groupe asiatique où figurent l'Indonésie, la Birmanie et la Malaisie. Le vainqueur est aussitôt averti par téléphone alors qu'il assiste à un colloque à Santiago du Chili, invité par la présidente Michelle Bachelet. Il se retrouve alors submergé par un concert de louanges. Nicolas Sarkozy récupère l'élection de DSK, qualifiée de « *grande victoire de la diplomatie française* », et vante sa propre politique d'ouverture à l'égard d'hommes et de femmes choisis « *sans tenir compte de leur passé politique, mais en tenant compte de leurs qualités* ». Le Premier secrétaire du Parti socialiste, François Hollande, affirme que « *les socialistes sont fiers* » de cette élection. Dans son premier communiqué, le directeur général du FMI se déclare « *déterminé à engager sans tarder les réformes dont le FMI a besoin pour mettre la stabilité financière au service des peuples en favorisant la croissance et l'emploi* ». Dans *Le Monde* daté du 2 octobre, il défend sa conception d'un FMI qui « *ne peut plus se contenter d'être un "gendarme" qui prête de l'argent en contrepartie de règles très dures pour les pays en difficulté. (…) Le Fonds est confronté à un monde plus complexe, les rapports de force géopolitiques ont changé (…) Les pays émergents – la Chine, l'Inde, le Brésil, l'Afrique du Sud ou le Mexique – veulent peser davantage. Ils ont raison ! (...) ces pays et d'autres ne veulent plus que la stabilité financière soit acquise au détriment des équilibres sociaux. Ils ont encore raison ! (...) Parmi les dons que Keynes entendait placer dans le berceau du Fonds, figurait un "manteau multicolore pour rappeler que le Fonds appartient au monde entier". Oui, tout le monde doit s'y sentir chez lui et cela doit se voir dans la composition de son personnel où l'Afrique, l'Asie et l'Amérique Latine ne sont pas assez représentées.* » Le 1er novembre suivant, le manager général entre en fonction et s'installe dans les locaux du FMI, situés sur la 19e Rue à Washington. Dominique Strauss-Kahn, le social-démocrate, veut transformer l'institution libérale en outil d'une régulation à l'échelle planétaire de l'économie capitaliste. Il va être servi par la crise financière aussi brutale que dévastatrice qui éclate à l'automne 2008. Il est un des premiers à l'avoir prévue. En janvier 2008, à Davos, il lance un cri d'alarme réclamant une relance budgétaire de 2 % au niveau mondial au vu de l'ampleur de la crise qui s'annonce. Venant du FMI, connu pour être le gendarme budgétaire de la planète, c'est une révolution. Larry Summers, ancien ministre des Finances de Clinton et futur conseiller d'Obama, ne s'y trompe pas. Il déclare devant la salle bouche bée : « *Vous venez de vivre un moment historique. C'est la première fois qu'un DG du FMI appelle à un stimulus budgétaire.* » La crise financière de l'automne 2008 pousse des chefs d'État parmi les plus libéraux, tel Nicolas Sarkozy, à reconnaître les bienfaits de la régulation économique. L'élection en novembre 2008 d'une administration démocrate, plus ouverte à l'interventionnisme en économie que celle de George W. Bush, favorise les desseins de DSK. Le rôle du FMI change. Il devient un acteur politique de premier plan, et son directeur général se retrouve aux côtés des « grands » lors des réunions du G20 instituées pour faire face à la crise. Candidat à la direction du FMI, pendant l'été 2007, Dominique Strauss-Kahn a fait beaucoup de promesses. Il ne les tiendra pas toutes. En moins de quatre ans, il aura cependant obtenu des résultats très importants : un triplement des ressources financières de l'institution ; une réforme des quotas permettant une meilleure représentation des pays émergents au sein du FMI ; le début de la réforme du système monétaire international avec les prêts flexibles, des prêts à taux zéro en faveur des pays pauvres, qui, financés par la vente de l'or du FMI, ont en partie réconcilié les Africains et les Asiatiques avec l'institution. Durant son mandat interrompu, DSK aura redonné du lustre à une institution très impopulaire perçue jusqu'alors comme le père Fouettard des peuples. Lorsqu'éclate la crise en octobre 2008, DSK a changé de stature. Il « *manage* » l'économie mondiale. Comme à Bercy neuf ans auparavant, l'homme et sa politique sont unanimement appréciés. Une nouvelle fois cependant la carrière de DSK vacille. L'histoire semble se répéter. Voilà DSK confronté à une nouvelle « affaire » qui se résume à un nom féminin : Piroska Nagy.

XXV

L'INSOUTENABLE LÉGÈRETÉ DE « DOMINIQUE »

« *Scandale sexuel au FMI !* » Ce 18 octobre 2008, à quelques jours de l'élection présidentielle américaine, alors que le capitalisme mondial tremble sur ses bases, plongé dans une crise financière sans précédent depuis 1929, le FMI se trouve brusquement déstabilisé par un vaudeville. Ce jour-là, le quotidien américain *Wall Street Journal* révèle l'existence d'une procédure d'investigation à l'encontre du directeur général de l'institution internationale, soupçonné de « *comportement inapproprié* » à l'égard d'une subordonnée. *Shocking!* Mais de quoi s'agit-il? Reprenons les faits. Début 2008, quelques mois après son arrivée à Washington, DSK a entretenu une brève liaison avec Piroska Nagy, une Hongroise de quarante ans, troisième responsable du département Afrique du FMI. La notoriété de ce banal adultère entre personnes consentantes n'aurait jamais dû dépasser le cadre des dîners en ville si le mari trompé, Mario Blejer, n'avait découvert des e-mails compromettants entre son épouse et le manager général du FMI. Cet économiste argentin renommé, lui-même ancien cadre du Fonds monétaire international, ébruite l'affaire dans une maison où il connaît beaucoup plus de monde que le directeur général fraîchement nommé. On ne badine pas avec les mœurs aux États-Unis. Dans le cas de Dominique Strauss-Kahn, ce n'est cependant pas l'adultère qui pose problème mais l'existence d'un lien hiérarchique avec la jeune femme, partie du FMI en août 2008 pour rejoindre à Londres la Berd, Banque européenne pour la reconstruction et le développement, bénéficiant alors d'indemnités, comme quatre cents autres salariés, dans le cadre d'un plan de réduction de postes. Dominique Strauss-Kahn a-t-il abusé de sa position hiérarchique pour contraindre une subordonnée à une relation sexuelle non désirée ? Puis pour lui faire obtenir des indemnités supérieures au montant légal afin de faciliter son départ ? Ces questions sont graves. Elles mettent en jeu la crédibilité du directeur général du FMI dans une période sensible pour l'économie mondiale. L'enquête doit être irréprochable. Elle est confiée dans un premier temps à un comité d'éthique interne composé de trois membres notamment un Égyptien et un Russe, dont le pays s'était opposé à la nomination de Strauss-Kahn à la tête du FMI. Les conclusions de cette première enquête révèlent qu'il s'agit d'une relation entre adultes consentants sans lien avec la position hiérarchique de Dominique Strauss-Kahn. Mais le Russe n'est pas satisfait. Prétextant que le *board* du FMI pourrait reprocher au comité d'éthique une absence d'objectivité, il réclame et obtient la transmission du dossier à un organisme indépendant, le cabinet d'avocats international, spécialisé en droit du travail, Morgan, Lewis & Bockius LLP, qui rendra ses conclusions fin octobre.

Les investigations sont extrêmement poussées. Toute la correspondance entre Dominique Strauss-Kahn et Piroska Nagy est décortiquée dans les moindres détails. Les disques durs de leurs ordinateurs sont passés au peigne fin. Rien n'est laissé au hasard dans le cadre d'une enquête contradictoire où la moindre incohérence est relevée. À cet instant, la carrière politique de Dominique Strauss-Kahn ne tient plus qu'à un fil. Si les enquêteurs trouvent un seul indice d'« *abus de pouvoir* », DSK sera immédiatement chassé du FMI. Touché, coulé. On voit mal comment il pourrait survivre politiquement après une telle humiliation. En France, tout le personnel politique à droite et à gauche entonne le chant de la solidarité. Dans ce concert unanime, seule Ségolène Royal prend ses distances avec son ancien rival des primaires au sein du PS en déclarant sur Canal+ : « *Il faut attendre l'issue de l'enquête. J'espère qu'il (DSK) sera blanchi dans cette histoire, parce que sinon, pour la réputation du sérieux et de la compétence de la France, ce serait très embêtant.* »

Comme huit ans auparavant, les vrais amis de Strauss-Kahn sont très inquiets. Un tel talent, une telle intelligence une fois de plus mis en péril à cause de l'insoutenable légèreté de « Dominique ». Dans ce genre de situation, il faut savoir tenir ses nerfs. Le moindre faux pas peut s'avérer fatal. Strauss-Kahn est comme un funambule, seul là-haut sur un fil. Trois pompiers communicants volent à son secours : Gilles Finchelstein, Anne Hommel, attachée de presse, tous deux salariés de la grande agence de communication Euro RSCG , et enfin Ramzi Khiroun, son ami, conseiller en communication pour le groupe Lagardère. Réunis à Washington, ils mettent au point la contre-offensive.

« Aventure d'un soir »

Dire la vérité. Ne pas répéter l'erreur de Bill Clinton qui avait frôlé l'*impeachment* pour avoir, maladroitement, nié une gâterie avec la jeune Monica Lewinsky, stagiaire à la Maison Blanche. Par un communiqué, Dominique Strauss-Kahn reconnaît « *l'incident qui est intervenu dans (sa) vie privée* » en janvier 2008, avant d'ajouter l'essentiel : « *À aucun moment je n'ai abusé de ma position de directeur général du Fonds.* » Et de conclure : « *J'ai coopéré et je vais continuer de coopérer avec le cabinet extérieur au Fonds concernant cette affaire.* » Et Anne Sinclair ? Avertie par son mari depuis plusieurs mois, elle lui a pardonné cette incartade. Le 19 octobre 2008, elle écrit sur son blog : « *Chacun sait que ces choses peuvent arriver dans la vie de tous les couples (…) Pour ma part, cette aventure d'un soir est déjà derrière nous ; nous avons tourné la page ; nous nous aimons comme au premier jour.* » Avant que l'affaire ne soit rendue publique par le *Wall Street Journal*, le couple a prévenu ses enfants. Sur le plan personnel, donc, l'affaire est sous contrôle. Reste à attendre le verdict des enquêteurs. Après quelques jours de suspense, le cabinet d'avocats rend un rapport, concluant que DSK n'a commis « *ni harcèlement, ni favoritisme, ou tout autre abus d'autorité* ». DSK est totalement blanchi. Le directeur général du FMI n'a pas fauté. Il a cependant accompli des actes « *regrettables et reflétant une sérieuse erreur de jugement* », selon les termes employés par le conseil d'administration du FMI en guise de point final.

Quelques semaines plus tard, l'affaire connaît un ultime rebondissement. Le 17 février 2009, le site de *L'Express* publie une lettre de Piroska Nagy, écrivant le 20 octobre précédent à Robert J. Smith, un des avocats chargés de l'enquête : « *Je pense que M. Strauss-Kahn a abusé de sa position dans sa façon de parvenir jusqu'à moi. Je vous ai expliqué en détail comment il m'a convoquée plusieurs fois pour en venir à me faire des suggestions inappropriées. Malgré ma longue vie professionnelle, je n'étais pas préparée à des avances du directeur général du FMI.* » Bien que l'ayant reçu tardivement, les enquêteurs incluent *in extremis* ce nouvel élément dans le dossier. Cité dans le journal *Libération* du 23 février 2009, l'avocat Robert J. Smith affirme : « *Nous avons reçu et considéré cette lettre en écrivant notre rapport. Nous n'avons trouvé aucune preuve qui laisse à penser que le directeur aurait abusé de son pouvoir.* » Ce courrier de Piroska Nagy contredit toutes ses déclarations antérieures recueillies par les avocats au cours des... vingt-huit auditions où elle fut entendue longuement. Des journalistes français verront dans cette missive une preuve de la complaisance de la commission d'enquête à l'égard de Strauss-Kahn. C'est mal connaître le fonctionnement inquisitorial de la justice américaine. Cette lettre est troublante cependant. Comment l'expliquer ? Elle est écrite au lendemain du 19 octobre

2008, date à laquelle Anne Sinclair, sur son blog, tout en affirmant aimer son mari « *comme au premier jour* », qualifie Piroska Nagy de « *relation d'un soir* ». Cette formule, dans sa traduction anglaise « *one night stand* », est très désobligeante. Elle est utilisée en général à propos des prostituées. Aurait-elle ravivé l'amertume de l'économiste hongroise ? Piroska Nagy regrette *a posteriori* la petite aventure qui lui a causé de grands ennuis. Quoi de plus naturel ?

Si elle veut sauver son couple, il est préférable pour elle de dire qu'elle a cédé aux avances du manager général. Mais la version qu'elle donne dans cette lettre du 20 octobre 2008 est peu crédible. Piroska Nagy n'est pas la « *secrétaire* » de Strauss-Kahn décrite par certains médias, encore moins une jeune stagiaire de vingt-quatre ans, comme Monica Lewinsky, jadis à la Maison Blanche, follement impressionnée par le président Clinton. Piroska Nagy, âgée de quarante ans en 2008, est une fonctionnaire de haut niveau dont la nomination ne dépend pas de Dominique Strauss-Kahn. Pourquoi n'aurait-elle pas tout simplement été séduite par un homme qui, malgré son âge et son embonpoint, ne manque pas de charme ? Peut-être est-ce lui au contraire qui a cédé aux avances de l'économiste hongroise ? Cela au fond a peu d'importance dès lors que le directeur général du FMI a été lavé des soupçons d'« *abus de pouvoir* ». Au plan moral, nul n'a le droit de le juger, excepté son épouse, qui lui a pardonné. Pour le reste, un constat s'impose : si DSK n'est pas plus coupable dans cette affaire que dans celle de la Mnef neuf ans auparavant, il a fait preuve dans les deux cas d'une même légèreté. Dans un pays où, quelques années plus tôt, le président Bill Clinton a gâché son second mandat à cause d'une fellation dans le Bureau ovale, il aurait dû agir avec prudence. On l'avait prévenu avant son départ pour Washington. Mais Strauss-Kahn n'est pas prudent. S'il n'est pas, loin de là, le premier homme politique français à tromper sa femme dans le cadre de ses fonctions, il est le seul dont l'adultère, parce qu'il a eu lieu en territoire américain, suscite un scandale public. Insoutenable légèreté de Dominique Strauss-Kahn ! Ses oreilles n'ont pas fini de siffler.

Humoristes puritains

Dès le 19 octobre 2008, au lendemain des révélations du *Wall Street Journal*, Stéphane Guillon consacre sa chronique matinale sur France Inter à Dominique Strauss-Kahn. La charge dure environ quatre minutes et ne relève pas de la brigade légère. En voici quelques extraits : « *Patatras, hier matin, la nouvelle tombe : DSK est compromis dans une affaire d'adultère (…) Le dernier des éléphants possède le métabolisme d'un lapin. (…) Plus les bourses mondiales s'agitaient, plus il prenait du galon, et il a fallu qu'il aille exhiber les siennes. (…) C'est glauque, le président* (sic) *du FMI qui trempe son biscuit comme un vulgaire VRP de province, cela fait de la peine (…) Envoyer DSK là-bas, la braguette la plus rapide du PS, c'était suicidaire. (…) Le président du FMI* (sic) *a une sexualité de lapin. Décidément les bourses mondiales sont vraiment devenues folles.* » La chronique est ponctuée par les éclats de rire de journalistes et techniciens présents dans le studio. Certains à France Inter ont le rire facile. Car Guillon ne possède ni la fantaisie ni la générosité de Coluche. Il ne sait pas jouer avec les mots comme Guy Bedos ou Pierre Desproges. Raymond Devos par exemple aurait peut-être su faire sourire de manière allusive au détriment de DSK. Guillon, lui, ne sait pas manier la métaphore, le second degré. Son vocabulaire est pauvre. Il répète plusieurs fois la même expression en quatre minutes. Parler d'une sexualité de « *lapin* » à propos d'un « *éléphant* » du PS peut déclencher les rires au comptoir d'un bistrot. Comparer les bourses mondiales à celles du « *président du FMI* » peut faire se bidonner des collégiens délurés. Mais ces plaisanteries ne sont pas dignes d'un humoriste professionnel.

Le mardi 17 février 2009, Stéphane Guillon remet le couvert contre Dominique Strauss-Kahn qui, de passage à Paris, est l'invité d'une grande antenne française pour la première fois depuis le déclenchement de la crise financière. La chronique de Stéphane Guillon précède de quelques minutes l'arrivée de DSK dans les studios de France Inter. Ce qui se passe alors restera gravé dans l'histoire de la station. Stéphane Guillon fait sonner l'alarme dans les couloirs de la Maison de la Radio. Voici quelques extraits de sa chronique : « *Dans quelques minutes Dominique-Strauss Kahn va pé-né-trer (rires) dans ce studio… Évidemment, des mesures exceptionnelles de sécurité ont été prises au sein de la rédaction. (…) Pour protéger le personnel féminin, tous les endroits sombres et reclus de la station (parkings, toilettes et certains placards) ont été condamnés : cinq seuils d'alerte sont prévus lors de cette matinale, le dernier étant l'évacuation pure et simple du personnel féminin d'Inter vers d'autres étages. Essai de sirène. Hu ! Hu ! Hu ! À ce signal, je vous demande de vous diriger toutes sans exception vers les ascenseurs. (…) Pas de panique (…) On va mettre du bromure dans son café. Et pour la première fois, il y aura deux caméras : une sur l'invité et l'autre sous la table pour vérifier que tout se passe bien.* » L'émission s'achève sur un dernier essai de sirènes. Il est presque 8 heures. Stéphane Guillon quitte aussitôt le studio.

DSK, lui, doit parler à 8 heures 20. Il entend la chronique en compagnie d'Anne Sinclair au moment où il quitte leur appartement du XVIe arrondissement à deux pas de la Maison de la Radio. Le couple est sidéré par la violence de l'attaque. Dans la voiture qui le mène à France Inter, DSK peine à digérer les dernières phrases de la chronique qui sont aussi les plus cruelles, quand Guillon met en doute la réalité des sentiments du directeur-général du FMI à l'égard d'Anne Sinclair. Durant ce court trajet, DSK échange par téléphone quelques mots avec

Ramzi Khiroun. Son ami a écouté France Inter chez lui. Il a suggéré à Dominique d'annuler sa participation à l'émission : « *Si tu es un défenseur de la liberté d'expression, tu as aussi la liberté de ne pas te rendre à Inter. Que la station assume auprès de ses auditeurs la faute de Guillon en meublant un blanc de dix minutes à l'antenne. Si tu décides d'y aller, dans ce cas ne fais aucune allusion à Guillon, tu vas lui faire de la pub, c'est pire encore*[1] *!* » Anne Sinclair, au contraire, conseille à son mari de ne pas « *déserter* ». Dominique Strauss-Kahn est pris dans les filets de Stéphane Guillon. C'est un piège terrible. Il n'a le choix qu'entre deux mauvaises solutions. Il ne suit pas les conseils de Ramzi Khiroun. En préambule à l'interview, il fait une courte et sèche allusion à la chronique de Stéphane Guillon : « *J'ai assez peu apprécié les commentaires de votre humoriste. Les responsables politiques ou d'action publique ont le droit – ou même le devoir – d'être critiqués par les humoristes. Mais l'humour ce n'est pas drôle quand c'est principalement de la méchanceté.* » La réponse de Strauss-Kahn donne encore plus d'écho aux propos de Guillon. La vidéo de la chronique est visionnée plus de 36 000 fois en moins de six heures sur Internet. C'est le *buzz*. Dans l'après-midi, la direction de France Inter présente ses excuses au directeur général du FMI et plusieurs hommes politiques, y compris le président Sarkozy, s'en prennent bruyamment à Guillon. Certains journalistes interprètent ces réactions comme une atteinte à la liberté d'expression. Pendant quelques jours, la polémique Guillon/Strauss-Kahn enflamme la Toile et les plateaux télévisés. Dans l'émission *Mots croisés* d'Yves Calvi sur France 2, le 2 mars 2009, Stéphane Guillon s'indigne de l'indignation de Dominique Strauss-Kahn et de la classe politique : « *Les réactions sont disproportionnées, cela m'inquiète beaucoup. (...) On entre dans une période terrifiante.* » L'éditeur et chroniqueur Éric Naulleau s'en prend aux hommes

1. Entretien avec l'auteur, novembre 2010.

politiques : « *Ils veulent contrôler les médias à leur avantage.* » Yves Calvi lui rappelle que DSK a été blanchi par une commission d'enquête américaine : « *Il se trouve que le FMI s'est prononcé. Honnêtement le comité d'éthique, c'est pas des rigolos, il lui donne quitus en disant en gros : "Il n'y a plus à revenir là-dessus, c'est réglé*[1]." » Éric Naulleau n'en démord pas : « *Est-ce que le scandale est dans la chronique de Guillon ou dans le comportement de Monsieur Strauss-Kahn ? (...) Moi je trouve que ce sont les agissements de Monsieur Strauss-Kahn, qui devrait être irréprochable, qui sont répréhensibles.* » Sur le même registre moral, Guillon enfonce le clou : « *Non je n'ai pas de regrets, pas d'états d'âme. Qui a blessé qui ? (...) Moi je défends toujours les femmes, parce que j'aime ma femme.* » Présent sur le plateau, Charb, un dessinateur de *Charlie-Hebdo*, fait remarquer avec malice à Naulleau et Guillon qu'ils se situent sur le terrain des « *puritains américains* ». Stéphane Guillon cite alors son collègue Guy Carlier, chroniqueur du matin sur Europe 1 : « *Nous les humoristes, sommes des vengeurs masqués, on dit tout haut ce que des millions de gens rêveraient de pouvoir dire à l'antenne.* »

La France est un étrange pays où quelques humoristes se veulent plus moralisateurs que les puritains américains et où l'animateur Thierry Ardisson ouvre son antenne sans la moindre précaution à des accusations d'une extrême gravité contre Dominique Strauss-Kahn.

1. En réalité le comité d'éthique, comme nous l'avons écrit précédemment, n'a réalisé que la première enquête.

XXVI

LES TROMPETTES DE LA RUMEUR

L'affaire éclate le 5 février 2007 sur la chaîne de télévision Paris Première dans l'émission *93, faubourg Saint-Honoré* présentée par Thierry Ardisson. Comme d'habitude, sujets graves et marivaudages alternent autour d'un souper aux chandelles réunissant des personnalités aussi différentes que les communicants Jacques Séguéla et Thierry Saussez, les journalistes politiques Claude Askolovitch, Jean-Michel Aphatie et Hedwige Chevrillon, l'acteur Roger Hanin l'humoriste Gérald Dahan. Mélange des genres, choc des personnalités, reparties brillantes, humour corrosif. Ce cocktail fait le charme de l'émission. Parmi les invités, se trouve ce soir-là une jeune journaliste et écrivaine. Elle a vingt-sept ans. Elle est blonde et jolie. Elle s'appelle Tristane Banon. Quelques mois plus tôt, elle a publié son deuxième roman, *Trapéziste*. Mais Thierry Ardisson lui demande de revenir sur son premier livre, un essai, paru en novembre 2003, intitulé *Erreurs avouées*, dans lequel la jeune journaliste demandait à une dizaine de personnalités de « *confesser* » leur plus grande erreur. L'une de ces personnalités, prétend Tristane Banon, aurait très mal agi.

Soudain l'émission bascule. La jeune femme cite un nom que le téléspectateur n'entend pas car il est couvert par un long *bip*, prudence élémentaire de la part de la chaîne soucieuse d'éviter un procès en diffamation. « *Avec lui cela s'est très mal passé*, dit Tristane Banon. *C'est le chimpanzé en rut !* » Ardisson renchérit aussitôt : « *Tout le monde le sait, c'est vrai, ouais il est obsédé par les gonzesses !* » Tristane Banon enchaîne : « *C'est vrai qu'à l'Assemblée nationale il n'y a plus une seule jeune nana qui veut s'occuper de son bureau. C'est le seul qui a une secrétaire de près de soixante ans. Elle est limite obèse*[1]. » Les invités autour de la table l'écoutent amusés ou médusés, en mastiquant leur viande et buvant leur vin. On sent Thierry Ardisson fébrile à l'idée de se payer Dominique Strauss-Kahn. Car le « *chimpanzé en rut* » n'est autre que l'ancien ministre des Finances. Tristane Banon détaille les faits qui se seraient produits quatre ans auparavant : « *Il a proposé qu'on se voie, il m'a donné une adresse, que je ne connaissais pas, déjà ça m'a étonnée parce que je connais un petit peu sa vie, plus ou moins, donc je sais où il habite, je sais où est sa permanence, l'Assemblée je vois un peu où c'est situé. Rien de tout ça.* » La jeune femme poursuit son récit, ponctué d'exclamations d'Ardisson – « *Ah là là !* » – « *Je suis arrivée devant l'adresse, je me suis garée, je suis montée. (...) Je suis arrivée là-bas, j'avais un col roulé noir. Cela fait peut-être triper les mecs, un col roulé noir (....) Cela s'est très mal fini, parce qu'on a fini par se battre, donc ça s'est fini très très violemment, puisque je lui ai dit clairement : "Non, non", on s'est battus au sol, pas qu'une paire de baffes, moi j'ai donné des coups de pied... Ça a très mal fini... Bon moi j'ai fini par partir, il m'a envoyé tout de suite un texto en disant : "Alors je vous fais peur?" d'un air un peu provocateur, (...) et après il n'a pas arrêté de m'envoyer des textos en disant : "Je vous fais peur?"* » Pendant que Tristane Banon décrit avec détachement ce qui à ses yeux fut une tentative de viol, Thierry Ardisson s'efforce d'égayer l'atmosphère en lançant quelques plaisanteries graveleuses du genre : « *Quand on te regarde, on le comprend.* » Un seul invité s'autorise un commentaire. Il s'agit de Roger Hanin, qui déclare : « *Cela c'est la connerie générale, s'il fait cela il peut faire n'importe quoi.* » Contrairement aux téléspectateurs, Roger Hanin connaît

1. La secrétaire de DSK, Évelyne Duval, a probablement dépassé la cinquantaine, ce qui à notre époque n'est pas un âge canonique pour une femme. Elle n'est aucunement obèse !

l'identité du « *chimpanzé en rut* ». Le célèbre commissaire Navarro, beau-frère de François Mitterrand, a longtemps fréquenté le sérail socialiste, étant lui-même dans les années 1980 le secrétaire de la « section du spectacle », regroupant les artistes du parti, où une constante rivalité opposait le « *beauf de Tonton* » à Jean-Marc Thibault, le « *beauf de Jospin* ». Après s'être engagé aux côtés du Parti communiste, Roger Hanin soutient Nicolas Sarkozy en 2007. Hostile à tout « *droit d'inventaire* », il n'a jamais caché son aversion pour Lionel Jospin et ceux qui l'entouraient, notamment Dominique Strauss-Kahn, coupables à ses yeux de « trahison » envers François Mitterrand. Excepté Roger Hanin, aucun autre invité n'a été entendu par les téléspectateurs. La version diffusée à l'antenne résulte d'un montage expurgé de toute réaction dissonante. Ardisson, lui, n'a jamais vraiment questionné Tristane Banon. On venait d'accuser Strauss-Kahn d'une tentative de viol. Puis on est passé à autre chose…

Info ou intox?

Rediffusée le 20 février suivant sur Paris Première, l'émission n'a pas suscité le moindre *buzz* à l'époque. On est en pleine campagne présidentielle. Et Dominique Strauss-Kahn, éliminé par Ségolène Royal quelques mois plus tôt, n'intéresse pas grand monde. En fait « l'affaire Banon » rebondit vraiment en octobre 2008, après que le *Wall Street Journal* eut rendu publique la liaison de Dominique Strauss-Kahn avec l'économiste hongroise Piroska Nagy. Le site AgoraVox, « *le média citoyen* » qui avait jusqu'alors ignoré l'émission d'Ardisson, la met en ligne, suivi aussitôt par *L'Express.fr*, *Bakchich*, *Arrêt sur images*, *Entrevue*, *20 Minutes*, *Le Post*, etc. Au printemps 2011, quatre ans après la première diffusion, les graves accusations de Tristane Banon continuent d'être accessibles aux internautes du monde entier. Après l'arrestation de Dominique Strauss-Kahn, le 14 mai 2011 à

New York, puis son inculpation entre autres pour tentative de viol, la presse française et internationale découvre soudain « l'affaire Banon ». Cette agression sexuelle présumée ressemble de manière troublante à celle dont Strauss-Kahn est accusé à New York. Dans les deux cas, l'ancien ministre est décrit comme un homme brutal, se comportant en animal sauvage tentant de saisir une proie qui parvient à s'enfuir in extremis après s'être battue avec le présumé prédateur. Mais une question se pose à propos du témoignage de Tristane Banon : pourquoi n'a-t-elle jamais porté plainte? Elle explique en 2008 qu'elle manque de preuves : « *Qu'est-ce qui va empêcher 50 % des gens que je vais croiser de ne pas me croire, ils ne sont pas censés croire en ma bonne foi*[1] *?* » Pourtant la jeune femme, selon ses dires, posséderait de vraies preuves matérielles avec « *de nombreux textos* » dans lesquels Strauss-Kahn lui répéterait : « *Est-ce que je vous ai fait peur?* » Pour justifier l'absence de plainte, Tristane Banon évoque aussi dans l'émission d'Ardisson le risque de représailles. Est-ce crédible? En 1999, puissant ministre de l'Économie et des Finances, DSK a été judiciairement foudroyé pour une vétille. En 2003, il se trouve dépourvu d'influence dans l'appareil d'État dominé par la droite victorieuse à la présidentielle et aux législatives. Une plainte à son encontre aurait constitué la plus sûre garantie contre d'éventuelles représailles. Pourtant, dans l'émission d'Ardisson, Tristane Banon explicite ses craintes : « *Il y avait tout bêtement le fait que je vis seule à Paris. Il est avec un mec qui n'est pas forcément un tendre, il n'a pas forcément des méthodes très raffinées... Je ne pense pas qu'il m'aurait fait assassiner, mais me refaire le portrait, ça aurait été possible.* »

Qui est le « *mec* » dont parle Tristane Banon? S'agit-il de Ramzi Khiroun? Peut-être. L'ami de Dominique Strauss-Kahn, qui occupe une fonction importante dans le groupe Lagardère, n'a rien d'une brute. Il assure n'avoir jamais rencontré Tristane

1. AgoraVox.

Banon. Mais il s'est, dit-il, entretenu avec elle par téléphone il y a bien longtemps. Il livre aujourd'hui sa propre version des événements, très différente de celle de la jeune auteure : « *C'était fin août 2003. Dominique remontait la pente à la suite des affaires qui avaient conduit à sa démission du gouvernement Jospin en 1999. J'apprends alors qu'il a accordé six mois plus tôt une longue interview à l'amie d'une de ses filles, Tristane Banon. Quand il me dit qu'il lui a longuement "confessé" ses "erreurs", je suis un peu inquiet. Je téléphone à Tristane Banon pour demander à lire les épreuves, conformément aux usages s'agissant d'une interview et non d'un récit. Elle m'indique qu'il est trop tard car son éditeur a déjà envoyé le texte à l'impression. Elle promet de me rappeler. Ce qu'elle ne fera pas. Je demande un rendez-vous à l'éditeur Alain Carrière qui, après m'avoir reçu très courtoisement, me donne le texte de l'interview. En le lisant, je suis sidéré. Le style de Tristane Banon est assez grotesque. Elle décrit Dominique en termes si admiratifs qu'ils prêtent à sourire. On s'était donné beaucoup de mal pour faire oublier les affaires où il avait été accusé à tort, notamment la Mnef. Ainsi, excepté une photo qui le représente debout et digne face au juge d'instruction, lors de la perquisition à son bureau du conseil régional d'Ile-de-France en 2000, aucune image n'immortalise cette période sombre. Et voilà que, pour rendre service à une amie de sa fille, Dominique ravive toutes ces histoires ! Dans une lettre, je demande à l'éditeur d'enlever l'interview de Dominique et de changer la couverture du livre où son visage apparaissait. Il s'y engage auprès de moi par courrier et cela sera fait*[1]. » Quelques jours plus tard, la jeune fille, furieuse, aurait téléphoné à Ramzi Khiroun. « *Vous venez de faire un autodafé* », lui aurait-elle dit. « *Cette expression m'a frappé, je ne l'ai pas oubliée* », poursuit Khiroun qui aurait alors répondu : « *Cela ne serait jamais arrivé, si vous aviez été moins malhonnête.* » Selon Khiroun, Tristane Banon aurait conclu l'entretien par une menace : « *Je me vengerai de Dominique Strauss-Kahn*[1]. » De son

1. Entretien avec l'auteur, 19 mars 2011.

côté la jeune femme livre une tout autre version des faits dans une interview donnée en 2008 au site AgoraVox. Selon Tristane Banon, les éditions Anne Carrière qui préparaient la sortie de son livre, *Erreurs avouées*, auraient supprimé le chapitre consacré à DSK parce qu'y était évoquée l'agression qu'elle dit avoir subie. Mais Alain Carrière, son éditeur, la contredit peu après à l'occasion d'une interview diffusée sur AgoraVox . « *C'est un chapitre,* déclare-t-il, *qui n'apportait rien au livre, j'en ai discuté avec l'auteur* [Tristane Banon], *et nous avons décidé d'un commun accord de le supprimer. (...) Il n'y a eu aucune censure. Il s'agissait d'une affaire concernant la vie privée. Quand je lis les déclarations qui sont prêtées aujourd'hui à cet auteur, cela ne correspond pas du tout à la version que j'ai gardée en mémoire. Il n'y avait pas de mots aussi durs.* »

Contacté téléphoniquement par l'auteur fin 2009, Alain Carrière lui a exprimé son désir de ne plus revenir sur cette affaire, tout en affirmant sa confiance et son amitié envers Tristane Banon dont il a édité plusieurs livres.

Que contenait donc ce fameux chapitre sur Strauss-Kahn, écrit par Tristance Banon et retiré des épreuves par son éditeur ? Nous nous sommes procuré ce document inédit. La jeune écrivaine y raconte par le menu ses deux rencontres avec Dominique Strauss-Kahn : la première à son bureau de l'Assemblée nationale, le 5 février 2003, la deuxième une semaine plus tard dans « *un appartement du VII*e *arrondissement, à peine meublé, sans vie, sans âme* ». Réalisé en deux fois, l'interview de Dominique Strauss-Kahn fait effectivement le tour des erreurs commises par l'ancien ministre des Finances. Le chapitre débute sur une introduction de l'auteure : « *Je n'ai rien vu venir, je l'ai harcelé, même; je le voulais, ce rendez-vous. Après quatre appels sur son portable en trois jours, il a cédé.* » Puis Dominique Strauss-Kahn aborde ses « erreurs ». Extraits. « *Ma première erreur dans la vie? Ce sont mille erreurs à la suite! (...) Sérieusement, je pense que ma pre-*

mière véritable erreur est de ne pas avoir choisi de faire des études scientifiques. (...) Dans l'affaire de la Mnef, il y a eu des erreurs de date sur les factures parce que je n'avais pas fait attention aux détails. (...) En revanche et avec le recul je n'ai jamais considéré que ma décision de démissionner du gouvernement était une erreur. Bien sûr je n'y étais pas contraint mais c'était une question d'éthique. »

Les propos de Dominique Strauss-Kahn déçoivent la jeune écrivaine. Elle ne s'en cache pas dans ses commentaires qui ponctuent l'interview : « *Belle compilation de déclarations télévisées sans intérêt. Sans blague, c'est du par cœur ! (...) L'atmosphère devient pesante. Il enchaîne...* » Après une réponse de Strauss-Kahn, Tristane Banon commente : « *Jolie répartie. Pirouette d'acrobate. Ça comble le vide mais pas le creux du contenu. Mais où est le contenu ?* » Tout au long du chapitre Tristane Banon ne cache pas l'ennui que lui a inspiré sa rencontre avec Dominique Strauss-Kahn. En lisant entre les lignes, on comprend qu'il a tenté de la séduire : « *Il me propose un café, de se revoir. Moi, tout ce que je veux, c'est m'en aller. Je finirai par y arriver... une demi-heure plus tard, moyennant une promesse de retour que je ne tiendrai pas.* » À aucun moment, Tristane Banon n'évoque la moindre violence ni même un geste déplacé de la part de Dominique Strauss-Kahn.

Pas de plainte

À la fin de l'été 2003, dans les semaines qui suivent le retrait du chapitre par son éditeur, Tristane Banon alerte des journalistes. Dominique Strauss-Kahn aurait tenté d'abuser d'elle pendant une interview. « *Si c'est le cas, il s'agit d'un crime d'une extrême gravité. Qu'elle aille porter plainte !* » répond en substance Ramzi Khiroun aux journalistes qui l'interrogent, tout en leur présentant les épreuves corrigées du manuscrit de Tristane Banon dans lesquelles figure encore l'interview de Dominique Strauss-Kahn. Le même conseil aurait semble-t-il été prodigué à la jeune fille par

François Hollande et Laurent Fabius, qu'elle aurait rencontrés l'un et l'autre *via* sa mère, élue socialiste. C'était effectivement la seule chose à faire. Aucun journaliste n'ayant pris en considération ses accusations, Tristane Banon ne les évoque pas publiquement pendant plusieurs années. Elle n'en dit pas un mot, par exemple, lors de sa première et longue interview, près de dix minutes, chez Ardisson dans *Tout le monde en parle* sur France 2 le 18 septembre 2004. Vêtue d'un déshabillé transparent, elle vient alors présenter son livre : *J'ai oublié de la tuer*. Elle y parle en termes extrêmement crus de la sexualité débridée qu'elle prête à sa mère et de son père qui, dit-elle, ne s'est jamais occupé d'elle. Ses deux parents sont des gens connus : sa mère, Anne Mansouret, est vice-présidente socialiste du conseil général de l'Eure, proche de Laurent Fabius. Son père, Gabriel Banon, est un homme d'affaires juif marocain, devenu conseiller économique de Yasser Arafat après les accords d'Oslo en 1993. Tristane Banon, lors de cette émission de 2004, ne cache rien de ses secrets intimes, parlant même d'attouchements subis dans son enfance et imputés au compagnon de la « *bonne* » de sa mère. Curieusement, dans cette ambiance de déballage intime, propice à toutes les confidences, elle ne dit pas un mot, pas un seul, de sa mésaventure supposée avec DSK, qui serait survenue dix-huit mois auparavant. Elle n'en parle pas non plus dans les jours ou les semaines suivant l'interview de Dominique Strauss-Kahn en février 2003. Le journaliste Michel Field en témoigne : « *DSK, que je connais bien, me téléphone pour me prévenir qu'une amie de sa fille Camille va me contacter afin de m'interviewer. Si mes souvenirs sont exacts, la jeune journaliste était à ses côtés au moment du coup de fil, il n'était donc pas en train de l'agresser. J'ai reçu Tristane Banon peu après dans mes bureaux de la Field Compagnie, rue du Louvre. C'était lundi 3 mars 2003 à 11 h 30. Mon agenda en témoigne. Elle m'a interviewé sur mes "erreurs" comme d'autres personnalités qui figurent dans son livre. Je me souviens qu'elle m'a relancé, peut-être quelques mois plus tard, pour être chroniqueuse dans l'une de mes émissions et depuis je ne l'ai plus revue. Une chose est sûre : à aucun moment elle n'a évoqué la moindre violence de la part de Dominique. Je suis donc tombé des nues quand j'ai entendu parler de ses déclarations. Je connais bien Dominique, je sais qu'il peut être séducteur. Mais l'accusation de viol est très grave. Je ne le défendrais pas si j'avais un doute*[1]. » Interrogée en 2008 sur son refus de porter plainte, Tristane Banon a répondu : « *Je me suis dit qu'il fallait vivre avec ça. Et puis qu'est-ce que j'ai à y gagner? De l'argent? Je ne veux pas de son fric. Et si c'est pour faire vendre des bouquins sur ce genre de réputation, franchement je préfère en vendre peu ou pas*[2]. » La revendication d'un « *droit à l'oubli* » est tout à fait légitime. Mais dans ce cas pourquoi Tristane Banon a-t-elle préféré le tintamarre médiatique à la justice? Contactée par l'auteur, elle lui a répondu par écrit en novembre 2010 : « *Je n'empêcherais jamais personne de penser que je raconte des mensonges, je suppose que c'est tout simplement humain que de penser systématiquement que l'autre ment, ou qu'il agit par intérêt (lequel d'ailleurs, je n'ai jamais bien compris mais qu'importe). Il y a aussi les malveillants, j'en ai découvert quelques-uns, mais contre eux je ne peux pas me battre et quoique* (sic) *je vous dise, ceux-là trouveront le moyen d'expliquer que je mens… C'est vieux tout ça, oublions. Désolée, je suis un peu désabusée, mais c'est une double peine que de subir un préjudice, et de payer pour ça pendant près de sept ans*[3]. »

Recontactée le 14 décembre 2010, Tristane Banon répond : « *Je suis en train de finir mon prochain roman… Je n'ai franchement pas envie de repenser à tout ça. C'était il y a plus de huit ans, Monsieur Taubmann. Je suis vraiment désolée, mais je crois qu'il est*

1. Entretien avec l'auteur, le 27 mars 2011.
2. *AgoraVox*.
3. Message à l'auteur, novembre 2010.

temps pour tout le monde, à commencer par moi, de passer à autre chose. On ne peut pas continuer à en vouloir à quelqu'un pour une erreur commise il y a si longtemps...Quant à moi, je ne peux pas ressasser le passé jusqu'à ma mort, sinon je risque de mourir plus tôt que prévu !! »

Pendant ce temps l'émission d'Ardisson continue de tourner sur le Net. Avec une accusation infamante contre Dominique Strauss-Kahn qui s'appuie sur une persistante présomption de culpabilité : « Il n'y a pas de fumée sans feu. » L'affaire Piroska Nagy ayant délié les (mauvaises) langues, chacun y va de son anecdote sur DSK. Invité de l'émission *Les Grandes Gueules* sur RMC le mercredi 22 octobre 2008, Thierry Ardisson déclare : « *Tout le monde le savait, moi j'ai quatorze copines qui m'ont dit : "Il a essayé de me sauter." (...) Je pense que ce type-là a une maladie : on peut aimer baiser, mais à ce niveau-là... Il faut qu'il fasse une cure !* »

Dans l'émission diffusée sur le site web *Arrêt sur images* le 8 mars 2009, l'humoriste Didier Porte affirme comme un fait avéré à propos de Strauss-Kahn : « *C'est pathologique, il est malade, tout le monde le sait.* » Daniel Schneidermann, qui présente l'émission, approuve, en hochant la tête. « *DSK est un ogre !* » affirme, péremptoire, « Cassandre », pseudonyme des auteurs d'un livre anonyme et grandement diffamatoire publié en 2010. « *C'est un mangeur de femmes* », répète la rumeur publique.

Séducteur mais pas violeur

Bien avant le 14 mai 2011, on trouvait sur Google l'expression « *violeur récidiviste* » associée aux initiales DSK. En poursuivant sa recherche, l'internaute friand de scandales ne pouvait qu'être déçu. Le seul élément à l'appui de cette accusation était la vidéo de Tristane Banon. Quant à la « récidive », on n'en trouvait aucune trace à l'époque. Interpellé par les accusations de la jeune écrivaine, l'auteur a rencontré plusieurs femmes ayant connu DSK dans un cadre professionnel, politique, voire intime. Certaines sont parlementaires, d'autres furent ses collaboratrices. Quelques-unes lui sont politiquement opposées. La plupart ne dépendaient pas professionnellement de Strauss-Kahn. À ces interlocutrices médusées, l'auteur a raconté les accusations de Tristane Banon dont la plupart ignoraient tout. L'une d'elles, députée socialiste réputée pour sa franchise, son intégrité morale et son intransigeance à l'égard des droits des femmes, clôt le débat : « *Dominique, violent ? C'est totalement impossible.* » Comme d'autres en revanche, elle a expliqué en souriant : « *À la première rencontre, il peut tenter de vous séduire. C'est plus ou moins explicite. S'il voit que la femme " mord" à l'hameçon, il peut pousser l'avantage. Mais si elle dit non, il n'y revient plus.* » Violeur, DSK ? Ceux et celles qui le connaissent sont restés sans voix en apprenant son arrestation. Tous et toutes en revanche le décrivent en séducteur invétéré. C'est une évidence qu'il n'a jamais eu la prudence de dissimuler pendant une longue période de sa vie. Amoureux à quatorze ans et marié à dix-huit, totalement fidèle à sa première épouse, Hélène Dumas, Dominique Strauss-Kahn, très jeune père de famille, absorbé par les études, le travail et le militantisme, ne connaît pas les charmes du célibat. Puis vient la trentaine, la rencontre avec Brigitte Guillemette, le changement de look et de statut social, la découverte enfin de son pouvoir de séduction. Il lève la tête de ses livres et découvre un monde peuplé d'innombrables jolies femmes. Dominique Strauss-Kahn est l'anti-François Mitterrand. Pas d'enfant caché. Pas de face obscure. Pas de passé honteux à l'extrême droite ou à l'extrême gauche. Transparence totale. Dominique vit comme il respire. Et, contrairement à Mitterrand encore, il ne calcule pas, voit rarement la face sombre des hommes, ne craint pas la malveillance. Et croit tellement en son étoile qu'il n'anticipe aucune des affaires sur lesquelles il trébuche. Nul ne le décrira en Machiavel.

Quand une femme l'attirait, il n'envoyait pas un émissaire, la nuit, rasant les murs d'un hôtel, pour lui porter une missive secrète. Il tentait de la séduire, au vu et au su de tous, souvent pour le *fun* et sans toujours passer à l'acte. On prête beaucoup d'aventures à Strauss-Kahn. Et les journalistes ont tendance à croire sur parole toute femme qui prétend avoir été « approchée » par l'ancien directeur général du FMI. Certaines conquêtes sont imaginaires. « *La rumeur a couru que nous étions amants,* raconte en riant Nelly Olin, ancienne ministre de Jacques Chirac qui coopérait avec lui en tant qu'élue du Val-d'Oise. *Mais quand même, j'ai soixante-dix ans*[1] *!* » D'autres hommes politiques, et dans tous les partis, sont réputés « chauds lapins ». L'ancien président Giscard d'Estaing étale ses fantasmes dans des romans de gare. Son successeur, François Mitterrand, vivait comme Louis XIV avec une épouse morganatique. Quant à Jacques Chirac, sa femme Bernadette, dans une interview accordée à la fin du règne de son mari, a parlé presque avec fierté des « *filles* » qu'il séduisait. Le sexe et le pouvoir font souvent bon ménage. Ce n'est ni méprisable ni scandaleux. Dominique Strauss-Kahn a longtemps été très séduisant. Les femmes l'attiraient. Il les attirait aussi. Plus que d'autres ? Sans doute. Son charisme séduit, et pas seulement les femmes, et pas seulement sexuellement. Intellectuellement aussi. Il suscite des passions extrêmes et contradictoires d'amour et de haine. C'est un homme dont on veut partager la conversation, l'amitié, la confiance, le travail, l'intimité. Le lit ? Incontestablement, DSK aime les femmes. Mais les femmes l'aiment aussi.

Harcelé ?

Véronique Bensaïd peut en témoigner. Cette brune de quarante-quatre ans, ancienne militante socialiste à Sarcelles, est aujourd'hui conseillère régionale apparentée UMP en Ile-de-

---

1. Entretien avec l'auteur, octobre 2010.

France. Attachée parlementaire au ministère de l'Économie et des Finances en 1998-1999, elle accompagnait alors deux fois par semaine DSK à l'Assemblée nationale. « *Dominique était encore plus dragué que dragueur*, raconte-t-elle. *C'était inimaginable ! Quand nous étions au banc du gouvernement, pour la discussion des amendements, certaines femmes députées me passaient des mots à lui transmettre contenant parfois des déclarations enflammées, voire délirantes. J'ai vu des femmes faire des numéros de claquettes dignes des plus grandes prostituées, j'ai vu des élues, des collaboratrices prêtes à tout pour coucher avec lui. J'ai remarqué ce phénomène avec d'autres ministres. Mais avec Dominique, cela atteignait des sommets. En réalité, on peut parler de harcèlement sexuel. Mais Dominique en était la victime ! Je l'ai rencontré pour la première fois en 1992. Il avait quarante-trois ans, il était très beau. J'en avais vingt-six et je n'étais pas mal non plus. Mais jamais, ni à l'époque ni pendant les quinze années suivantes je n'ai ressenti la moindre ambiguïté dans notre relation. Je me suis toujours sentie respectée en tant que collaboratrice et en tant que femme*[1]. »

Un autre témoignage va dans le même sens. Celui d'une militante socialiste qui a collaboré avec Dominique Strauss-Kahn dans les années 2000 : « *Je n'ai jamais remarqué de sa part le moindre geste déplacé à l'égard de ses collaboratrices. Il a toujours été extrêmement correct. Il me demandait des nouvelles des enfants. Rien à voir avec le comportement d'un dragueur. Et puis, Anne Sinclair, sa femme, était souvent présente, parfois avec son fils aîné. Non, l'image qu'il donnait était celle d'un père de famille, pas d'un coureur de jupons*[2]. »

En réalité, comme son père Gilbert, Dominique Strauss-Kahn n'a pas toujours été un parangon de fidélité conjugale. Mais cela ne l'empêche pas, lui non plus, d'être profondément amoureux

1. Entretien avec l'auteur, octobre 2010.
2. Entretien avec l'auteur, octobre 2010.

de sa femme qui ressemble si étrangement à sa propre mère. Le couple qu'il forme avec Anne Sinclair paraît d'autant plus solide qu'il a traversé de sérieuses turbulences. « *Je suis né avec Anne* », a-t-il dit un jour. « *Que représente-t-elle pour vous ?* » lui demande le journaliste auteur du documentaire diffusé le 13 mars 2011 sur Canal+. « *Tout* », répond sobrement le directeur général du FMI. Anne Sinclair est une femme sensible, une intellectuelle de haut niveau qui entretient avec son mari une relation égalitaire. Elle est son premier conseiller. Depuis son inculpation par la Justice américaine, elle est aussi devenue son principal soutien.

POSTFACE

Compte à rebours

Quelques jours avant de boucler mon premier manuscrit, le dimanche 20 mars 2011, je m'entretiens par téléphone avec Dominique Strauss-Kahn qui, entre deux voyages éprouvants, se repose ce jour-là à son domicile personnel de Washington DC. Je veux aborder franchement quelques questions concernant ses relations avec les femmes. Je l'ai déjà informé par mail des éléments que j'ai réunis. Le directeur général du FMI me répond courtoisement mais je le devine un peu agacé. Se sent-il trahi ? Pour entrer en contact avec lui, j'avais présenté mon projet de livre comme une « biographie politique ». Et si, jusqu'alors, j'ai recueilli beaucoup de confidences de sa part et de ses proches qui permettent de cerner sa psychologie et son parcours intime, j'ai gardé pour la fin les sujets les plus délicats. Ma ligne de conduite cependant est claire : la sexualité d'une personnalité politique, comme de tout citoyen, ne concerne pas les journalistes ni l'opinion publique dès lors qu'elle s'exerce entre adultes consentants et dans le cadre de la loi. Mais, dans le cas de Dominique Strauss-Kahn, deux affaires privées ont été rendues publiques, celles qui concernent Piroska Nagy, et dans une bien moindre mesure Tristane Banon. Elles ont leur place dans une biographie politique.

Le questionnant au téléphone sur son aventure avec Piroska Nagy, je suis frappé par la retenue de Dominique Strauss-Kahn quand il parle de la fonctionnaire hongroise du FMI et de son mari. Refusant tout net d'entrer dans la discussion à propos d'une éventuelle manipulation par ses adversaires au sein du FMI qui ont rendu publique sa liaison avec la jeune femme, il assume totalement son « *comportement inapproprié* ». Je ressens surtout chez lui le regret sincère d'avoir blessé son épouse Anne Sinclair. « *Vous êtes parfois léger* », lui dis-je en lui rappelant son comportement dans l'affaire de la Mnef à la fin des années 1990. « *C'est vrai, je suis léger* », concède-t-il.

Quand je prononce le nom de Tristane Banon, le ton se fait plus grave. DSK dément totalement le récit de la jeune écrivaine et déclare en substance : « *C'est complètement faux ! La scène qu'elle raconte est imaginaire. Vous me voyez, moi, jetant une jeune femme à terre, et lui faisant violence comme elle le raconte ? Avant cette interview, je ne la connaissais pas. Elle m'avait contacté de la part de ma fille Camille dont la mère, ma deuxième épouse Brigitte Guillemette, est la marraine de Tristane Banon. L'entretien s'est déroulé normalement et, à son issue, j'ai passé un coup de fil à Michel Field afin qu'il lui accorde à son tour une interview. Quand j'ai appris qu'elle m'accusait d'agression, j'ai été stupéfait.* » Je lui demande alors pourquoi il ne l'a pas attaquée en diffamation. Il me répond d'une part que son nom était « bipé » dans l'émission d'Ardisson et que, par ailleurs, celle-ci n'avait reçu aucun écho dans la presse après sa diffusion.

« *Pourquoi faire de la publicité à une affaire totalement oubliée ?* » Cette question, il me l'adresse aussi comme un reproche. « *Vous faites comme vous voulez, c'est votre livre,* me dit-il, *mais c'est un peu dommage de finir l'ouvrage là-dessus et de vous intéresser plus à cette affaire qu'à mon bilan au FMI. Même si vous prenez vos distances avec les accusations de Tristane Banon, vous les répercutez quand même auprès de vos lecteurs à un moment où aucun de vos confrères journalistes ne s'y intéresse.* » Avant de raccrocher, je l'interroge à propos d'Anne Mansouret, la mère de

Tristane Banon. Il me confirme qu'il l'a croisée deux ou trois fois après l'émission de Thierry Ardisson dans le cadre d'activités du Parti socialiste. Ils ont parlé des accusations lancées contre lui par la jeune écrivaine. Et se sont, d'après lui, quittés en bons termes comme si cette affaire n'était qu'un malentendu.

Mars

Quelques jours avant cette conversation téléphonique, j'avais donné rendez-vous à Anne Sinclair dans un café de la place des Vosges. Je l'informe alors que j'aborderai dans mon livre le thème des relations de son mari avec les femmes. Au-delà des affaires Piroska Nagy et Tristane Banon, je constate qu'elle n'ignore rien des bruits qui courent dans Paris à propos de son mari. Elle fait la part entre les ragots, les rumeurs, les légendes et… les vérités. Contrairement à ce qu'on a écrit ici ou là, elle n'ignore pas les infidélités passées de « Dominique ». C'est évidemment douloureux pour elle. Mais elle réagit en journaliste. « *Faites votre boulot* », me dit-elle. Le couple qu'elle forme avec DSK est d'une solidité à toute épreuve. Ces deux-là ont tout en commun : la gauche, le judaïsme, les amis, les livres, la musique, leurs six enfants, leurs six petits-enfants et aussi… les épreuves qu'ils ont surmontées.

Après vingt ans de vie commune, ils s'aiment « *plus qu'au premier jour* », pour paraphraser l'expression employée par Anne Sinclair en épilogue de l'affaire Piroska Nagy. Cela étonne. Depuis l'arrestation de DSK le 14 mai dernier, leur couple intrigue la planète entière. Il est un mystère que l'auteur n'entend pas percer. Ce n'est pas mon rôle. Mais je sais que l'amour a parfois plus d'imagination que la morale.

Lors de cette rencontre place des Vosges, j'interroge aussi Anne Sinclair à propos de la future présidentielle. Elle me fait part de son ambivalence : « *D'une part, en tant que femme de gauche, j'ai très envie de voir Dominique mener campagne contre Sarkozy. Je sais qu'il peut apporter énormément à la France avec sa compétence et il en surprendra beaucoup par des mesures sociales plus à gauche qu'on l'imagine. D'autre part, j'appréhende beaucoup la campagne électorale. Elle risque d'être très sale avec des attaques sous la ceinture. Et puis, je crains beaucoup la vie d'après. Si Dominique devient président, nous ne pourrons plus sortir seuls, je ne pourrai plus faire mes courses tranquillement. Et nos enfants ? Nos petits-enfants ? Ils ont toujours été tenus à l'écart de notre vie publique. Comment les protéger ? En fait, il y a deux bonnes journées quand on devient président : le jour de l'élection et celui de l'investiture. Après, pendant cinq ans, vous n'avez que des emmerdements. Contrairement à ce qu'on annonce ici et là, je ne pousse pas Dominique vers la candidature. En revanche, s'il veut y aller je ne ferai jamais obstacle.* »

Avril

Dans une ultime conversation téléphonique durant les premiers jours d'avril, Dominique Strauss-Kahn m'apparaît extrêmement déterminé. Je le perçois à un détail. « *Vous vendrez votre livre à un million d'exemplaires !* » me lance-t-il. Par cette phrase, il m'indique à la fois son ignorance totale du marché de l'édition où aucun livre politique n'atteint un tel score et sa grande confiance en son avenir. « *Le succès de mon livre dépend de vous… et des électeurs français* » lui dis-je, amusé, signifiant par-là que l'écho de mon ouvrage ne sera pas le même selon qu'il devient président de la République ou reste directeur général du FMI.

Durant le mois d'avril, tout en restant implicite, l'évidence de sa candidature à l'Élysée va progressivement s'imposer. Dans la presse étrangère plus qu'en France, on commence à tirer le bilan de son passage à la direction du FMI. Le Britannique Martin Wolf, célèbre éditorialiste du *Financial Times*, qui s'était violemment opposé à son élection à la tête du FMI en 2007, ne tarit plus d'éloges à son égard. Déjà en novembre 2010, l'hebdomadaire américain *Newsweek*, dans son édition internationale, avait écrit en substance à propos de DSK : « *Il pourrait conquérir la France après avoir sauvé le monde.* » L'éloge est excessif. Mais il dit bien l'incroyable estime dont jouit DSK dans les milieux économiques. S'il n'a pas « *sauvé le monde* », Dominique Strauss-Kahn a au moins sauvé le FMI en tentant de l'adapter aux nouvelles réalités géopolitiques. La domination occidentale sur l'institution demeure. Mais elle se fait moins arrogante. Avant de quitter le FMI, Dominique Strauss-Kahn souhaiterait aider à la réalisation de l'une de ses promesses de campagne de 2007 : promouvoir un successeur issu des pays émergents. DSK souhaite réussir sa sortie du FMI. Il sait qu'une aggravation brutale de la situation grecque pourrait retarder, voire entraver, ses projets de candidature présidentielle. Ses partisans comme ses adversaires, eux, ne doutent pas de sa décision. Durant son séjour parisien au cours de la dernière semaine d'avril, DSK ne fait pas mystère de ses intentions auprès des nombreux journalistes et dirigeants socialistes qu'il rencontre.

Avant de se lancer dans la campagne présidentielle Dominique Strauss-Kahn se détend en famille : « *Nous avons passé un délicieux moment familial tous les six,* raconte sa sœur Valérie, *avec Domi et Anne, Marco et Isa, ma belle-sœur, Patrick, mon mari et moi en dînant le 30 avril à Paris pour l'anniversaire de Dominique. Il était ravi des cadeaux que nous lui avons remis, à savoir une photo de famille encadrée de nos grands-parents à la plage, des photos des petits enfants sur des clés USB... Dominique était serein et détendu, il rentrait de quelques jours passés en tête à tête avec Anne, à Agadir, que j'ai interprétés comme une parenthèse amoureuse et un retour aux sources qui l'avait manifestement ému, puisqu'il m'avait appelée juste pour me dire qu'il était sur la plage d'Agadir et voulait faire un petit coucou à sa petite soeur depuis la ville de notre enfance, avant de se rappeler que je n'avais que trois ans quand j'avais quitté ce lieu et donc peu de souvenirs.* »

10 mai

Le mardi 10 mai 2011, Dominique Strauss-Kahn est physiquement absent des célébrations organisées par les socialistes en l'honneur de la victoire historique de François Mitterrand trente ans auparavant. Mais son ombre plane plus que jamais sur la gauche. Ce jour-là, je rencontre Laurent Azoulai. Ce quinquagénaire, militant socialiste depuis 1974, est peu connu du grand public. Bien qu'il n'ait jamais été candidat à aucune élection, cet homme de l'ombre joue depuis longtemps un rôle important au PS. Comme délégué général puis directeur financier entre 1990 et 1994, il s'occupe de la trésorerie au sein du parti. En 1995, il est responsable du financement et de l'organisation de la campagne présidentielle de Lionel Jospin. Proche de DSK qu'il connaît depuis 1984, Laurent Azoulai œuvrait discrètement à l'organisation de la campagne présidentielle de 2012. Lors de notre entretien du 10 mai 2011, il se garde bien de dévoiler au journaliste que je suis les secrets d'une campagne annoncée. Mais il ne cache pas non plus qu'il travaille avec d'autres au retour de son candidat en France. « *Nous sommes en train de réfléchir à la période délicate de transition entre la démission de Dominique du FMI et l'annonce de sa candidature en France.* » Il me confirme que « *tout sera probablement bouclé entre le 15 et le 28 juin* ».

Il dit ignorer la rumeur selon laquelle DSK et Anne Sinclair auraient visité récemment des bureaux à louer dans Paris pour y installer le futur candidat et son équipe. Azoulai, comme la plupart des strauss-kahniens, ne doute pas une seconde ni de la détermination de son champion ni de sa capacité à l'emporter face à Nicolas Sarkozy. « *Le plus dur pour Dominique, ce sera de passer le cap des primaires* » me dit-il. Dans cette perspective, il exprime son agacement devant la « séquence de la Porsche » qui depuis une semaine agite les médias français.

Le 28 avril, Dominique Strauss-Kahn et Anne Sinclair sont invités par Ramzi Khiroun, l'ancien militant de Sarcelles devenu conseiller en communication du groupe Lagardère, à monter dans sa luxueuse voiture de fonction. DSK n'a pas la prudence d'un François Mitterrand qui trente ans auparavant déclina une offre du même type émanant du publicitaire Jacques Séguéla. La scène est « shootée » par un paparazzi. Elle apparaît le 3 mai en « une » du *Parisien*.

La photo du couple Strauss-Kahn devant la voiture de luxe enflamme la Toile puis tous les grands médias pendant plus d'une semaine. Les dirigeants socialistes strauss-kahniens doivent monter au front pour minimiser l'affaire. Ils rament pour expliquer que la Porsche n'appartient pas à DSK, s'inquiètent de cette erreur de com. Ce *buzz* entraîne des réactions en chaîne. Il attire l'attention sur le train de vie peu prolétarien du probable candidat de la gauche à la présidentielle.

11 mai

L'Express du 11 mai 2011 consacre tout un dossier à cette question. La plupart des informations données par l'hebdomadaire sont déjà connues. On y rappelle que Dominique Strauss-Kahn, en tant que directeur général du FMI, gagne environ 30 000 euros nets par mois. On y évalue le prix des biens immobiliers du couple : le riad de Marrakech, l'appartement de la place des Vosges et la maison du quartier de Georgetown à Washington. L'ensemble avoisine les dix millions d'euros. *L'Express* attire aussi l'attention sur le fait qu'Anne Sinclair, petite-fille du marchand d'art Paul Rosenberg, a hérité des tableaux de maîtres. Le lendemain, 12 mai, *France-Soir* enfonce le clou. Une journaliste du quotidien a enquêté sur la vie que mènent les Strauss-Kahn à

Washington. Elle nous apprend qu'ils fréquentent entre autres le restaurant Morton où ils consomment des menus allant « *de 50 à 100 dollars* », soit 35 à 70 euros, ce qui n'a rien d'exorbitant ! Mais elle révèle une information plus spectaculaire : le directeur général du FMI « *a acheté trois costumes sur mesure* » chez Georges de Paris, un tailleur français installé à Washington qui habille des stars de la capitale américaine, notamment le président Obama. Le prix d'un costume ? Entre « *7 000 et 35 000 dollars* » (soit entre 4 800 et 24 000 euros) selon le tailleur interrogé par *France-Soir.* L'entourage du directeur général du FMI dément formellement ces informations. Le lendemain DSK contre-attaque. Il annonce qu'il a saisi un avocat afin de poursuivre *France-Soir* pour diffusion de « *fausses informations* » sur son train de vie.

12, 13 et 14 mai

Dans son éditorial du 12 mai, Gérard Carreyrou, du journal fondé jadis par Pierre Lazareff, évoque un « scénario catastrophe » qui conduirait à l'effondrement de la candidature de Strauss-Kahn devant la révélation d'un train de vie contradictoire avec son engagement à gauche. Le vendredi 13 mai, une députée socialiste proche de DSK me fait part de ses inquiétudes concernant l'entourage de son champion. « *Ils sont coupés de l'électorat qui peine à boucler ses fins de mois. Ils ne se rendent pas compte qu'on aura du mal dans ces conditions à gagner la primaire.* » Dans mes différentes conversations avec Dominique Strauss-Kahn et avec ses proches, j'ai constaté qu'ils craignaient plus les attaques sur l'argent et la judéité que sur les femmes.

Le premier sondage consécutif à la « séquence de la Porsche » doit être publié par le *Journal du Dimanche* du 15 mai. Il indique une érosion de la cote de popularité de DSK, devancé pour la première fois par François Hollande en vue des primaires socialistes. Mais le directeur général du FMI garde toutes ses chances face à Nicolas Sarkozy. On est loin du scénario catastrophe annoncé par *France-Soir*. La catastrophe, pourtant, est proche.

Le samedi 14 mai à 16 heures 45, soit 22 heures 45 à Paris, la police arrête Dominique Strauss-Kahn à l'aéroport John Fitzgerald Kennedy de New York. Anne Sinclair se trouve à Paris. Peu après 23 heures, soit 17 heures à New York, elle arrive souriante chez son ami le chanteur Patrick Bruel qui fête ce soir-là son cinquante-deuxième anniversaire. Elle ne s'y attardera pas. Elle doit se lever tôt pour accueillir son mari dont l'avion est censé atterrir au petit matin. Peu après minuit, elle rentre chez elle. Vers trois heures, en plein sommeil, un appel téléphonique lui apprend l'arrestation de l'homme qu'elle aime. La nouvelle la laisse abasourdie. À cet instant, certains sont informés depuis plusieurs heures déjà. En effet, dès 22 heures 59, heure de Paris soit 14 minutes après l'arrestation de DSK à l'aéroport JFK de New York, un tweet annonce : « *Un pote aux États-Unis vient de me rapporter que DSK aurait été arrêté par la police dans un hôtel, à New York il y a une heure.* » Ce tweet a été posté par Jonathan Pinet, jeune militant parisien de l'UMP. Son « *pote* » est vraisemblablement un jeune Français de vingt-quatre ans prénommé Boris, alors en stage au Sofitel de New York. En congé le samedi 14 mai, il aurait été informé par le texto d'un collègue se trouvant alors à l'intérieur de l'hôtel. Quelques heures plus tard, le *New York Times* évoque l'arrestation de DSK. Selon l'article, le directeur général du FMI, après avoir agressé une femme de chambre du Sofitel à « *une heure de l'après-midi* », aurait été arrêté à l'aéroport JFK à… 2 heures 15. Ces horaires ne laissent aucun doute sur une fuite précipitée de DSK. Or, ils seront rectifiés à plusieurs reprises dans les heures suivantes. Un premier raté dans ce que l'on appellera l'affaire DSK.

La déflagration

Dimanche 15 mai 2011. Il est environ 5 heures 30 du matin quand résonne la sonnerie de mon téléphone portable. Je le cherche à tâtons dans l'obscurité. À l'autre bout du fil, j'entends la voix d'Albert Ripamonti directeur de la rédaction de la chaîne i>télé : « *Tu es au courant? Strauss-Kahn a été arrêté à New York. On veut ta réaction à l'antenne.* » Est-ce un cauchemar ? Dans mon demi-sommeil, je perçois les mots « *tentative de viol, commissariat de Harlem...* » En fait, Albert Ripamonti a déjà cherché à me joindre. Je retrouverai sur mon BlackBerry un texto qu'il m'a envoyé à 3 heures 50 : « *Strauss-Kahn arrêté à NY pour agression sexuelle. Appelle-moi dès que tu peux. Merci. Albert.* » Je découvre aussi un mail de Stéphane Keita, ancien chef de cabinet et « oncle » de DSK, en tant que fils de Paulette Kahn, la deuxième épouse du grand-père Marius.

Envoyé à 3 heures 42, ce mail porte comme seul titre : « *!!!!!!!* ». Et il reproduit le premier article publié sur le site du *New York Times,* sous le titre : « *Le chef du FMI, appréhendé à l'aéroport, est accusé d'agression sexuelle.* » Troublé, je suis avide d'en savoir plus. Les premières informations que je recueille sur Internet et à la télévision sont accablantes pour Dominique Strauss-Kahn. On parle de fellation, de sodomie, de porte verrouillée, de violence et surtout de fuite. On évoque une vidéo qui le montrerait sortant de l'hôtel en courant. J'ai envoyé un message à Keita : « *Est-ce que je peux vous appeler?* » Il ne m'a pas répondu. Je ne veux pas commenter l'événement sur i>télé sans connaître la version des proches de DSK. À 6 heures 02, j'envoie un texto à Anne Hommel. Attachée de presse de Dominique Strauss-Kahn depuis plusieurs années, elle entretient une relation affective très forte avec lui comme avec Anne Sinclair. D'ordinaire elle est prompte à répondre aux journalistes. Là, elle me renvoie juste un texto lapidaire : « *Rien à déclarer pour l'instant.* » Cet « instant » va durer une éternité.

Du tintamarre politique au silence judiciaire

Je ne le comprends pas immédiatement ce matin-là, mais les communicants de DSK sont hors-jeu. Les cercles concentriques de la galaxie Strauss-Kahnienne ont été pulvérisés par la déflagration. Famille, amis politiques, anciens membres des cabinets ministériels ou de la mairie de Sarcelles, copains d'HEC, ils ont eu le temps au fil des heures de se parler, d'échanger quelques rares informations et de prendre conscience de la gravité de la situation. Tous manifestent la même sidération à l'annonce du désastre. Depuis des années voire des décennies, leurs vies ont tourné autour de « Dominique », cet astre qui les éblouit, illumine leur existence et dont ils se disputent la compagnie, l'attention, l'amitié, le dernier numéro de portable. Celui qui leur inspire admiration et affection. Comme en 1999, avec l'affaire de la Mnef, l'albatros est fauché en plein vol alors qu'il allait les conduire, ils en étaient sûrs, à la conquête de l'Élysée. Mais cette fois les faits sont plus graves. Incompréhensibles. Le meilleur d'entre eux, celui dont ils étaient si fiers, se trouve en garde à vue dans un commissariat glauque au milieu des petits délinquants ramassés dans les rues et les bars malfamés de Manhattan. Ils étaient partis pour tenir les premiers rôles dans *Le Président*. Ils en sont réduits au rôle de spectateurs muets du *Prisonnier*. Durant cette nuit du 14 au 15 mai, la formidable machine à paroles qu'était la Strauss-Kahnie se mure dans le silence. Anne Sinclair a trouvé refuge chez des amis pour éviter les photographes qui déjà s'agglutinent au pied de son immeuble place des Vosges. Son chagrin et sa souffrance sont incommensurables. Elle ne les donnera pas en spectacle à un public qui, feuilletant la presse people dans les salles d'attente, éprouve une trouble jouissance à voir ses idoles rappelées par le malheur à la commune et misérable condition humaine. Pendant quelques heures, le silence d'Anne Sinclair crée une interrogation. Va-t-elle cette fois lâcher son mari ? La réponse arrive vers 17 heures à Paris. Elle est sans équivoque. L'épouse de DSK, dans un communiqué, s'affirme totalement solidaire de l'homme de sa vie et déclare ne pas croire « *une seconde* » aux accusations portées contre lui. « *Dominique est un homme bien, nonnête et droit,* me confie-t-elle quelques jours plus tard. *Je crois en lui plus que jamais. Notre couple est d'une solidité à toute épreuve. Nous sortirons de ce drame ensemble, dignes et droits, main dans la main.* » Le 15 mai, parmi les proches, seuls s'exprimeront dans les médias les fidèles amis politiques de la « *bande des p'tits loups* » : Pierre Moscovici, Jean-Christophe Cambadélis, Jean-Marie Le Guen, Manuel Valls. Chacun utilise à peu près les mêmes mots pour dire sa stupéfaction : « *Nous ne reconnaissons pas dans les faits qu'on nous présente l'homme que nous connaissons.* » Des journalistes, relevant que les amis de DSK utilisent tous en apparence les mêmes « éléments de langage », y verront le fruit d'une consigne de la société de communication EuroRSCG qui depuis des années veille jalousement sur l'image de « Dominique », préparant sa mise en orbite pour la présidentielle de 2012. En 2008, lors de l'affaire Piroska Nagy, Anne Hommel, Gilles Finchelstein et Ramzi Khiroun avaient filé à Washington DC pour organiser la contre-offensive médiatique. Cette fois, Anne Hommel seule accompagnera Anne Sinclair à New York quarante-huit heures après le drame. Elle n'y restera que deux jours, en attendant la libération conditionnelle de Dominique Strauss-Kahn. Ce voyage, Anne Hommel ne l'accomplit pas en tant que professionnelle mais comme amie proche du couple. Aussitôt annoncée l'arrestation de DSK, son image dans l'opinion française a cessé d'être un enjeu. Les communicants ont naturellement cédé la place aux avocats.

« *Dominique n'est pas un satyre. Si l'on ne peut pas sauver le présidentiable, essayons au moins de sauver son honneur* » déclare à Stéphane Keita un vieil ami de DSK que « l'oncle » déboussolé avait appelé en pleine nuit… Durant cette nuit du 14 au 15 mai 2011, *Le Journal du Dimanche* a dû changer en catastrophe sa une où il annonçait un sondage plaçant Strauss-Kahn en tête au premier tour de la prochaine présidentielle avec 26 % des voix, devant Nicolas Sarkozy crédité seulement de 21,5 %. Le grand favori de la compétition de l'année suivante, brutalement expulsé du terrain, quitte la sphère politique française pour celle de la justice américaine. Cet homme dont la vie a été construite sur la parole se trouve soudain réduit à l'image silencieuse d'un être hagard.

La vérité de Valérie Strauss-Kahn

Assis devant mon téléviseur, en buvant du café, je mesure progressivement la gravité de la situation. Comment douter des faits tels qu'ils sont racontés ? Comment imaginer que la police de New York ait pu arrêter un si important personnage sans disposer de preuves irréfutables ? En fait, j'ignore tout du système judiciaire américain qui rend possible cette arrestation sur la seule base d'une accusation. Mon premier mouvement est celui de la colère. « *Je me serais fait complètement abuser ?* dis-je à mon épouse. *Strauss-Kahn est encore pire que ne le décrivaient ses ennemis ? Et toutes celles que j'ai interviewées sur son comportement ? Elles m'auraient toutes menti ?* » Ce matin du 15 mai, peu après 6 heures, j'appelle Valérie Strauss-Kahn, la sœur de celui qui est encore le directeur général du FMI. En quelques mois, je ne l'ai vue que trois fois mais nous avons correspondu à plusieurs reprises par téléphone ou par courrier. Elle m'a beaucoup aidé à reconstituer l'histoire complexe de sa famille, des Strauss, des Kahn et des Fellus. Elle décroche. Dans de telles circonstances, on se passe des formules de politesse. Je vais à l'essentiel. « *Valérie, pouvez-vous me dire ce qui se passe ?* » Mon interlocutrice, d'une voix ferme, me répond qu'elle ignore tout des faits et ne comprend rien aux informations transmises par la télévision. « *Je connais mon frère,* dit-elle, *je suis sûr qu'il est incapable de violence à l'égard d'une femme.*

– *Vous le défendez parce que c'est votre frère,* lui dis-je d'un ton sec.

– *Oui, c'est mon frère, et alors ? Ce n'est pas pour cela que je vais mentir.* »

J'éprouve à cet instant des sentiments contradictoires. D'une part je ne me sens pas le droit de la tourmenter en de telles circonstances. D'autre part, je suis avide de connaître, sinon la vérité, au moins *sa* vérité. « *Valérie, cela fait deux ans que je travaille sur la bio de votre frère. Quand j'ai abordé l'affaire Tristane Banon, je vous ai posé la question de confiance à son propos. Et je l'ai posée à beaucoup d'autres. Vous êtes sa sœur mais vous êtes aussi une femme, une féministe. Dites-moi votre intime conviction. J'ai le droit de la connaître.* »

Valérie Strauss-Kahn me répond avec une sincérité qui ne peut être feinte : « *Dominique, je le connais depuis ma naissance. C'est un homme doux, tout comme mon frère Marco. Ils ont été élevés par une mère qui les adorait. Mes parents nous ont transmis des valeurs, le respect des droits de l'homme, le respect de la femme, le respect des faibles. Toute notre éducation repose sur la parole, le dialogue, jamais la violence. Dans ma famille, les hommes sont doux. Marco est un homme d'une gentillesse extrême, tout le monde le dit. Dominique aussi est gentil, généreux, plus sensible qu'on ne le croit. Je ne sais pas ce qui s'est passé à New York mais je peux témoigner que les valeurs de notre éducation sont à l'opposé de toute violence physique. Ni moi ni mes frères n'avons jamais reçu aucune gifle, ni fessée de nos parents. Je n'ai jamais vu Dominique lever la main sur quiconque.* » Je suis à la fois déçu et ébranlé par cette conversation. J'attendais naïvement que cette proche parmi les proches de DSK me livre la version de l'accusé, qui me permettrait de comprendre l'événement sidérant que le monde entier est en train de découvrir. Comme beaucoup de journalistes français, je méconnais le système judiciaire américain. La parole y appartient d'abord, et pendant longtemps, uniquement à l'accusation. Lorsque celle-ci s'est entièrement déployée, la défense peut alors avancer ses arguments. J'ignore alors que DSK, placé en garde à vue au commissariat de Harlem, n'est pas interrogé sur les faits dont on l'accuse. Il rejette en bloc toutes les allégations portées contre lui et annoncera quelques heures après son arrestation qu'il plaide « non coupable » Mais n'ayant pas connaissance des pièces en possession de l'accusation, ni même de la déposition de la plaignante, DSK ne peut les réfuter dans le détail. Peu après son arrestation, il a fait appel à deux as du barreau américain, d'abord maître William Taylor, qui l'avait assisté en 2008 lors de l'affaire Piroska Nagy, puis Benjamin Brafman, connu pour avoir sorti des stars comme Michaël Jackson de situations en apparence désespérées. Ces deux avocats décident d'une stratégie fondée sur le silence total pour éviter tout propos pouvant être utilisé par l'adversaire. Personne à Paris, ni les membres de sa famille ni son avocat français, Maître Jean Veil, ne connaîtra avant longtemps la version des faits de DSK. Que ressent cette nuit-là Dominique Strauss-Kahn ? Il est sans doute comme les passagers d'un avion victime d'un gigantesque trou d'air. En suspension dans le vide, entre l'Élysée et la prison, il ne réalise sans doute pas encore le crash qui est en train de briser sa vie et les espoirs que des millions de Français ont placés en lui.

Alors que le jour se lève dans l'Hexagone, la machine médiatique se met en branle avec pour seule base des éléments partiels issus de fuites provenant de la police de New York. Comme prévu, à sept heures, je réponds par téléphone aux questions d'i>télé. Puis les interviews s'enchaînent durant cette interminable journée. Les messages s'accumulent sur mon portable. Radios,

Télévisions, journaux, tous veulent savoir la même chose. « *En tant que biographe de Strauss-Kahn, êtes-vous surpris ?* » Certains m'interrogent sur le passé de séducteur du « héros » de mon livre, d'autres sur sa personnalité, beaucoup veulent savoir si « *on pouvait s'y attendre* ». L'appel le plus fantaisiste provient d'une journaliste spécialisée en médecine qui me demande : « *DSK est-il diabétique ou parkinsonien ?* » Surpris par la question, je lui réponds que je n'en sais rien. Elle n'est pas contente : « *En tant que biographe vous devriez savoir !* » Elle m'explique que certains traitements médicaux provoquent une agressivité sexuelle. Interloqué, je lui réponds : « *Je ne suis pas médecin. Mais Dominique Strauss-Kahn me m'a pas l'air atteint par ces maladies.* »

Quelle omerta ?

Après l'arrestation de DSK et son inculpation entre autres pour agression sexuelle, on a beaucoup parlé d'une « omerta » passée des médias français à son égard. Quelle étrange idée ! S'il est bien un homme politique qui, depuis des années, est brocardé régulièrement par les humoristes et sur toutes les ondes comme un « chaud lapin », c'est bien DSK. Aucun auditeur ou téléspectateur ne pouvait ignorer son goût pour le beau sexe. « *C'est chaud, I want to fuck* » répétait chaque matin Laurent Gerra imitant sur RTL la voix de l'ancien ministre des Finances bien avant « l'affaire du Sofitel ». Quant à Stéphane Guillon, évincé de France Inter en 2010, il continuait de moquer sans retenue DSK sur l'antenne de Canal Plus. « *Ils savaient mais ils n'ont rien dit.* » Cette accusation alimente pendant plusieurs semaines presses écrite et audiovisuelle en dossiers et débats. Ils savaient quoi ? Et qu'ont-ils tu ? Peu après l'arrestation de DSK, le journaliste Jean Quatremer apparaît comme celui qui aurait eu la prémonition de la tentative de viol présumée. C'est totalement faux. Correspondant de *Libération* à Bruxelles et spécialiste des affaires européennes, il jeta un froid dans la liesse générale entourant la désignation de DSK au FMI en écrivant sur son blog en juillet 2007 : « *Le seul vrai problème de Strauss-Kahn est son rapport aux femmes. Trop pressant, il frôle souvent le harcèlement. Un travers connu des médias, mais dont personne ne parle (on est en France). Or, le FMI est une institution internationale où les mœurs sont anglo-saxonnes. Un geste déplacé, une allusion trop précise, et c'est la curée médiatique.* » Critiqué à l'époque dans l'hebdomadaire *Marianne* au nom du respect de la vie privée, principe garanti par la loi et qui a longtemps distingué la presse française de ses homologues anglo-saxonnes, Jean Quatremer avait nuancé ses propos : « *Pour bien connaître DSK, je sais qu'il est en séduction permanente, même s'il n'a jamais eu de gestes déplacés. Et que cela choque et a choqué, surtout hors des frontières hexagonales. Tous les journalistes qui ont couvert ses activités publiques – y compris à* Marianne *– le savent et les anecdotes sont nombreuses. Mais être "pressant" n'est pas un délit pénal, que cela soit clair. En revanche, aux États-Unis, c'est tout comme. C'est tout ce que je voulais dire : une fois à la tête du FMI, il faudra que DSK ravale son côté "french lover" lourdingue.* » Les propos de Jean Quatremer étaient prémonitoires... de l'affaire Piroska Nagy, une relation extraconjugale entre adultes consentants qui n'aurait valu à DSK aucun problème si elle ne s'était produite en territoire anglo-saxon. Mais ni Jean Quatremer ni personne n'a jamais envisagé la possibilité d'une accusation d'agression sexuelle comme celle de New York. Vous avez dit omerta ? Quelques années avant Jean Quatremer, *Le Nouvel Observateur* avait évoqué sans citer de nom le passage d'un ministre dans un club libertin bien connu de la capitale : « *Ce soir, il y a un plus : le ministre doit venir. Un vrai ministre. (...) Soudain il arrive. C'est bien lui. Un léger frémissement parcourt les troupes. Deux femmes l'accompagnent, jeunes, grandes et minces. " Il fait plus gros qu'à la télé, tu trouves pas ? " Son sourire* *est presque électoral.* » Les initiés ont cru reconnaître DSK et depuis cet article, l'ancien ministre des Finances traîne une réputation « d'échangiste ». Vrai ou faux ? Peu importe. Ce type de rumeur, par nature invérifiable, n'est pas à l'honneur de ceux qui la répandent. Le libertinage n'est pas illégal et celui qui s'y adonne possède en général, selon les psychiatres, un tempérament opposé à celui du violeur. DSK serait-il le seul libertin de la classe politique française ? Il est celui en tout cas qui le plus souvent a vu évoquer sa sexualité, réelle ou supposée. Alors qu'a-t-on caché à son propos qui aurait dû être su ? Le cas Filippetti ? Après le 14 mai, on a beaucoup cité dans la presse des propos attribués à la jeune députée socialiste qui, en 2006, aurait déclaré qu'elle n'aimerait pas *« se retrouver seule avec Strauss-Kahn dans un ascenseur »*. Au printemps 2010, la rumeur journalistique déformant les propos d'Aurélie Filippetti allait jusqu'à évoquer une « agression » de la part de Strauss-Kahn. Pour connaître la vérité, j'ai demandé à rencontrer l'intéressée. Son assistant parlementaire m'a répondu qu'elle n'aurait rien à me dire, démentant sans ambiguïté toute rumeur d'agression.

Qu'en est-il enfin des comportements « lourds » de Dominique Strauss-Kahn avec les femmes journalistes ? Travaillant depuis trente ans dans la profession, je connais beaucoup de consœurs Je les ai interrogées. Des sourires, des compliments, des regards parfois suggestifs… Certaines m'ont décrit un DSK enjôleur et dragueur. D'autres ont témoigné au contraire de relations dénuées de toute trace de séduction. Bref, le comportement de DSK à l'égard des femmes journalistes ressemble beaucoup à celui d'autres hommes politiques et singulièrement… de Nicolas Sarkozy qui, lors d'une conférence de presse, regarda fixement et avec insistance pendant de longues minutes une de mes collègues journalistes à Arte. Après le « drame du Sofitel » trois consœurs ont évoqué dans les colonnes de *Libération* le comportement de

Dominique Strauss-Kahn, qu'elles ont suivi notamment lorsqu'il était ministre de l'Économie et des Finances. Virginie Malingre *(Le Monde)*, Nathalie Raulin *(Libération)* et Nathalie Segaunes *(Le Parisien)* estiment qu'il est « *factuellement faux* » de prétendre qu'une journaliste ne peut pas interviewer seule DSK. « *Les rumeurs de ses aventures d'un après-midi bruissaient dans les couloirs du ministère, mais il n'y a jamais eu dans son comportement [vis-à-vis d'elles] de quoi crier au scandale, ni redouter une interview en tête-à-tête.* » Elles ne nient pas son côté séducteur : « *Aucun doute, l'homme était dragueur, souvent un peu lourd. Les invitations galantes ou les plongées dans les décolletés étaient un gimmick quasi obligé des débuts de conversation. (...) Mais nous n'avons jamais été agressées ni menacées.* » Les trois journalistes concluent : « *Le rapport de force est finalement équilibré, entre l'homme politique et la femme journaliste : il peut lui faire des avances. Elle peut (elle doit), si elle estime que la limite est franchie, le relater dans son journal.* »

Cible

En réalité, les mœurs libres attribuées à Dominique Strauss-Kahn l'ont transformé depuis longtemps en cible pour certains de ses adversaires politiques. « *Nous avons des photos compromettantes* » aurait insinué en 2009 Frédéric Lefebvre, alors porte-parole de l'UMP, en parlant de Strauss-Kahn aux journalistes Karim Rissouli et Antonin André, qui relatent ces propos dans leur livre *HolduPS, arnaques et trahisons* (Éditions du Moment). Frédéric Lefèbvre a ensuite démenti. Mais DSK, lui, a pris la menace au sérieux. « *Dis à tes gens d'arrêter leurs campagnes contre moi, sinon je porte plainte* » a-t-il dit à Nicolas Sarkozy en marge du sommet du G20 à Pittsburg en septembre 2009. Cette scène, s'est déroulée.. dans les toilettes de la conférence. Nicolas Sarkozy a nié auprès de Dominique Strauss-Kahn toute velléité de le déstabiliser. Dont acte. Reste la question de ces photos réputées compromettantes. Existent-elles vraiment ? Quel secret contiendraient-elles qui aurait pu briser la carrière de Dominique Strauss-Kahn ? J'ai cherché à en savoir plus à leur sujet. On m'a parlé de clichés volés datant de plusieurs années déjà et montrant l'ancien ministre participant à une soirée échangiste dans un pavillon de la banlieue parisienne. J'ai rencontré un journaliste qui a évoqué avec aplomb ces photos : « *C'est sûr qu'elles sont compromettantes.* » Avant d'avouer : « *Personnellement je ne les ai pas vues* »... Et si ces photos avaient vraiment existé, qui aurait eu l'indécence de les publier ? Qui aurait pris le risque de braver la loi qui protège la vie privée ?

Il est acquis en revanche que des copies de notes blanches des Renseignements généraux ont bien été montrées à certains journalistes par des policiers hostiles à la gauche. L'une d'elle évoquait la relation supposée de Dominique Strauss-Kahn dans sa voiture avec une prostituée au Bois de Boulogne en 2006, ce qui aurait donné lieu à un procès verbal de la police. J'ai voulu vérifier auprès d'un confrère qui en avait fait état. Il m'a avoué qu'il était sûr de sa source, mais qu'il n'avait jamais pu vérifier par lui-même l'authenticité de ces notes blanches. J'ai appris en revanche qu'à la date de l'incident supposé, Dominique Strauss-Kahn, qui habitait alors avec Anne Sinclair près du Bois de Boulogne, avait été verbalisé... pour avoir grillé un feu rouge !

S'agissant de DSK, comme d'autres personnalités politiques, les journalistes sont friands de « révélations » parfois sensationnelles. Il leur arrive d'être manipulés. La recherche du scoop, qui est légitime, nous transforme en proies faciles pour toutes sortes de personnages. En 2010, une ancienne conseillère municipale socialiste de Sarcelles, Linda Uzan, devenue conseillère régionale UMP d'Ile-de-France, m'avait promis des révélations explosives sur Dominique Strauss-Kahn et son entourage. Durant notre premier entretien téléphonique, elle m'a parlé, sans jamais donner de précisions, de « *droit de cuissage* », de « *corruption* » et autres pratiques sordides dont elle avait été témoin à Sarcelles. Lorsque je l'ai rappelée la semaine suivante afin de lui fixer un rendez-vous, elle m'a fait part des risques que je courais si j'écrivais « *la vérité* » sur Strauss-Kahn et son entourage : « *Ils empêcheront la parution de votre livre. Ils sont très dangereux.* » Par la suite, malgré plusieurs relances de ma part, la dame ne m'a plus jamais répondu. Une personnalité importante de l'UMP, ancien ministre et réputée intègre, m'a mis en garde contre Linda Uzan et d'autres membres de son parti prompts à colporter des ragots dans le seul but de salir Dominique Strauss-Kahn.

Je suis sans doute le journaliste qui a le plus travaillé sur le passé de DSK. J'y ai trouvé une sorte de gourmandise à l'égard des femmes, qui n'a rien de criminel mais dont je comprends qu'elle puisse choquer certaines féministes. En revanche, je n'ai décelé aucun signe annonciateur d'une possible agression sexuelle exceptée – si elle était vraie – l'affaire Tristane Banon que j'ai évoquée dès la première édition parue avant le drame de New York. Dans les deux cas, DSK est accusé de s'être comporté en animal sauvage, comme un « *chimpanzé en rut* » selon l'expression de la jeune écrivaine, qui s'acharne sur sa victime, la jette à terre, la frappe violemment, tente de la séquestrer avant de la laisser s'enfuir et de reprendre tranquillement le cours de ses affaires, la conscience en paix. L'affaire Banon préfigure-t-elle le drame du Sofitel ? Fournit-elle au contraire un schéma, accessible depuis quatre ans sur Internet et qui aurait pu inspirer les auteurs d'un piège éventuel tendu au favori de la présidentielle française ? Pour ma part, je m'en tiendrai aux faits. Je constate que le DSK décrit par Tristane Banon et par le Procureur de l'État de New York est une espèce de pervers schizophrène. Je constate aussi que nombre de femmes qui le connaissent ne doutent pas de son innocence. Outre Anne Sinclair, les deux premières épouses de DSK, Hélène Dumas et Brigitte Guillemette, sa sœur Valérie, ses trois filles, Vanessa, Marine et Camille, sa plus proche collaboratrice Anne Hommel. Ces femmes-là sont adultes, indépendantes, de gauche et féministes. Elles sont profondément persuadées qu'il n'a pas pu commettre le crime dont on l'accuse.

Le paria de Manhattan

Dès mon premier échange de mails avec Anne Sinclair, arrivée à New York deux jours après le drame, j'ai été frappé par sa confiance totale, absolue, inébranlable en l'innocence de son mari. « *Pas de doute sur le fond. Mais très inquiète quand même* », m'écrit-elle le jeudi 19 mai au matin. Ce jour-là, Dominique Strauss-Kahn, privé de liberté depuis cinq jours et incarcéré dans de terribles conditions à la prison de Rikers Island, saura si le juge lui accorde la liberté conditionnelle. Anne Sinclair est présente à l'audience avec Camille, vingt-six ans, la plus jeune des filles de DSK, étudiante à New York. Dominique Strauss-Kahn leur adresse un signe de la main. Il esquisse un sourire. Il ressemble à nouveau à l'homme qu'il était avant son arrestation. Deux jours plus tôt, il était apparu devant les caméras du monde entier, menotté dans le dos, le visage épuisé, la veste tombante après deux jours d'une garde à vue durant laquelle il n'a pas été autorisé à se laver. DSK, muet, écoute la juge, sourire aux lèvres, le décrire comme un criminel prêt à fuir la justice américaine par tous les moyens. Il a l'air hagard.

En réalité, il vit cette scène dans une sorte de brouillard. DSK, qui est complètement myope, n'a pas pu changer ses lentilles. Sa tête, plus qu'à l'habitude, est rentrée dans les épaules. Mais il ne la baisse pas et ne craque devant les caméras. Cet homme, qui plaide non-coupable, a décidé de se battre. Pour obtenir sa mise en liberté, ses avocats ont dû proposer les conditions les plus draconiennes : caution d'un million de dollars, gage de la maison d'Anne Sinclair à Washington, confiscation du passeport, obligation de résider à Manhattan, port d'un bracelet électronique, surveillance jour et nuit par deux gardiens, à la charge du prévenu. Pour obtenir sa libération, Dominique Strauss-Kahn s'est dépouillé du dernier attribut formel de sa puissance passée : la direction générale du FMI. Au matin du 19 mai, dans sa cellule de Rikers Island, il a rédigé une lettre de démission dont les termes évoquent presque mot pour mot celle du 2 novembre 1999 lorsqu'il quitta le ministère de l'Économie et des Finances avant même son inculpation dans l'affaire de la Mnef. Comme douze ans plus tôt, il justifie sa démission par le souci de l'intérêt général, jadis du gouvernement Jospin et cette fois du FMI, et par sa volonté de consacrer toute son énergie à la défense de son honneur. Dans les deux cas, après avoir réaffirmé son innocence, il rend hommage à son épouse, à sa famille, ses amis et ses collaborateurs.

Après une dernière nuit passée en prison, le vendredi 20 mai, Dominique Strauss-Kahn goûte le plaisir de retrouver sa femme et sa fille Camille dans le cadre d'une liberté réduite à sa plus simple expression. Le couple Strauss-Kahn s'installe pour quelques jours dans un logement provisoire à Broadway. Aussitôt, la réalité les rattrape. Cette « liberté » a un goût amer. L'immeuble où ils habitent est surveillé par des dizaines de journalistes. Dans les maisons voisines, se postent des paparazzi et certains cars font le détour pour permettre à leurs occupants de venir poser pour la photo devant l'immeuble du « Français ». Dans un pays où la liberté d'expression est sans limite, une certaine presse de caniveau a réveillé un sentiment xénophobe qui s'était déjà manifesté en 2003 lorsque la France avait refusé de s'engager en Irak aux côtés des États-Unis. Surnommé « le putois » ou « le pervers », DSK fait figure de paria aux yeux d'une partie de l'opinion new yorkaise. Dans la rue, un badaud brandit un carton sur lequel on peut lire « *DSK pas chez moi.* » Dans un tel contexte, Anne Sinclair doit affronter une course contre la montre et contre la haine qui emplit la ville. Selon les conditions draconiennes imposées par la justice, le couple Strauss-Kahn dispose d'une semaine au maximum pour trouver un logement « définitif » à ses frais et impérativement à Manhattan. Sinon DSK retournera en prison. Trouver un appartement suffisamment grand pour loger aussi les deux gardes que DSK doit payer sur ses deniers ? Les Strauss-Kahn en ont les moyens financiers. Mais la mission est quasiment impossible à cause de leur patronyme et de leur situation. Anne Sinclair se démène auprès de toutes les agences. Elle n'essuie que des refus. Il suffit qu'un seul habitant d'immeuble s'y oppose pour faire échouer la transaction. Beaucoup ne sont pas haineux mais tous craignent le désagrément d'un voisinage qui, en attirant la presse et les curieux, nuirait forcément à leur tranquillité.

Le lundi 23 mai, Anne Sinclair téléphone à Laurent Azoulai, ami du couple depuis de nombreuses années. Ce chef d'entreprise, ancien trésorier du PS, s'occupait aussi de l'intendance de DSK pendant les primaires de 2006. Anne Sinclair sait que Laurent Azoulai connaît du monde aux USA, notamment dans l'immobilier à New York. Elle lui demande de les aider à trouver un appartement dans les délais extrêmement restreints que leur laisse le juge. Ce 23 mai, Laurent Azoulai devait célébrer son anniversaire. Il laisse tomber sa famille et les amis invités chez lui. Mobilisation générale. Les mails et les appels téléphoniques entre Paris et New York sont incessants. En quelques heures, Laurent Azoulai repère plusieurs appartements. Mais le juge est exigeant : il faut absolument un logement dans Manhattan, que la sécurité puisse être exercée, et que les voisins soient complaisants, ce qui dans le monde new yorkais est quasiment introuvable aussi rapidement. Anne Sinclair envisage alors de louer une maison indépendante avec les mêmes contraintes. Il en existe très peu à Manhattan. Deux maisons sont dénichées en catastrophe. Quand le propriétaire de la première comprend à qui elle est destinée, il augmente sensiblement son prix et exige même un an de loyers d'avance ! Finalement, en bout de course et face à l'échéance qui arrive à grand pas, Anne Sinclair opte pour la dernière maison proposée par Laurent Azoulai, celle de Tribeca, la plus chère sur le marché à Manhattan : 50 000 dollars par mois.

Les médias du monde entier vont montrer à leurs lecteurs ou téléspectateurs la « *prison dorée* » de l'homme qui quinze jours auparavant caracolait en tête des sondages. Certains, y compris au Parti socialiste, s'indigneront de « *l'indécence* » du « *train de vie* » de Dominique Strauss-Kahn. Son sort pourtant n'est guère enviable. Il ne peut sortir de cette maison sans autorisation, ne peut recevoir que quatre personnes par jour, ne dispose d'aucune intimité, la maison étant surveillée par des caméras et son téléphone sur écoute. Il peut cependant compter sur l'affection des siens. Son frère Marc-Olivier et sa belle-sœur Isabelle qui habitent à Washington furent parmi les premiers à lui rendre visite. Beaucoup, enfants, famille et amis vont traverser l'Atlantique pendant l'été.

Comme la plupart des Strauss-Kahniens, Laurent Azoulai, lui, reste fidèle à son ami. « *Le lundi 23,* raconte-t-il, *alors que je cherchais à joindre Anne, je suis tombé sur Dominique. J'étais bouleversé d'entendre sa voix. Il m'a dit qu'il se battrait jusqu'au bout pour faire valoir son innocence, et qu'il s'en sortirait. J'ai entendu un homme déterminé et combatif mais dont la voix semblait abîmée par l'épreuve.* »

Le 6 juin 2011, Dominique Strauss-Kahn a réaffirmé son intention de plaider non-coupable. L'année 2011-2012 devait être celle du combat *de* sa vie. Elle sera celle du combat *pour* sa vie. S'il se révèle finalement coupable de l'agression dont on l'accuse, *Le Roman vrai de Dominique Strauss-Kahn* s'achèvera dramatiquement. Mais s'il parvient une fois de plus à rebondir comme à tant de reprises au cours de sa vie, d'autres chapitres encore inimaginables viendront enrichir ce livre.

REMERCIEMENTS

Claude Allègre, Laurent Azoulai, Tristane Banon, Alain Belot, Véronique Bensaïd, Alain Bergounioux, Jean-Louis Bianco, Jean-Marie Bockel, Laurent Bouvet, Jean-Christophe Cambadélis, Guy Carcassonne, Frédéric Cépède, Élie Cohen, Bernard Collet, Édith Cresson, Christophe Deloire, Hélène Dumas, Évelyne Duval, Guillaume Duval, Michel Field, Gilles Finchelstein, Renée Frégosi, Gabriel Grandjacques, Gérard Grunberg, Paul Hermelin, Anne Hommel, Élise Kahn, Paulette Kahn, Stéphane Keita, Ramzi Khiroun, Guy Konopnicki, Raymond Lamontagne, Jack Lang, Denis Lefebvre, Jean-Marie Le Guen, Ivan Levaï, Jean-Hervé Lorenzi, Fabienne Magnan, Yves Magnan, Véronique Magnan, Pierre Moscovici, Nelly Olin, Astrid Panosyan, Vincent Peillon, Marie-Françoise Perol-Dumont, Pascal Perrineau, François Pupponi, François-Xavier Roch, Alain Rodet, Jean-Michel Rosenfeld, Ivan Roulier, Michèle Sabban, Anne Sinclair, François Sommervogel, Dominique Strauss-Kahn, Valérie Strauss-Kahn, Bruno Tertrais, Philippe Valachs, Manuel Valls, François Villeroy de Galhau, Antoine Vitkine, Robert Vitkine, Bertrand Wiedemann-Goiran, François Zimeray.

TABLE DES MATIÈRES

-retenir pages- 96 _ 98. 104/109-

Cet ouvrage a été composé et imprimé
en juin 2011 par

CPI
FIRMIN-DIDOT

27650 Mesnil-sur-l'Estrée
N° d'impression : 106207
Dépôt légal : mai 2011
ISBN : 978-2-354-17089-9

Imprimé en France